AF406353

Carlos Landa y Odlanyer Hernández de Lara
Editores

·

Sobre campos de batallas
Arqueologia de conflictos bélicos
en América Latina

Carlos Landa y Odlanyer Hernández de Lara
Editores

•

Sobre campos de batallas
Arqueologia de conflictos bélicos en América Latina

Primera edición, 2014

Landa, Carlos Gilberto
    Sobre campos de batalla: arqueología de conflictos bélicos en América Latina /
Carlos Gilberto Landa y Odlanyer Hernández de Lara. - 1a ed. - Ciudad
Autónoma de Buenos Aires : Aspha, 2014.
    248 p. : il. ; 24x17 cm.

    ISBN 978-987-45321-5-2

    1. Arqueología. 2. Antropología. I. Hernández de Lara, Odlanyer II. Título
    CDD 930.1

Fecha de catalogación: 27/06/2014

Diseño y diagramación: Odlanyer Hernández de Lara

Tapa: Grabado del monitor Puritan durante la intervención estadounidense en la
bahía de Matanzas, Cuba (1898), del texto de Hernández de Lara *et al.* Además,
aparece parte del croquis de la batalla de Cepeda, del texto de Leoni *et al.*
Contratapa: Croquis de la batalla de La Verde, en la provincia de Buenos Aires,
Argentina, del texto de Landa, *et al.*

Aspha Ediciones
Virrey Liniers 340, 3ro L. (1174)
Ciudad Autónoma de Buenos Aires
Argentina
Telf. (54911) 4864-0439
asphaediciones@gmail.com
www.asphaediciones.com.ar

Impreso en Argentina / Printed in Argentina

Hecho el depósito que establece la ley 11.723

Auspicios institucionales

Programa de Arqueología Histórica y Estudios Pluridisciplinarios, Departamento de Ciencias Sociales, Universidad Nacional de Luján (Argentina)

Centro de Estudios de Arqueología Histórica, Facultad de Humanidades y Artes, Universidad Nacional de Rosario (Argentina)

Laboratorio de Arqueología y Etnohistoria, Facultad de Ciencias Humanas, Universidad Nacional de Río Cuarto (Argentina)

Grupo de Arqueometalurgia, Laboratorio de Materiales, Departamento de Ingeniería Mecánica, Facultad de Ingeniería, Universidad de Buenos Aires (Argentina)

Centro de Arqueología Urbana, Facultad de Arquitectura, Diseño y Urbanismo de la Universidad de Buenos Aires (Argentina)

Centro de Investigaciones Ruinas de San Francisco, Mendoza (Argentina)

Laboratório Multidisciplinar de Investigação Arqueológica, Universidad Federal de Pelotas (Brasil)

Departamento de Antropología, Universidad Federal de Pelotas (Brasil)

Gabinete de Arqueología de la Oficina del Historiador de La Habana (Cuba)

Evaluadores

Dra. Ana Igareta
Museo de La Plata, Universidad Nacional de La Plata
Dr. Carlos Landa
Instituto de Arqueología, Universidad de Buenos Aires
Lic. Nicolás Ciarlo
Programa de Arqueología Histórica y Estudios Pluridisciplinarios, Universidad Nacional de Luján
Dr. Horacio Chiavazza
Universidad Nacional de Cuyo
Dr. Facundo Gómez Romero
Universidad del Centro de la Provincia de Buenos Aires
Téc. Odlanyer Hernández de Lara
Cuba Arqueológica / Programa de Arqueología Histórica y Estudios Pluridisciplinarios, Universidad Nacional de Luján / Universidad de Buenos Aires.

Contribuyen

Sandra Alanís
Programa de Arqueología Histórica y Estudios Pluridisciplinarios, Departamento de Ciencias Sociales, Universidad Nacional de Luján. Facultad de Filosofía y Letras, Universidad de Buenos Aires.

Roberto Álvarez Pereira
Centro Provincial de Patrimonio Cultural Ciego de Ávila, Cuba.
trochainteractiva@gmail.com

Azul Blaseotto
Instituto Universitario Nacional de Arte. Universidad de las Artes de Berlín.
azulblaseotto@yahoo.com

Fabián Bognanni
Programa de Arqueología Histórica y Estudios Pluridisciplinarios, Departamento de Ciencias Sociales, Universidad Nacional de Luján. Universidad Nacional de Lanús.
fabianbogn@hotmail.com

Florencia Caretti
Instituto de Arqueología, Facultad de Filosofía y letras, Universidad de Buenos Aires.
florenciacaretti@gmail.com

Mariano Darigo
Facultad de Humanidades y Artes, Universidad Nacional de Rosario.

Horacio De Rosa
Grupo de Arqueometalurgia, Laboratorio de Materiales, Depto. de Ing. Mecánica e Instituto de Tecnologías y Ciencias de la Ingeniería "Ing. Hilario Fernández Long", Facultad de Ingeniería, Universidad de Buenos Aires.
hderosa@fi.uba.ar

Carolina Dottori
Facultad de Humanidades y Artes, Universidad Nacional de Rosario.

Jimena Doval
Instituto de Arqueología, Facultad de Filosofía y letras, Universidad de Buenos Aires y Consejo Nacional de Investigaciones Científicas y Técnicas.
jdoval84@hotmail.com

Mauro Ganem
Escuela de Historia, Facultad de Humanidades y Artes, Universidad Nacional de Rosario.
mdganem@hotmail.com

Facundo Gómez Romero
Programa de Investigaciones Arqueologicas y Paleotologicas del Cuaternario Pampeano, Universidad Nacional del Centro de la provincia de Buenos Aires.
facallvu@gmail.com

Verónica Helfer
Programa de Arqueología Histórica y Estudios Pluridisciplinarios, Departamento de Ciencias Sociales, Universidad Nacional de Luján.

Isabel Hernández Campos
Castillo de San Severino. Museo de la Ruta del Esclavo, Matanzas, Cuba.

Odlanyer Hernández de Lara
Cuba Arqueológica. Programa de Arqueología Histórica y Estudios Pluridisciplinarios, Departamento de Ciencias Sociales, Universidad Nacional de Luján. Facultad de Filosofía y Letras, Universidad de Buenos Aires.
odlanyer@cubaarqueologica.org

Silvia Hernández Godoy
Grupo de Investigación y Desarrollo de la Dirección Provincial de Cultura de Matanzas, Cuba.
silviagodoy@atenas.cult.cu

Carlos Landa
Instituto de Arqueología, Facultad de Filosofía y Letras, Universidad de Buenos Aires y Consejo Nacional de Investigaciones Científicas y Técnicas.
carlosglanda@gmail.com

Matilde Lanza
Programa de Arqueología Histórica y Estudios Pluridisciplinarios, Departamento de Ciencias Sociales, Universidad Nacional de Luján. Facultad de Filosofía y Letras, Universidad de Buenos Aires.

Juan B. Leoni
Consejo Nacional de Investigaciones Científicas y Técnicas. Instituto de Arqueología, Facultad de Filosofía y Letras, Universidad de Buenos Aires. Escuela de Antropología, Facultad de Humanidades y Artes, Universidad Nacional de Rosario.
jbleoni@hotmail.com

Logel Lorenzo Hernández
Museo Provincial Palacio de Junco, Matanzas, Cuba.

Lucas H. Martínez
Instituto Cultural de la Provincia de Buenos Aires.
martinezluc@gmail.com

Angélica María Medrano Enríquez
Maestría-Doctorado en Historia, Unidad Académica de Historia, Universidad Autónoma de Zacatecas.
ammedra@hotmail.com

Lúcio Menezes Ferreira
Departamento de Antropología y Arqueología de la Universidad Federal de Pelotas. Laboratório Multidisciplinar de Investigação Arqueológica, Universidad Federal de Pelotas (Brasil)

Emanuel Montanari
Instituto de Arqueología, Facultad de Filosofía y letras, Universidad de Buenos Aires.
emanuelmontanari@gmail.com

Jaime Mujica Sallés
Departamento de Antropología y Arqueología de la Universidad Federal de Pelotas. Laboratório Multidisciplinar de Investigação Arqueológica, Universidad Federal de Pelotas (Brasil)

Marcela Pichipil
Grupo de Arqueometalurgia, Laboratorio de Materiales, Depto. de Ing. Mecánica e Instituto de Tecnologías y Ciencias de la Ingeniería "Ing. Hilario Fernández Long", Facultad de Ingeniería, Universidad de Buenos Aires.
mpichipil@hotmail.com

Virginia Pineau
Instituto de Arqueología, Facultad de Filosofía y letras, Universidad de Buenos Aires.
virpineau@gmail.com

Héctor Pinochet
Facultad de Filosofía y Letras, Universidad de Buenos Aires.

Tony Pollard
Centre for Battlefield Archaeology University of Glasgow

María A. Porfidia
Escuela de Antropología, Facultad de Humanidades y Artes, Universidad Nacional de Rosario.
angeles_622@yahoo.com.ar

Alejandra Raies
Programa de Arqueología Histórica y
Estudios Pluridisciplinarios,
Departamento de Ciencias Sociales,
Universidad Nacional de Luján.
alejandraraies@gmail.com

Mariano Ramos
*Programa de Arqueología Histórica y Estudios
Pluridisciplinarios, Departamento de Ciencias
Sociales, Universidad Nacional de Luján.*
onairamsomar@gmail.com

Julia Rañó
*Programa de Arqueología Histórica y Estudios
Pluridisciplinarios, Departamento de Ciencias
Sociales, Universidad Nacional de Luján.*

Boris Rodríguez Tápanes
Cuba Arqueológica.

Pedro Salminci
*Instituto Nacional de Antropología y
Pensamiento Latinoamericano y Consejo
Nacional de Investigaciones Científicas y
Técnicas.*
pmsalminci@hotmail.com

Carolina Santo
*Programa de Arqueología Histórica y Estudios
Pluridisciplinarios, Departamento de Ciencias
Sociales, Universidad Nacional de Luján.*

Milva Umaño
*Facultad de Filosofía y Letras, Universidad de
Buenos Aires.*

Matías Warr
*Facultad de Humanidades y Artes, Universidad
Nacional de Rosario.*

ÍNDICE

Agradecimientos

La idea de este libro surgió a partir de un simposio sobre arqueología del conflicto que organizamos en el marco del V Congreso Nacional de Arqueología Histórica que sesionó dentro de la trigésimo octava Feria Internacional del Libro de Buenos Aires en abril del año 2012. La proliferación de trabajos expuestos y sobre todo la diversidad geográfica Latinoamericana representada dio el puntapié final para que nos embarcáramos en esta aventura. Como todo libro, además del trabajo que implica llevarlo a buen puerto, fue fundamental el apoyo de muchos amigos y colegas para lograr su materialización. El gran gesto de Damián Martini posibilitó hacer realidad este proyecto. Sin su apoyo, no habríamos pasado de la idea.

Queremos agradecer a mucha gente que nos ha ayudado a lo largo del tiempo, que de una forma u otra ha aportado a lo que somos hoy como investigadores y también como personas, aspectos que en definitiva confluyen en este libro. Seguramente nuestra frágil memoria no recuerde todos los nombres, peros sus acciones se ven reflejadas en estos resultados.

Nuestras familias han constituido un punto de apoyo incondicional. De Carlos: mi hija Sofía Nut, por enseñarme tantas cosas a lo largo del camino y por ser la forjadora de un vínculo indisoluble. Mi madre Julia Aurora Giménez, por brindarme una infancia maravillosa e impulsarme siempre a que vaya por la vida con la frente alta y con la intención de mejorar lo que me rodea. Mi hermano Pablo, compañero de historias. Mi abuela Aurora Argentina Fumagalli, más conocida como "Abuelarda", fallecida recientemente a solo dos meses de cumplir un siglo. A Rubén Jordán y Carmen "Pochi" Pernigotti.

De Odlanyer: mis padres me han impulsado para superarme y estudiar algo que otros pensaron, y aún piensan, absurdo. Mi abuela Nereida me dio todo lo que tuvo a su alcance para andar estos caminos no tan transitados. Mi hermana, mis tías y tíos que han estado cerca siempre. Gracias a Lary, con su paciencia y cariño, he podido hacer tantas cosas que sin ella habrían sido imposibles.

A Natalia Pineau por ser artífice del título de esta obra. No en vano su natalicio coincide con la fecha de una de las batallas estudiadas. Nacida un siglo y tres años después, durante las horas previas al entuerto —esas horas en que los hombres afilan los sables, rechinan los dientes y meditan sobre la muerte— tal vez eso explique su pasión. Siempre tendremos el segundo que enlaza nuestros días.

Boris Rodríguez, gran amigo, siempre dispuesto a ayudar con tantas ideas que surgen y soporte fundamental para las traducciones. Su revisión de mi malograda traducción del prólogo de Tony Pollard permitió que se entienda su mensaje.

Alicia H. Tapia, mentora en el camino de la investigación, compañera de trashumancia y distancias, amiga y madre. Mariano "Sensei" Ramos, pionero latinoamericano en el estudio arqueológico de campos de batalla, maestro (no solo en cuestiones disciplinares), director paciente —por no decir estoico— con todos sus "mutantes". Un grande. Ana María Aguerre: "Anette", profesora y compañera de equipo, por su inmensa generosidad a la hora de aconsejarnos. Horacio De Rosa y miembros del GAM por diez años compartidos de aprendizaje, viajes y asados antológicos rociados de buenos tintos. Ah y por el lemonchelo ¡assassino! Al Dr. Alfredo Maximiano Castillejo, colega, pero sobre todo amigo (un popper de ley) y a Laura Gallardo Escalona, su compañera y mi único y verdadero oráculo del Valle de Manzanedo. A los colegas, miembros de equipo de La Verde y compañeros de Obligado por tantas alegrías compartidas.

A Carlos e Ignacio Sanchéz Álzaga, quienes generosamente nos permitieron investigar la batalla de La Verde (acaecida en su propiedad), facilitándonos recursos que permitieron y agilizaron nuestro trabajo. A Miguel Larreta, entusiasta de la Arqueología y compañero en las primeras aproximaciones de campo al sitio donde se desarrolló la mencionada batalla.

Al Rugby, más que un deporte, una filosofía. A mi club Centro Naval, lugar de tanto rugby y alegrías (palabras que aunque los diccionarios de sinónimos no las homologuen, los que lo practicamos sabemos que es así). A mis compañeros en los "campos de batalla" rugbísticos, por el apoyo, por redoblar esfuerzos, por la entrega, el sacrificio y la sabiduría de saber cuándo pedir relevo. A Patricio "Pato" Albacete, PUMA con todas las letras, por su apoyo en un momento difícil de la vida del club. Al Capitán de Navío (R) Oscar Oulton, por varias razones, apoyar siempre a nuestro deporte, ser la primera voz que escuché tras mi accidente en Chile y por saludarme siempre con un: "¿cómo anda el mejor jugador del club? (esas pequeñas cosas que a uno lo hacen sentir bien). Al Coronel Fernando Luis Torres, por entrenarme en la ovalada y por las charlas sobre los misterios de la artillería antigua. Al Dr. Pablo Ghigliazza, compañero de décadas en los verdes campos (no siempre tan verdes), médico que ha cuidado y cuida a sus "amiguitos".

A Paula Coudannes Landa, prima reencontrada, por su amistad y su ayuda con cuestiones vinculadas al idioma de Shakespeare. A Ricky y Brian Trevin de "De Gustos y Antojos" conductores de mi mejor "oficina", por los jarrillos y el aguante. Al Dr. Felipe Aguerre, parroquiano, galeno de consultas varias y compañero del bendito maltrato pergeñado por los arriba mencionados. A los muchach@s de la Heladería "Lado Bueno" por tantas horas transcurridas entre los helados, el café y algunas dosis de soda extra cura malestares. Al Comandante Pablo Telías por demostrarme que un gesto correcto genera y activa uno de los más antiguos y misteriosos lazos de la humanidad: la reciprocidad. A Florencia "Tía Flora" Fernández por poner en la "parla" de la rubia Albión tanto palabrerío arqueológico y por las pintas venideras. A Ricardo Canevari, por ser uno de mis ángeles guardianes. A Gonzalo Miranda Carrera y Brigi por brindarnos la hospitalidad de Zeus y por una clase magistral allá arriba en el pueblito ibérico. A Sebastián "Bocaches" Romoli, por recibirme con los brazos abiertos cada vez que aparezco y por los años de investigación en los misteriosos casos que nos embargan. ¡Rolo-cop serás revelado! A Sebastián Varela alias "El hippie" y a Rodrigo "Rorro" López Spinedi por tanto mapa recorrido y porque nunca tan pocos bebieron tanto. A mis amigos de toda la vida: Esteban "Puas" Molina, Santiago "Rulo" García, Juan Ochoa y Marcelo "El Joven" Cóceres, por tanta vida compartida y tantos trechos recorridos. A Juancito Gómez Coronel por brindarme refugio en el "Hotel de los corazones solitarios" durante el transcurso de la vieja tormenta. A Oscar Soria, por los sabios consejos dados y su firme amistad.

Desde la mayor de las Antillas, es importante agradecer a Isabel Hernández Campos, que ayudó a realizar todos nuestros sueños arqueológicos y nos impulsó para no flaquear nunca. También a Maritza Cuba, directora de la Dirección Provincial de Patrimonio de Matanzas, que siempre vio con buenos ojos nuestras ganas de aportar al patrimonio yumurino. A todos los trabajadores del Castillo de San Severino, Museo de la Ruta del Esclavo, los de antes y los de ahora, que siempre estuvieron dispuestos a darnos una mano con las investigaciones en la fortaleza. Lisette Roura, Adrián Labrada y Roger Arrazcaeta nos ayudaron a comprender la historia estratigráfica y otras tantas cosas de ese castillo que nos ha cautivado durante tantos años. Los trabajadores del Museo Provincial Palacio de Junco nos han acogido con mucho entusiasmo siempre que necesitamos su ayuda para ver las colecciones, para la conservación de las piezas o para acceder a la información. Especialmente a Faustino "Tino" Gómez Brunet, especialista en las Guerras de Independencia, y gran amigo. Las trabajadoras del Archivo Histórico de Matanzas siempre fueron de gran ayuda para encontrar la información que buscábamos y para orientarnos en la que no conocíamos. A Ulises González y Gerardo Izquierdo, del Instituto

Cubano de Antropología, por su amistad y fundamental ayuda para encontrar y poner a nuestra disposición la información que solía estar distante.

A la Facultad de Filosofía y letras de la Universidad de Buenos Aires, a su Instituto de Arqueología y al CONICET, por continuar formando y apostando a la investigación en ciencias sociales.

Carlos Landa
Odlanyer Hernández de Lara
Buenos Aires, primavera de 2014.

PRÓLOGO

A lo largo del mundo, el interés en la arqueología del conflicto, y su propia sub-disciplina de la arqueología de campos de batalla, ha crecido de forma dramática en los últimos veinte años. Desde el trabajo pionero de los arqueólogos norteamericanos en el famoso sitio de la batalla de Little Bighorn, en la década de 1980, la investigación se ha dirigido a prácticamente cualquier tipo de instalación militar, mientras que las prospecciones y las excavaciones han tenido lugar en los campos de batalla de prácticamente todas las épocas. Me complace haber jugado mi modesta parte en este dinámico proceso de popularización, comenzando primero en el trabajo sobre la Guerra Anglo-Zulú de 1879 en el año 2000 y luego co-fundando la revista *Journal of Conflict Archaeology* y el Centro de Arqueología de Campos de Batalla de la Universidad de Glasgow en el año 2005 y 2006, respectivamente. Pero fue la primera *Fields of Conflict Conference*, organizada por la Universidad de Glasgow en 2000, lo que hizo evidente la naturaleza variada e internacional de la arqueología por primera vez. Sin embargo, no se puede enfatizar cuánto ha crecido en interés y el alcance mundial que ha producido desde la primera conferencia, que todavía se lleva a cabo cada dos años, sobre todo en América Latina.

En las páginas del *Journal of Conflict Archaeology*, en las conferencias de *Fields of Conflict* y en otras numerosas conferencias de arqueología del conflicto que son ahora parte del paisaje académico, los reportes sobre las investigaciones realizadas en América Latina están creciendo en número rápidamente. Esto contrasta sobremanera con la situación en el 2003, cuando realicé una breve visita a Paraguay con el fin de evaluar el potencial arqueológico de los campos de batalla de la Guerra de la Triple Alianza (1864-1870). Este fue uno de los conflictos más sangrientos que se hayan visto en el continente americano, con la triple alianza de Argentina, Brasil y Uruguay que se lanzó contra el pugilístico Paraguay. A pesar de su escala, la guerra es aún poco conocida fuera de América del Sur y, en el momento de mi visita, sin duda no habían sido objeto de forma alguna de investigación arqueológica y absolutamente con muy poco trabajo arqueológico, fuera de los puestos de misión en la *Misiones* (Pollard 2007). Sin embargo, como uno de los artículos de este volumen demuestra, la arqueología del conflicto en América Latina tiene una historia más larga, que casualmente es poco o totalmente desconocida para los arqueólogos fuera de América Latina y sólo por la prestación de este servicio los editores han de ser aplaudidos.

Durante la visita al Paraguay se hizo evidente que los campos de batalla de la Guerra del Paraguay (como es conocida en Estados Unidos) habían sobrevivido en excelentes condiciones, con los paisajes rurales no desarrollados al sur de la capital, Asunción, viéndose muy similares a las increíbles pinturas de la batalla creadas por el soldado argentino y artista de guerra Cándido López, que tuvo que aprender a pintar con la mano izquierda después de perder su derecha en la batalla de Tuyuti. La otra característica notable de estos campos de batalla fue, al contrario de Europa y América del Norte, que estaban prácticamente inalterados por los detectores de metales, ya que incluso hoy en día estos dispositivos son escasos en el Paraguay, implicando que la arqueología de la batalla, en forma de balas, botones, etc., estará bien conservada. La caza de reliquias tiene lugar, pero se limita principalmente a la excavación de pozos en lugares donde se cree que yacen enterrados los tesoros escondidos durante la guerra —sin embargo esto parece causar más de un peligro para los cazadores de reliquias que para la arqueología, como fue el caso de dos hombres asesinados justo antes de mi llegada a Paraguay cuando su pozo se derrumbó (Pollard 2007).

El alto nivel de preservación de los artefactos fue sugerido además por un breve reconocimiento con un detector de metales, con el que se identificaron densas concentraciones de material relevante —fue un premio adicional, ya que no necesitó de esfuerzo alguno para distinguir las balas de mosquete paraguayos de las balas minié de los aliados. Sin embargo, fue sorprendente ver la cantidad y, en efecto, la calidad de los artefactos de metal recogidos del suelo por los agricultores que cultivan sus campos. Muchos de esos objetos, incluyendo espuelas, estribos, cabezales de lanza, botones, fragmentos de mosquete, además de miles de balas y fragmentos de proyectiles, se encuentran en los pequeños museos privados localizados en pequeñas ciudades como Humaitá y Paso de Patria. Dada la supervivencia conjunta de los paisajes de conflicto y los artefactos afines, es probable que los campos de batalla del Paraguay de finales de la década de 1860 sobrevivan en una condición similar a la de los mucho mejor conocidos campos de batalla de la Guerra Civil estadounidense, alrededor de 20-30 años después de que la guerra terminó en 1865.

Como sucedió, sin embargo, no llevé a cabo un proyecto en Paraguay, ya que mi carrera académica me llevó en otras direcciones, pero siempre iba a ser preferible que este trabajo vital se realizara por los arqueólogos latinoamericanos. El presente volumen es, que conozca, la primera obra publicada dedicada a este florecimiento de la arqueología del conflicto en América Latina y, aunque el énfasis está en los campos de batalla, también se incluyen otros tipos de sitios, incluyendo baterías y sistemas fronterizos, dentro de los proyectos de trabajo de campo reportados. Están incluidos campos de batalla en Argentina, Brasil, Cuba y México, con la naturaleza de los conflictos y sus campos de batalla tan variados como se puede esperar de una distribución geográfica tan amplia como la indicada (estoy seguro que Paraguay se incluirá en un volumen futuro). Estos capítulos ofrecen una visión de vital importancia acerca de los tipos de metodologías de campo y enfoques teóricos actualmente utilizados en América Latina. Voy a dejar que los demás juzguen cómo éstos difieren, en todo caso, de los que se aplican por los arqueólogos del conflicto en otras partes del mundo.

Dado que los editores del presente volumen proporcionan una introducción plena, me limitaré lo que queda de este breve prefacio a presentar algunas ideas incompletas sobre el potencial de la arqueología del conflicto en América Latina para mejorar nuestra comprensión del impacto del conflicto en las culturas indígenas y, de hecho, su papel dentro de él, y no menos importante la relación entre las culturas indígenas y los colonos europeos que se encuentran detrás de la frase América *Latina*.

Un aspecto fascinante de la Guerra de la Triple Alianza, además de su escala y potencial arqueológico, es el papel de las personalidades británicas en el conflicto. El uso de "técnicos" y tecnologías europeas fue clave para el programa de industrialización previsto por Francisco Solano López, el líder despótico de Paraguay que llevó a su país al borde de la aniquilación en la guerra que en última instancia le costó su propia vida en 1870. Como su padre, vio las ventajas de llevar a Paraguay fuera del aislacionismo de mirar hacia adentro impuesta por José Gaspar Rodríguez de Francia en los primeros años de la historia de la República (tras su liberación de España en 1811). Estos expertos importados incluyó especialistas en el trabajo del hierro, fundición de armas e ingeniería ferroviaria, y entre ellos había un cirujano llamado William Stewart, quien se convirtió en cirujano mayor del ejército paraguayo, y un ingeniero militar, el coronel George Thompson, quien fue responsable de muchas de los fortificaciones construidas por las fuerzas paraguayas durante la guerra. Estos europeos recién llegados se sumaron a la ya compleja mezcla de razas y culturas —los españoles habían impulsado una política deliberada de inter-matrimonio con los indios guaraníes, y se dijo que el último de los descendientes de españoles sin mezclar murió en la Batalla de Tuyuti.

Sería gratificante ver cómo la influencia de estas personas y los conocimientos que trajeron con ellos impactó e interactuó con las tradiciones indígenas y coloniales (españolas y portuguesas), pero sólo estrategias de investigación dirigidas establecerán si éstas son visibles en el registro arqueológico.

Ejemplos básicos incluyen el uso de hornos de carbón abovedados, probablemente introducida por los españoles y todavía en uso hoy en día, para calentar las balas de cañón en la batalla de Curupayty (1866), como se muestra en un cuadro de Cándido López. También es evidente que los elementos de la cultura material militar europea fueron utilizados de diferentes maneras por las tropas paraguayas —por ejemplo, se usaron canoas para llevar "torpedos" explosivos contra los buques aliados en el Río Paraguay, y las espuelas con grandes ruedas en forma de estrella fueron usadas en los pies descalzos y no en las botas de caballería paraguaya.

Más recientemente, los indios guaraníes fueron reclutados en el ejército argentino que luchó contra los británicos en la Guerra de Malvinas (Falklands) de 1982. Ha quedado claro que la guerra de 1982 ha creado un registro arqueológico diverso y sin duda digno de prospecciones y estudio (Pollard 2014). Pobremente equipado y con pocos suministros, las tropas argentinas apostadas en las montañas inhóspitas, donde la mayoría de las grandes batallas tuvieron lugar, se adaptaron a las condiciones severas en parte mediante la creación de su propia cultura material, siendo un ejemplo una sartén hecha de la tapa de un lata grande con un asa de alambre de una cerca. Se espera que nuevos estudios arrojen más luz sobre este proceso de adaptación. También sería interesante ver si los elementos Guaraníes del ejército argentino han dejado su propio sello en los restos materiales del conflicto. Las tropas británicas sin dudas los recuerdan, ya que sus gritos de guerra se escuchaban cuando los paracaidistas británicos asaltaron la cordillera Darwin en su asalto al asentamiento de Goose Green (Adkin 2007).

Así como un estudio de la Guerra de las Malvinas tiene el potencial de arrojar luz sobre la experiencia de las tropas indígenas, también pone de relieve el papel que la arqueología puede jugar en el estudio de los conflictos más recientes, tal vez en el ámbito de lo que se ha descrito como la Arqueología de la Supermodernidad (González-Ruibal 2008). Los arqueólogos ya están trabajando en la Guerra del Chaco (1932-1935), que también fue extremadamente costosa para Argentina, pero hay otros conflictos del siglo XX en toda la región que podrían prestarse a un análisis arqueológico.

De lo anterior se desprende que es de esperar que la avanzada práctica de la arqueología del conflicto en América Latina tiene caminos interesantes y valiosos para transitar. Para terminar sólo diré que el presente volumen representa un hito importante en este viaje, que se destaca por proporcionar un punto de referencia importante durante algún tiempo.

Dr. Tony Pollard
Director
Centre for Battlefield Archaeology
University of Glasgow

Referencias

Adkin, M. (2007) *Goose Green: A Battle is Fought to be Won*. London, Phoenix.

González-Ruibal, G. (2008) 'Time to Destroy: An Archaeology of Supermodernity'. *Current Anthroplogy* 49(2). pp. 247-279.

Pollard, T. (2007) 'Seven Eventful Days in Paraguay: Reconnoitering the Archaeology of the War of the triple Alliance'. In: Scott, D., Babits, L. and Haecker, C. (eds.) *Fields of Conflict: Battlefield Archaeology from the Roman Empire to the Korean War*. London, Praeger Security International.

Pollard, T. (2014) *Mapping the Cultural Heritage of the Falklands War: Report on Scoping Visit*. University of Glasgow, Unpublished report.

PRESENTACIÓN

Tengo el gusto de hacer la presentación de este libro titulado *Sobre campos de batalla: arqueología de conflictos bélicos en América Latina,* editado por Carlos Landa y Odlanyer Hernández de Lara con el sello de Aspha Ediciones. Este libro reúne varios trabajos de Arqueología de la guerra, orientación de las Ciencias Sociales que, sobre todo en Latinoamérica, ha crecido con el siglo XXI.

En esta exposición quiero destacar algunas cuestiones que hacen a la investigación en estas temáticas sociales y que influyen en la generación del conocimiento por parte de los investigadores. Antes de presentar los trabajos de este libro, daré algunas aproximaciones respecto de Arqueología de la violencia y Arqueología del conflicto, temas de esta obra; me referiré brevemente a nuestra fuente de información, el registro arqueológico, y respecto de él, a algunas particularidades de un sitio en especial; mencionaré aspectos ideológicos que atraviesan el campo de la Historia con lo que denomino como *temas tabú* y a aspectos como el supuesto cierre o bloqueo de determinados temas y problemas ya tratados por la historia oficial.

Arqueología del conflicto y Arqueología de la violencia

Con respecto a los rótulos que se vienen empleando en el campo de la investigación social, quiero destacar que hay diferencias entre conflicto y violencia. Ambos conceptos representan construcciones sociales, son creaciones humanas. Si bien se dan en determinados y particulares contextos y hay una opuesta interacción social, no son equivalentes. El conflicto puede abarcar dos o más individuos o grupos entre los que se confrontan intereses y ambos emprenden acciones con el fin de neutralizar, provocar daño o eliminar al rival. Esto puede tener diversidad de posibilidades, entre ellas la verbal, la física y puede alcanzar niveles de baja o alta intensidad. Puede haber conflictos sin violencia aunque no puede manifestarse violencia sin conflicto; pero, vale decirlo, no toda disputa o discrepancia implica conflicto y mucho menos violencia. Es decir, conflicto es una categoría que puede incluir a violencia.

Hace varios años el francés Pierre Clastres (1990) dio en llamar a una nueva especialidad dentro del campo antropológico como la *Arqueología de la violencia.* Pero cuando Clastres inició ese camino orientó sus objetivos hacia el conocimiento de los conflictos prehistóricos, hacia las luchas que los antropólogos consideraban realizadas en las comunidades "primitivas". Entre los grupos de lo que se consideró por mucho tiempo como *"el otro".* Sin embargo, la Antropología de la segunda mitad del siglo XX, por gracia y obra de ciertos actores sociales en un contexto conflictivo y culturalmente "contaminado" al que llevaron las guerras y las invasiones occidentales, dejó de ser la ciencia que estudiaba con exclusividad a ese *otro.* Esa mirada decimonónica y tradicionalmente aceptada *respecto del conocimiento antropológico,* se fue orientando hacia el estudio de los propios pueblos a los que pertenecían los investigadores. Esto ocurrió a partir de la finalización de la que *Occidente* llamó la Segunda Guerra Mundial (o la Segunda Guerra imperialista). Los catastróficos resultados que habían dejado las guerras con genocidios y extremas denigraciones humanas dieron pie para que desde allí comenzaran a cuestionarse los fundamentos y los argumentos de la modernidad. Se fueron generando movimientos contraculturales, rebeldes, libertarios, pacifistas o de lucha armada. Así los de liberación nacional y social, los movimientos ecologistas, los de los ambientalistas, los de género, los feministas, los de homosexuales, el hippismo… fueron abatiendo los vestigios de aquella *modernidad* que había prometido, bajo la orientación de la razón, la guía del progreso indefinido y la confianza en la tecnología, la construcción de un mundo mejor y de plena realización. Esto incluía como marco teórico-epistemológico al positivismo decimonónico.

Pero esos cuestionamientos y luchas para alcanzar el mundo feliz y perfecto que había prometido la modernidad, trajeron otras cosas en el ámbito de la Ciencia en general. Y la Antropología general también fue alcanzada por esa conmoción social, cultural… política. Las continuas guerras e intrusiones habían llevado consigo renovadas invasiones de cultura material y simbólica que se superponían sin mediación alguna por sobre las culturas nativas sometidas, dominadas. De esa forma los invasores —no sólo occidentales— "contaminaban" personas, pueblos, grupos humanos. Así la Antropología —sobre todo en su rama social y etnográfica— fue perdiendo su objeto de análisis tradicional: el *otro.* Porque el otro se encontraba cada vez menos en *estado puro.* Sobre la base de estas pérdidas, la disciplina comenzó a mirar de reojo hacia el "nosotros" cuando aquellos pueblos exóticos dejaron de serlo en gran parte por las invasiones y contaminaciones a los que eran sometidos principalmente por el llamado *"mundo occidental"…* e invadió en el ámbito del conocimiento —como otros lo hacían de hecho en el ámbito de los territorios y los pueblos— el lugar tradicional de la

Sociología. Pero no sólo fueron la Antropología social y la Etnografía las afectadas por la crisis; la Arqueología también se sintió conmovida. Entonces las guerras —como otras calamidades— ya no eran algo para estudiar sobre el *otro*. Estaban en todas partes y eran objeto de análisis de cualquiera que tuviera capacidad para estudiarlas. El mundo occidental comenzó a hacerlo, aunque no sólo las confrontaciones de grupos humanos primitivos sino también de los llamados *civilizados*. Sus propias guerras.

Con el transcurrir de la segunda mitad del siglo XX el tema, en lo que se iría llamando Arqueología histórica, se amplió y profundizó respecto de aspectos materiales e inmateriales y otras cuestiones como los preparativos bélicos y todo lo derivado de ellos, los campos de concentración de prisioneros, los fusilamientos, los entierros en fosas comunes y muchas cosas más. Y allí podemos incluir las categorías de los genocidios que llevaron a cabo las potencias y sus ejecutores de turno. Las luchas de post-guerra se incluyeron en esas temáticas.

En la Argentina y parte de Latinoamérica, el campo de la *Arqueología del conflicto* como la *Arqueología de la violencia* inició su camino a fines del siglo XX y creció considerablemente en el siglo XXI representando orientaciones muy promisorias en un ámbito de las Ciencias sociales que damos en llamar, en forma muy general y no sin discusiones, *Arqueología histórica*.

Un sitio bélico

Hace una década y media iniciamos en la Argentina los estudios sobre un evento bélico de mediados del siglo XIX: la batalla de la Vuelta de Obligado (ver Capítulo 2). No existían en el país antecedentes de estudios de *Arqueología histórica* de ese tipo y las investigaciones que se desarrollaban en otros ámbitos se situaban en contextos muy distintos. En ese momento nuestro conocimiento del tema se fundaba en algunos documentos escritos y obras generales de historiadores, pero respecto de lo arqueológico muy poco sabíamos. En ese marco, nuestras expectativas se fundaron en información de los documentos escritos.

Si bien habíamos trabajado en algunas estructuras militares y civiles de campaña no lo habíamos hecho en campos de batalla. Por estos motivos nuestro estudio se fue fundando sobre la base de algunos conocimientos que provenían del extranjero (Brasil, Estados Unidos, Europa occidental) y la construcción de procedimientos particulares que tuvimos que hacer para el caso específico de esa batalla.

En mi caso particular, con otros equipos y con nuestro equipo habíamos excavado sitios históricos y prehistóricos pampeanos y patagónicos y yacimientos en otras regiones del país como del exterior. Sin embargo, aunque un arqueólogo conozca sitios relativamente similares respecto del ambiente y/o relativamente contemporáneos en contexto histórico, no conoce varias o muchas particularidades de la formación y transformación de cada sitio arqueológico. Al respecto estoy convencido de que cada sitio tiene su propia historia.

Al principio del estudio poco sabíamos con relación a los agentes de formación y transformación locales que actuaron y actúan en Vuelta de Obligado; pero no sólo acerca de su existencia sino respecto de la intensidad con la que actuaban a través del tiempo. Y tampoco conocíamos eventuales reemplazos, tal como ocurre en áreas invadidas por especies animales exóticas que desplazan a otras autóctonas. No sabíamos de las particularidades de la estratigrafía, algo muy importante y que varía de metro en metro en lugares en donde el factor humano es esencial y en áreas, como las del sitio, en donde se manifiesta una importante erosión que afecta las barrancas en donde se habían ubicado tres de las cuatro baterías de cañones; aunque tampoco la cuarta, ubicada en la playa, estaba a salvo ya que el agua cubría el área durante la mayor parte del año. En fin, durante los primeros años sabíamos muy poco del sitio arqueológico de Vuelta de Obligado, un campo de batalla de mediados del siglo XIX. Sólo conocíamos algo de las armas que efectivamente habían llegado al lugar, ya fuera porque formaban parte de aquellas que figuraban en las listas de la provisión que brindaba la comandancia de la época o porque los primeros hallazgos nos mostraban algunos de sus restos.

Luego de varias campañas arqueológicas fuimos hallando, de a poco, algunos trozos de vidrio, pedazos de madera, clavos de sección cuadrangular de distintos tamaños, piezas faunísticas, maderas quemadas, huellas de postes cavadas en la tosca, trozos de loza, fragmentos de hierro y otras pocas cosas más (Ramos *et al.* 2010, 2014). Todos eran restos de los materiales que habían usado los argentinos, a excepción de los pedazos de bombas huecas y explosivas como resultado de las acciones de cañoneo que, sobre la ocupación militar argentina, habían realizado los europeos. Sin embargo, aquel registro arqueológico que comenzó a mostrarse durante los primeros años también presentaba otros materiales que nada tenían que ver con aquella batalla entre americanos y europeos. Comenzamos a hallar en las excavaciones y en ciertas recolecciones que hacíamos en las playas y los caminos, pequeños trozos de cerámica indígena, en general bastante rodada. También algunos restos de talla lítica y fragmentos óseos de fauna consumida. Y todo esto había que intentar explicarlo, interpretarlo en contexto.

Pocos años después de comenzadas las excavaciones en la Vuelta de Obligado nos fuimos dando cuenta de que la interpretación del registro arqueológico del sitio era un tema bastante complejo debido a que un conjunto de agentes había actuado en la formación y luego en su transformación. Tampoco sabíamos exactamente cuáles eran los límites del sitio, las dimensiones del área de enfrentamientos, la ubicación exacta del campamento militar, el hospital de campaña... Y al respecto, los documentos hallados durante los primeros años no contribuían en nada para su esclarecimiento.

Asimismo, por el tipo de hallazgos —casi nunca enteros— y los relatos de los vecinos, supimos acerca de los constantes saqueos a los que había sido sometido el sitio durante más de un siglo y medio. Con estos y otros "ingredientes" fuimos comprendiendo la extrema complejidad de este sitio arqueológico que había sido un campo de batalla. Pero hubo algo más: en ese momento los argumentos de nuestras hipótesis no se apoyaban sólo en datos de los documentos escritos, sino también en la composición del registro arqueológico, lo que ya significaba un avance.

Temas tabú

Para la historia oficial argentina —y no sólo para ella— algunos eventos y procesos pueden considerarse como *temas tabú*. Existen prohibiciones tácitas o explícitas sobre versiones supuestamente intocables de la historia nacional. Esas versiones —creadas sobre todo a partir del último tercio del siglo XIX— podrían considerarse como preceptos religiosos. Son equivalentes a mandatos que si se rompen representan una falta imperdonable y condenada por un grupo político-económico-social. En ocasiones esos relatos se fundan en mitos y falsedades presentando extraordinarios héroes y abominables tiranos que comandaban ejércitos de ángeles o bandas de demonios. Personajes y eventos representan figuras y hechos ya cristalizados. Por intermedio de la instrucción en los distintos niveles escolares, los sectores dominantes han enseñado esas historias oficiales desde el siglo XIX. Las historias oficiales, creadas bajo diferentes objetivos, han sido consideradas como si fueran dogmas más que tramas de relatos sobre lo que habría acontecido en el pasado de un pueblo. Y las historias oficiales tenían temas tabú. Algunos no se podían tocar y otros no se podían revisar. El intentar desarmar esos relatos era, y continúa siendo en alguna medida, algo inaceptable. Romper un tabú es intolerable para determinados sectores dominantes. Así el que lo rompe puede ser castigado, condenado o aislado de diferentes maneras. Y esto, sin lugar a dudas, incluye al mundo académico.

En el caso de la historia argentina estos relatos cerrados abarcaban algunos personajes y hechos de los primeros gobiernos patrios —por ejemplo, el caso del Plan de operaciones de Mariano Moreno— como el extenso Gobierno de Rosas; también las montoneras federales de las provincias; las sangrientas represiones de Mitre y Sarmiento (quienes escribieron sus propias versiones históricas); las masacres de indígenas en la llamada Conquista del desierto; la huelga de Vasena y la Semana trágica; la represión y los fusilamientos de la Patagonia; la masacre de Napalpí y la de Rincón Bomba; los bombardeos a la población civil en Plaza de Mayo en 1955; los fusilamientos de civiles en José León Suárez en 1956, los de Trelew en 1972; el tema de los desaparecidos y el terrorismo de estado (Ramos 2014 MS). En fin, muchos temas y problemas que las historias oficiales no trataron, minimizaron o directamente *maltrataron*.

Esos ejemplos podrían ser objeto de análisis de los historiadores pero varios de ellos, también, de la llamada *Arqueología de la violencia* dentro del gran campo de la Arqueología histórica, con intervención de sus especialistas. Vaya como ejemplo el caso de los Talleres Vasena y la Semana trágica (Schávelzon e Igareta 2013) o el de los desaparecidos y las investigaciones del Equipo Argentino de Antropología Forense (entre otros EAAF 1992), que cumplió un papel destacadísimo en la Argentina y luego en otros países del llamado Tercer Mundo (en América, Asia y África). Estas nuevas especialidades de la Arqueología se desarrollaron también en el llamado Primer Mundo, en la Europa de los Balcanes o en la España post-franquista y democrática con los fusilados, desaparecidos y los trabajadores forzados de la Guerra Civil (Falquina Aparicio *et al.* 2008). Cualquiera que quisiera conocer con mayor profundidad determinados hechos de la vida nacional de un país tendría que hacer *Arqueología histórica* tal como se la conoce en sentido amplio.

El evento y la llamada Guerra del Paraná constituían un *tema tabú* en la historia nacional, mejor dicho en las versiones de las historias oficiales desde el siglo XIX. Allí algunos eventos y procesos habían poco tratados o tergiversados o, como dije, directamente *maltratados*. Como ocurriera con esta guerra, otros temas y problemas habían seguido el mismo camino.

Memoria. Cerrar o abrir puertas y ventanas

Las *historias oficiales* habían tapado, hecho desaparecer, a parte de los registros sociales y culturales. Pero estos comportamientos no eran una exclusiva invención del siglo XIX o del XX; venían de antaño. Por ejemplo, se supone que en el Antiguo Egipto Horemheb hizo destruir toda referencia monumental y escrita referida a Ajenaton y Tutankamon (Shaw 2007 [2000]). Muchos siglos después los arqueólogos rescataron algo de aquel destrozo intencional como lo harían otros arqueólogos con las fosas comunes en donde estaban muchos *desaparecidos de la historia*.

Todos los aspectos que vamos señalando se enmarcan en conceptos que se han debatido y conformado sobre todo durante los últimos años. Allí están memoria histórica, memoria colectiva y contextos históricos, sociales e incluso personales de época.

La memoria está presente en la vida cotidiana de las personas y de las sociedades. También en los textos escolares. Aquellos países que sufrieron sangrientas dictaduras durante el siglo XX, como España y la Argentina, tuvieron que intentar la recuperación de segmentos más extensos o más cortos pero intensos de la historia nacional. Y en muchos casos los arqueólogos contribuyeron a esa recuperación.

Asimismo los documentos escritos fueron importantes pero la historia oral fue crucial para realizar un correlato más afinado respecto de lo que pudieran hallar los arqueólogos. A veces el relato familiar fue el núcleo más sólido de muchos estudios. Pero ¿por qué comenzó a tener cada vez más valor ese relato como nunca antes lo había tenido? Porque cualquier relato sobre la guerra, y en general sobre los conflictos grupales, que no encajara en los parámetros de las historias oficiales no se consideraba ético ni políticamente correcto. Todo aquello que no se encorsetara bajo los parámetros de la ciencia positivista no tenía validez y el relato y la historia oral como fuentes de información eran considerados como algo *subjetivo* y, por lo tanto, *desechable*.

Incluso la memoria quedó acorralada en el ámbito de lo familiar, siempre al margen de la Historia auténtica y universal, supuestamente la única con validez y seriedad.

Entonces si la historia ya tenía las versiones oficiales no era posible investigar para presentar alternativas a esos relatos que cerraban las puertas y ventanas del pasado. Asimismo la academia miraba de *reojo* —o con *mal ojo*— a aquellos que quisieran revisar las versiones oficiales o plantear otras alternativas. Pero, en general, y durante muchos años la academia no se apartó —hoy se aparta sólo algo— de aquellas versiones generadas por los vencedores. Una canción del *rock nacional*, también una película (*La historia oficial*, 1985) podrían recordarlo:

> *"Si la historia la escriben los que ganan,*
> *eso quiere decir que hay otra historia:*
> *la verdadera historia,*
> *quien quiera oír que oiga."*

Luego de casi ocho años de larga noche dictatorial, con la recuperación de la democracia en la Argentina, apareció esta canción de Litto Nebbia (1984), un músico que entre los años ′60 y ′70 del siglo pasado había adherido a la tan perseguida y calumniada Juventud Peronista. Con esto Nebbia había enviado un mensaje retomando ideas arraigadas en amplios sectores del pueblo. Un llamado a la memoria.

Casos cerrados

Es interesante leer algunas obras de las historias oficiales de carácter conservador-liberal. Un documento de 1958 es el llamado *Libro Negro de la Segunda Tiranía*. Esta obra generada y publicada desde el seno de la Dictadura llamada *Revolución Libertadora*, recogía esa herencia liberal decimonónica y esos mandatos los volcaba en la breve, acotada y "telegrámica" historia que presentaba en sus primeras páginas, con una interpretación destinada a denigrar a los gobiernos de Perón como al de Rosas (Ramos 2014 MS).

En esa misma dirección que El Libro Negro de la Segunda Tiranía, y con fecha del 27 de octubre de 1977, la Dictadura que en la Argentina asaltó el poder en marzo de 1976 y gobernó ferozmente por casi ocho años, elaboró y publicó la Resolución N° 538. Este es un documento que puede catalogarse como una circular para distribuir en todos los niveles escolares y la universidad. Se llama "Subversión en el ámbito educativo (conozcamos a nuestro enemigo)" y está firmado por el Ministerio de Cultura y Educación de la Nación[1] (Ramos 2014 MS). Allí se describe una historia lineal y absoluta, de la que se pueden mencionar algunos hitos de lo que dieron en llamar la "Sinopsis histórica del movimiento estudiantil en las universidades". El documento daba una versión de la historia oficial, de una que se mostraba absolutamente fundamentalista en todos los aspectos y que había visto conquistas y derechos adquiridos por el pueblo, en el ámbito de la educación, como un plan para destruir o desestabilizar un orden conservador de *origen divino*. En fin, versiones de las historias oficiales (Ramos 2014 MS).

En la historia de la humanidad los cambios sociales y políticos se fueron dando orientados por diversos objetivos y en distintas direcciones. En muchos casos fue por medio de las rebeliones, conflictos bélicos y otros enfrentamientos entre grupos.

Quiero destacar que la posibilidad de trabajar con más de dos fuentes de información permite al investigador, que hace Arqueología histórica, alcanzar una instancia cognitiva que en otros ámbitos no se alcanza. La información del registro arqueológico puede confirmar o contradecir la de los documentos escritos pero también, como tercera posibilidad, puede aportar información novedosa, nunca tenida en cuenta.

La obra que se presenta da cuenta de varias investigaciones que aportan conocimiento respecto de luchas entre facciones humanas. Y, en varios casos, estudios que como resultado presentan información novedosa y alternativas a versiones tergiversadas o hechos mal conocidos respecto de lo que acaeció en el pasado relativamente cercano.

El libro

El libro *Campos de batallas de América Latina: investigaciones arqueológicas de conflictos bélicos* abarca 7 capítulos y comienza con una Introducción de sus jóvenes compiladores, el argentino Carlos Landa y el cubano Odlanyer Hernández de Lara.

La obra incluye los capítulos que se pueden agrupar temáticamente por 1) trabajos de campo; 2) reflexiones sobre estrategias y teoría y estudios de gabinete. Varios de los temas que hemos tratado en este escrito se encuentran

---

[1] http://www.bnm.me.gov.ar/giga1/normas/11997.pdf

aquí abordados desde distintas perspectivas. El libro cuenta con contribuciones de investigadores de varios países latinoamericanos: mexicanos, argentinos, cubanos, brasileños (Figura 1).

Figura 1. Algunos de los sitios o regiones investigadas arqueológicamente en América Latina, de las que se hace referencia en el presente volumen

Dentro del primer grupo podemos incluir el Capítulo 1 que se llama *Campos de batalla en México: arqueología y patrimonio militar* y está escrito por Angélica María Medrano Enríquez. El Capítulo 2 es el denominado *Arqueología histórica de la Guerra del Paraná: la Vuelta de Obligado y el Tonelero* de Mariano Ramos, Matilde Lanza, Verónica Helfer, Fabián Bognanni, Alejandra Raies, Mariano Darigo, Carolina Dottori, Matías Warr, Carolina Santo, Julia Raño, Odlanyer Hernández de Lara, Héctor Pinochet, Sandra Alanís y Milva Umaño. Este escrito nos muestra cómo fueron esas cruentas batallas que sostuvieron los argentinos contra los imperios de turno. Ambos capítulos se apoyan en novedosa información arqueológica. También el Capítulo 3 que se titula *"...Un reñido combate bien nutrido de fuego de artillería e infantería...": la batalla de Cepeda 1859, desde una perspectiva arqueológica*, y escrito por Juan Leoni, Lucas Martínez, María Porfidia y Mauro Ganem nos aproxima a otra mirada de lo que fueron las luchas civiles en la Argentina. Aquí tenemos la originalidad que aporta la información sobre un nuevo registro material.

Luego, el Capítulo 4 denominado *Un zarpazo en el olvido de la historia. Batalla de La Verde (1874), Partido de 25 de Mayo, Argentina* fue escrito por Carlos Landa, Facundo Gómez Romero, Emanuel Montanari, Virginia Pineau, Fabián Bognanni, Horacio De Rosa, Florencia Caretti, Jimena Doval, Marcela Pichipil, Azul Blaseotto, Alejandra Raies y Pedro Salminci. El texto expone otra mirada alternativa a las historias oficiales decimonónicas. Finaliza este bloque con el Capítulo 6 titulado *"El peligro te viene de arriba". Arqueología de una batalla durante la intervención estadounidense en la bahía de Matanzas, Cuba (1898)* de Odlanyer Hernández de Lara, Logel Lorenzo Hernández, Boris Rodríguez Tápanes, Silvia Hernández Godoy e Isabel Hernández Campos. Este trabajo va en la misma línea que los anteriores y nos aproxima a la intervención extranjera en la Cuba que se quería liberar del imperio español pero asimismo no quería caer en las garras del águila imperial del norte.

Por el segundo bloque podemos citar al Capítulo 5 que se llama *El sistema defensivo de Júcaro a Morón y la praxis social de su paisaje de conflicto en la región central de Cuba (1871-1898)* de Roberto Álvarez Pereira. Este capítulo aborda cuestiones teórico prácticas respecto de una línea defensiva que funcionara en Cuba durante la última parte del siglo XIX. El bloque llega a su fin con el Capítulo 7 denominado *Conservar para preservar el patrimonio arqueológico: consideraciones sobre la conservación de artefactos metálicos de campo de batalla* y está escrito por Jaime Mujica Sallés y Lúcio Menezes Ferreira.

El libro viene acompañado además de un prólogo de Tony Pollard, un destacado arqueólogo escocés quien ha trabajado sobre una variedad de batallas de la época moderna en Europa y en América.

En Latinoamérica, salvo pocas excepciones, las obras de este tipo son el resultado de estudios realizados con mucho esfuerzo y superando considerables inconvenientes en un campo particular como lo es la *Arqueología de campos de batalla*, especialidad que de a poco fue abriéndose camino y ya constituye una importante área de la investigación social. Sin embargo, tampoco es exclusivamente Arqueología sino un ámbito que abarca otras disciplinas como la Historia, la Geografía histórica, la Antropología social y otras sociales, incluso varias Ciencias exactas. Las nuevas investigaciones van contribuyendo a desarmar la estructuración tradicional decimonónica en el campo de los estudios sociales y, por otra parte, van favoreciendo la construcción de procedimientos originales y la creación de nuevas especialidades en el ámbito del conocimiento. Los trabajos incluidos en el libro se orientan hacia esas perspectivas.

Por otra parte el trabajo de arqueólogos, historiadores y otros investigadores cumple un papel especial que tiene por función abrir puertas y ventanas que en muchos casos permanecían cerradas herméticamente por intereses sociales, económicos y políticos. Así trabajos como, por ejemplo, *Arqueología histórica de la Guerra del Paraná…, Un zarpazo en el olvido de la historia… o "El peligro te viene de arriba": arqueología de una batalla durante la intervención estadounidense en la bahía de Matanzas, Cuba (1898)*, representan nuevas y más integrales miradas respecto de eventos y procesos históricos que las versiones oficiales —cerradas— de la historia nacional.

Así nuevos datos pueden abrir el camino hacia el debate y la confrontación. Cruzado por aspectos sociales y políticos el campo del conocimiento también se transforma en un lugar de conflicto. La misma Historia es un campo de batalla.

Dr. Mariano Ramos
Director
Programa de Arqueología Histórica y Estudios Pluridisciplinarios
Universidad Nacional de Luján

Bibliografía

Clastres, P. (1990). *Arqueología de la violencia: la guerra en las sociedades primitivas.* Madrid: Fondo de Cultura Económica.

Comisión Nacional de Investigaciones (1958). *Libro Negro de la Segunda Tiranía.* Buenos Aires: Editorial Lumen.

Equipo Argentino de Antropología Forense (EAAF) (1992). Excavando la violencia: arqueología y derechos humanos en el Cono Sur. En G. Politis (Ed.), *Arqueología en América Latina Hoy*: 160-166. Bogotá: Biblioteca Banco Popular.

Falquina Aparicio Á., P. Maguire, A. González Ruibal, C. Marín Suárez, A. Quintero Maqua y J. Rolland Calvo (2008). Arqueología de los destacamentos de trabajos forzados franquistas en el ferrocarril Madrid-Burgos: El caso de Bustarviejo. *Complutum.* Vol. 20, N° 1: 153-171.

Nebbia Corbacho, F. (Litto Nebbia) (1984). Quien quiera oír que oiga. *Disco Evita: Quien quiera oír que oiga.* Banda de sonido de la película de Eduardo Mignogna. En Rock.com.ar. Buenos Aires: Melopea.

Ramos, M., Helfer, V., Bognanni, F., González Toralbo, C., Luque, C., Pérez, M. y M. Warr (2010). Cultura material y aspectos simbólicos: el caso de la batalla de Vuelta de Obligado. En M. Berón, L. Luna, M. Bonomo, C. Montalvo, C. Aranda, M. Carrera Aizpitarte (Eds.). *Mamül Mapu: pasado y presente desde la arqueología pampeana.* Ayacucho: Libros del Espinillo.

Ramos, M., F. Bognanni, M. Lanza, V. Helfer, C. González Toralbo, R. Senesi, O. Hernández de Lara, C. Pinochet y J. Clavijo (2014). The Archaeology of the Battle of Vuelta de Obligado, Buenos Aires Province, Argentina. *Journal of Conflict Archaeology.* Vol. 9 N° 2: 69–91.

Ramos, M. (2014). *Huellas en la arena. Conocimiento, contextos y Arqueología*. Buenos Aires. MS.

Schávelzon, D. y A. Igareta (2013). La destrucción de la modernidad: Arqueología de los Talleres Vasena y la Semana Trágica en Buenos Aires. En C. Vázquez, O. Palacios y N. Ciarlo (Eds.). *Patrimonio Cultural: la gestión, el arte, la arqueología y las ciencias exactas aplicadas*. Año 3. 70-74. Buenos Aires: CNEA.

Shaw, I. (2007). *Historia del Antiguo Egipto*. Traducción del inglés a cargo de José Miguel Parra Ortiz. Madrid: La Esfera de los Libros.

Ministerio de Cultura y Educación de la Nación Argentina (1977). Resolución N° 538. Subversión en el ámbito educativo (conozcamos a nuestro enemigo) http://www.bnm.me.gov.ar/giga1/normas/11997.

CAMPOS DE BATALLAS DE AMÉRICA LATINA: INVESTIGACIONES ARQUEOLÓGICAS DE CONFLICTOS BÉLICOS

Carlos Landa y Odlanyer Hernández de Lara

> War in the east, war in the west
> War up north, war down south
> War, war, rumours of war
> Bob Marley
> *War.* Rastaman vibration (1976)

Introducción

Los campos de batalla constituyen un tipo particular de sitio arqueológico, no solo desde los puntos de vista teórico-metodológicos, sino por el lugar significante que ocupan para las comunidades involucradas en esos escenarios de conflicto. Por su injerencia en la historia de diversos colectivos, su incidencia en el devenir político de los pueblos o en la constitución de diversas entidades geopolíticas; estos paisajes de batalla poseen un poder de evocación que atraviesa diversas escalas (locales, regionales y nacionales). Son espacios de olvidos y memoria, rememoran heridas, evidencian cicatrices, movilizan y conmocionan; son referentes identitarios, constituyen estigmas o son celebrados.

El estudio arqueológico de este tipo de sitios, puede retrotraerse a la segunda mitad del siglo XX. Si bien comienzan a emerger dentro del contexto de descolonización, su proliferación posiblemente se encuentra ligada a la emergencia de múltiples y antiguos conflictos producto de la fragmentación, crisis y emergencias de identidades vinculadas al desarrollo de los procesos globalizadores.

Conflicto, violencia y guerra en arqueología

Desde la Arqueología, se han planteado tres grandes definiciones de aéreas de conocimiento que incluyen a los campos de batalla como sitios arqueológicos factibles de ser estudiados: Arqueología del conflicto, Arqueología de la violencia y Arqueología militar o de la guerra.

La "Arqueología del conflicto" ha sido definida como el estudio de patrones culturales, actividades humanas y comportamientos asociados al conflicto de sociedades del pasado, tanto prehistóricas como históricas (Freeman y Pollard 2001; Schofield *et al.* 2006; Scott y McFeaters 2011). Esta vasta definición puede incluir diversos y numerosos sitios arqueológicos: fortificaciones, centros clandestinos de detención, fosas comunes, monumentalidad, bunkers y, entre ellos, los campos de batalla. Es por ello que: "The term, the 'archaeology of conflict', rather than 'battlefield archaeology', is therefore a more appropriate general expression" (Sutherland y Holst 2005:2). La Arqueología del conflicto resulta entonces una denominación más inclusiva e integradora (Freeman y Pollard 2001).

La denominada "Arqueología de la violencia" comprende todo el pasado humano desde la prehistoria en adelante, implica por ende el trabajo pluridisciplinario entre arqueólogos, historiadores, forenses, sociólogos, antropólogos, etc. Según Ramos este tipo de arqueología tuvo un primer fuerte asidero dentro de los estudios prehistóricos para luego extenderse a la arqueología histórica (Ramos *et al.* 2011). Al igual que con el término "conflicto", el alcance de esta perspectiva también estará supeditado a la definición del término violencia que se tome en cuenta: ¿violencia o conflicto interpersonal, inter o intra étnica, violencia organizada a nivel de naciones? Como bien comenta Ramos (ver Presentación), conflicto y violencia no constituyen sinónimo, ya que el primer término puede incluir al segundo, aunque no todo conflicto necesariamente se resuelve a través de la violencia, pero a toda situación de violencia antecede algún tipo de conflicto.

Por último, la Arqueología militar o de la guerra, según Quesada Sanz (2008:3) "…es una rama de la disciplina arqueológica que ha alcanzado una cierta independencia conceptual, ya que tiene su propio y específico objeto de estudio —la evidencia material de la acción militar humana— en forma de armas, campos de batalla, campamentos militares y fortificaciones, fosas comunes (…) [aún más] si bien dispone de la amplia gama de métodos de la arqueología ha desarrollado métodos específicos (prospección de campos de batalla, análisis de armas, etc.)". No obstante, ceñirse a un conjunto particular de artefactos no implica un objeto de estudio independiente. La distinción metodológica constituye la especificidad de este tipo de investigaciones desde sus inicios, dadas las características particulares de los campos de batallas.

Las categorizaciones mencionadas fueron creadas y desarrolladas por investigadores de los Estados Unidos y Europa. Por lo tanto pensadas desde y para sus problemáticas específicas, y desde un presente que encuentra su expresión en la proliferación de las guerras étnicas en Europa a mitad de la década del noventa del siglo XX y la desaparición física de los veteranos de las dos grandes guerras mundiales (Gilchrist 2003; Guilaine y Zammit 2002). Como sucede frecuentemente en el mundo académico latinoamericano, estas definiciones se han tomado sin mediar crítica alguna, mucho menos llevar a cabo el desarrollo de categorizaciones propias basadas en la realidad regional. Esta tarea debe ser realizada por investigadores locales que reflexionen sobre sus herramientas conceptuales en una clara integración entre el contexto local y global. En este libro se desarrollan diferentes perspectivas teóricas que discuten dichos conceptos en relación con los casos de estudio abordados y contribuyen al mismo tiempo a una visión crítica de los procesos históricos que forjaron la realidad actual de América Latina, como la conquista española en México, la conformación del Estado-Nación en Argentina y la independencia de Cuba.

Ahora bien, ¿nos encontramos frente a un escenario de emergencia y conformación de áreas o sub-áreas disciplinares divergentes o simplemente ante diferencias nominales en torno a la rotulación de una praxis arqueológica similar?

La intención de esta obra es la de captar la efervescencia manifiesta en este contexto desde una mirada latinoamericana amplia y diversa que contribuya a su desarrollo epistemológico, teórico y metodológico. Los arqueólogos latinoamericanos deben realizar aportes desde su posición de investigadores académicos de centros no hegemónicos de producción de conocimiento en aras de aportar una mirada crítica y a la generación de conceptualizaciones operativas localmente que permitan a su vez su integración y comparación a nivel global.

La Arqueología histórica ya desde sus diversas definiciones como área disciplinar, generalmente basada en distintos procesos de alcance global, tales como el colonialismo, el mercantilismo, el capitalismo, el imperialismo, entre otros ha estudiado el conflicto y la violencia que los mismos conllevan. La violencia y el conflicto son partes constitutivas de las relaciones forjadas entre las potencias occidentales y aquellas comunidades con las que entran en trato.

Por otra parte, tanto la arqueología del conflicto como la de la violencia o de la guerra, engloban tópicos o temáticas que la Arqueología viene desarrollando con anterioridad. En Latinoamérica, muchas de las temáticas nucleadas dentro de dichas "arqueologías" se han venido desarrollando a lo largo de la centuria pasada. Por ejemplo el caso de las fortificaciones (fortalezas costeras, fuertes, fortines, cantones y campamentos militares), tecnología bélica y vestimenta militar, Centros Clandestinos de Detención, prisiones, fosas comunes e incluso campos de batalla.

La arqueología y los campos de batalla

El estudio de los sitios arqueológicos denominados "campos de batalla" se encuentran incluidos dentro de las tres categorizaciones de arqueologías caracterizadas. Los campos de batalla constituyen"(…) uniquely defined social spaces" (Pollard 2007 en Ferguson 2008:113). Estos sitios representan un desafío metodológico debido a sus características particulares, hechos que constituyen eventos generalmente efímeros, muy acotados en el tiempo y en donde se desarrolló un tipo de actividad muy específica, para luego ser abandonados u ocupados para otras actividades.

Los campos de batalla constituyen un eje temático sobre el cual la Arqueología puede y debe realizar aportes específicos. Consideramos que en diversos sectores del globo las investigaciones arqueológicas sobre este tipo de sitios han trascendido las etapas iniciales. Esto se evidencia en la proliferación de trabajos y en los intentos de incluirlos dentro de definiciones más amplias que constituyan áreas disciplinares.

La denominada "Arqueología de campos de batalla" toma de la Arqueología y de la Arqueología histórica, posturas epistemológicas, teóricas y metodológicas. Como ésta, constituye un campo de investigación pluridisciplinario (Ramos 1999) pues en aras de enriquecer su producción puede y debe congregar a especialistas de diversas disciplinas: arqueólogos, historiadores, forenses, sociólogos, antropólogos, ingenieros, entre otros. Quesada Sanz (2008), quien realiza estudios sobre episodios bélicos y armamentos de romanos, cartagineses e ibéricos, se resiste a considerar a la "arqueología de campos de batalla" como un área autónoma de conocimiento, en todo caso —dice este autor— formaría parte de la Arqueología militar (arriba caracterizada) constituyendo una subdisciplina de la misma. Este autor considera innecesario este compartimento disciplinar pues va en detrimento de la producción y del discurso científico.

Existen diferencias en el desarrollo de los estudios de campos de batalla en Estados Unidos, Europa y Latinoamérica, tanto en su volumen de producción como en las diversas temáticas abordadas. Las investigaciones arqueológicas en el sitio de la batalla estadounidense de Little Big Horn (1876), llevadas a cabo en la década del ochenta del pasado siglo, se convirtieron en ejemplo paradigmático y de cita obligada (Fox 1993). Este estudio cuestionó y echó por la borda uno de los mitos historiográficos fundantes vinculado a la resistencia y al valor inherente del pueblo norteamericano que motivó una famosa frase: "murieron con las botas puestas", del Teniente Coronel George Custer y su 7º de caballería que cayeron en manos de diversas parcialidades de indígenas de las praderas (Sioux Lakota, Cheyenne, Black Foot, Arapahoes, entre otras). No obstante, en el propio país ya se habían efectuado estudios previos (Carlson-

Drexler 2010) e incluso hay antecedentes arqueológicos en Cuba desde la década del sesenta (ver más adelante).

La guerra civil norteamericana constituye otro evento que atraviesa la historia de dicho país. Su representación ha sido llevada a cabo en todos los soportes posibles: literatura, cine, historieta, recreacionismo histórico y por supuesto su abordaje por las ciencias sociales y entre ellas la Arqueología. Arqueológicamente se han investigado las batallas de Chickamauga (1863), Picket Mills (1864), estudios de fortificaciones costeras (Tybee Island), enterratorios (Antietam) y campos de prisioneros (Camp Lawton, Andersonville) (Geier y Winter 1994). Destacan también los estudios realizados en el campo de batalla de Palo Alto (1846) —actual Texas— sitio vinculado a la guerra de intervención estadounidense o guerra Estados Unidos - México (1846-1848) (Hacker y Mauck 1997) y el estudio de la batalla de El Caney (1898) desarrollada en el sur de la región oriental de Cuba durante la guerra entre Hispano-Cubana-Americana (Altizer 2008).

En Europa, específicamente en países anglosajones, se han constituido equipos especiales que se dedican a esta temática. Por ejemplo el Centre of Battlefield Archaeology de Glasgow a cargo del Dr. Tony Pollard ha estudiado sitios arqueológicos dentro del marco de la Arqueología del conflicto abordando sitios tanto romanos, como medievales y postmedievales (guerras entre Escocia e Inglaterra, guerras civiles inglesas, guerras mundiales, entre otras). Dentro de esta Universidad se dicta un posgrado especializado en Arqueología del conflicto y campos de batalla. Este grupo posee una publicación destinada específicamente a estas temáticas: el *Journal of Conflict Archaeology*. También han asesorado en numerosos documentales de televisión como *Two men in a trench* o *Battelfield Detectives* (Pollard y Banks 2008:x). Por otra parte, el Reino Unido posee diversas instituciones que se encargan del registro, protección y puesta en valor de los sitios en donde se desarrollaron eventos bélicos (Medrano Enríquez 2005). Francia y Bélgica también poseen sus agrupaciones de arqueólogos que se dedican específicamente al estudio de la materialidad de las dos guerras mundiales que surcaron su territorio. Arqueólogos alemanes se han dedicado a abordar la materialidad de la Guerra Fría, por ejemplo algunos trabajos incluidos en el libro *Re-mapping the Field: new approaches in Conflict Archaeology* (Schofield *et al.* 2006). En los últimos años España ha incrementado notoriamente su interés por los aspectos materiales y espaciales de las batallas de la antigüedad clásica y de la Guerra Civil (Alonso González 2008; Quesada Sanz 2008; Quintero Maqua y Marín Suárez 2011). En este país se desarrollan posgrados vinculados a la Arqueología militar y a la Arqueología de la guerra (Quesada Sanz 2008). Por último, durante el mes de septiembre de 2014 se llevó a cabo la conferencia *Conflict in Context: Archaeologies of War 1618 – 1918*, donde se presentaron y discutieron trabajos vinculados a la tecnología bélica (entre ellos análisis arqueométricos), estrategias y tácticas militares, situación social de las tropas, entre otros.

Arqueología de campos de batalla en Latinoamérica

En América Latina, los estudios arqueológicos en torno a campos de batalla no poseen un ámbito específico de publicación. Los trabajos de esta índole, en un principio, aparecieron en revistas de poca difusión o bien quedaron inéditos como informes de trabajo. Con posterioridad, comenzaron a publicarse en forma aislada en diversas actas de congresos y en revistas científicas, lo que dificulta el rastreo para comprender la dimensión real de su producción. En este sentido, este libro viene a suplir esa carencia. Su objetivo principal es dar a conocer un panorama general de las investigaciones realizadas en nuestra región. Una situación llamativa es el hecho del desconocimiento mutuo de los arqueólogos latinoamericanos en relación con lo escrito por sus colegas de la región. Por ello, esta obra tiene ese segundo propósito: generar un espacio de integración que permita el intercambio de ideas y experiencias.

La producción latinoamericana en cuanto a las investigaciones en campos de batallas no sólo se desconoce en su quehacer contemporáneo desde los centros académicos hegemónicos, sino también en su diacronía. Esto no se debe simplemente a barreras idiomáticas, sino también a un posicionamiento estructural vinculado al colonialismo intelectual. Un caso emblemático de esta situación, como esbozamos anteriormente, lo constituye el de Cuba, donde desde fines de la década de 1960 se realizó el primer abordaje arqueológico de los campos de batalla en América que tengamos noticia. En dicha década comenzaron a investigarse de forma sistemática algunos sitios relacionados con la Guerra de Independencia (1895-1898), en especial aquellos donde participó el Lugarteniente General Antonio Maceo en el occidente del país, que luego se extendió a otros escenarios bélicos (Alonso Alonso 1983, 2004; Guarch Delmonte 1972, 1980, 1981, 1986; Tabío Palma y Valdespino 1968). Recientemente, se han realizado investigaciones en contextos de la intervención estadounidense de 1898 en la isla (Altizer 2008; Carlson-Drexler 2008; Hernández de Lara *et al.* 2014, en este libro) y en algunas unidades militares asociadas a la Guerra Fría (1962) en colaboración sueco-cubana (Burström *et al.* 2009).

En Brasil y como resultado de la reducción de las aguas del lago artificial Cocorobó, se llevaron a cabo tareas de arqueología de rescate o salvamento arqueológico en el Parque Estadual de Canudos (Bahía) (Zanettini y Robrahn-Gonzalez 1999, 2000). Dicha área estuvo sumergida durante 30 años y hacia 1996 quedaron al descubierto los restos del pueblo o aldea de Canudos. Un equipo de arqueólogos procedió a realizar un reconocimiento superficial de un área de aproximadamente 50 hectáreas sobre el margen izquierdo del río Vaza-Barris, relevándose "(...) cartuchos, pentes e projéteis relacionados aos combates, trincheiras, sepulturas, restos de edificações (...)", espacios públicos, sectores de campamento, barricadas, etc. (Zanettini 2003).

La "Guerra de Canudos" (1896-1897) fue una confrontación entre el ejército de la reciente República Brasileña y un movimiento popular de carácter mesiánico - religioso liderado por un predicador de supuestas ideas monárquicas: Antonio Conselheiro (Mario Varga Llosas desarrolla exquisitamente este conflicto en su novela ficcional: La guerra del fin del mundo). Los adeptos a Conselheiro se encontraban establecidos sobre la ribera del río Vaza-Barris, cerca de la actual ciudad de Monte Santo en el interior del estado de la Bahía, Brasil. En este conflicto se movilizaron más de diez mil soldados desde diversos estados brasileños, distribuidos en cuatro expediciones militares. En 1897, durante la cuarta incursión de tropas gubernamentales a la región (las tres anteriores fueron rechazadas por los canudenses), los militares sitiaron y bombardearon Canudos, no se tomaron prisioneros, se pasó a cuchillo a toda la población (entre 20.000 a 30.000 individuos) se incendió y destruyó el pueblo (Moniz Bandeiras 1996; Zanettini 2009).

Casi una década después de los primeros hallazgos, el equipo dirigido por Paulo Zanettini se abocó a desarrollar en el parque un espacio de la memoria vinculado al pueblo y a la lucha en Canudos, donde se reconstruyó la lógica de las trincheras a partir de los vestigios hallados en el parque. La ubicación estratégica de las mismas permitió comprender por qué a las tropas nacionales les resultó difícil tomar el pueblo. También fueron analizados bio-arqueológicamente restos de un soldado provenientes de un enterratorio ("Arqueología Brasileña" s/f).

Por otra parte, en la Universidad Federal de Pelotas, se constituyó un equipo especializado en diversas temáticas inherentes a la Arqueología histórica, liderado por el Dr. Lucio Menezes. Dicho equipo de investigadores se encuentran en los inicios del abordaje de dos campos de batalla: São José do Norte (1840), en el contexto de la Guerra de los Farrapos y la controvertida batalla de Ituzaingó o Paso del Rosario (1827) acaecida en el marco de la Guerra con el Brasil.

En México la Arqueología de campos de batalla, a pesar de contar con un potencial enorme, no se encuentra muy desarrollada. La excepción la constituye los trabajos realizados por María A. Medrano Enríquez y su estudio de la denominada Guerra del Mixtón (sureste de Zacatecas) acaecida entre caxcanes y españoles en 1541 (Medrano Enríquez 2005).

En la República Oriental del Uruguay, desde el año 2005 comenzó a investigarse arqueológicamente la intervención británica relacionada con las guerras napoleónicas en dicha región (1807) (Lezcano 2012). Dentro del contexto histórico mencionado, se principió a estudiar la batalla de San Pedro (Departamento de Colonia) acaecida entre las fuerzas británicas invasoras y las fuerzas coloniales defensoras. Los objetivos planteados por los autores (García *et al.* 2009; Lezcano 2012) fueron los de corroborar la hipótesis relacionada con la ubicación del emplazamiento de dicha batalla. A partir de ello establecer los límites del conflicto bélico y las distintas áreas funcionales.

Metodológicamente se llevaron a cabo: prospección, recolección superficial y sondeos. La prospección fue realizada utilizando detectores de metales y siguiendo transectas de 10 x 150 m. El material hallado se ha registrado y georeferenciado por medio de sistema de posicionamiento global (GPS) para una posterior confección de un mapa distribucional. Por otra parte, se relevaron fuentes documentales y orales (consultas con vecinos del área). Se utilizaron cartografía y fotos aéreas, se revisaron materiales obtenidos por lugareños y de coleccionistas (proyectiles de caño, municiones y fragmentos de armas de fuego). La información recabada permitió determinar el área en donde se desarrollo el combate (una lomada de 20 m de alto en un recodo del arroyo San Pedro) (García *et al.* 2009).

En Colombia, destaca el meticuloso trabajo de investigación realizado por Carlos del Cairo Hurtado (2011) en la zona de Bocachica (Cartagena de Indias). En dicha zona se llevó a cabo un combate anfibio en 1741 acaecido entre las fuerzas inglesas y la defensa española colonial. El trabajo se enfoca en el estudio arqueológico de la batería San Felipe. Este escenario bélico involucró fuerzas navales atacantes y fuerzas terrestres defensoras.

La información recabada permitió elaborar un mapa de la distribución de las esquirlas y se evidenció que la mayoría de ellas se hallan en la parte externa de la batería fortificada (tanto cerca de los parapetos como dentro de ellos), disminuyéndose al interior de la misma. Se precisó, considerando la densidad de fragmentos de esquirlas, sobre las zonas de la batería donde la intensidad del ataque fue mayor. Por otra parte se registraron y mapearon diversas marcas e improntas en el hormigón de la batería colonial. Dichas marcas fueron realizadas para soportar las cureñas de los cañones o para almacenar municiones. Se tuvo en cuenta el grado de desgaste de las mismas como evidencia de mayor actividad en la defensa del sitio, coincidiendo con el sector en donde mayor densidad de esquirlas fue hallada.

Todas las líneas de evidencia tenidas en cuenta le permiten confirmar al autor que se encuentra frente a un escenario de confrontación bélica y dentro del mismo, corroborar un evento acotado y particular en el que se desarrolló una defensa activa y agresiva por parte de los españoles (Del Cairo Hurtado 2011). Este estudio posibilita apreciar las tácticas defensivas (lineales y en profundidad) y ofensivas de la serie de baterías que cubrían el área (entre ellas la de San Felipe). Los ingleses bombardearon de forma constante la batería para someterla. Debido a características de la playa (poca profundidad), el fuego mutuo se concentró en uno de los sectores de la batería San Felipe. Una vez sometida la batería y luego de su abandono por parte de la fuerza colonial, los ingleses la ocuparon (la excavación de una de la unidades arrojó hallazgos de fragmentos de cerámica inglesa).

Curiosamente dentro de la región latinoamericana, es en Argentina, en donde se da la mayor cantidad de investigaciones arqueológicas en torno a diversas batallas. Comenzadas hace una década atrás y con auge a hacia finales de la década del 2000, resulta interesante destacar esta situación, ya que no existe en nuestro país un interés popular, ni historiográfico y/o arqueológico en torno a las batallas tan pronunciado como en los Estados Unidos —manifestado en ingentes cantidades de publicaciones, películas, programas y documentales de televisión, organizaciones recreacionistas, etc.— entendiéndolas como constitutivas del desarrollo e imposición de una nacionalidad. Por otra parte si bien el estudio de las batallas no prima en la agenda arqueológica local, el hecho de que tres equipos de investigación estén abordándolas no es menor.

En Argentina así como también en el resto de Latinoamérica el trabajo del Dr. Mariano Ramos, enmarcado dentro del Programa de Arqueología Histórica y Estudios Plurisdisciplinarios (PROARHEP) dependiente de la Universidad Nacional de Luján, constituye un aporte pionero fundamental en la temática vinculada con los campos de batalla. Este equipo de investigación viene trabajando ininterrumpidamente, al ritmo de dos campañas anuales, en el sitio de la batalla de Vuelta de Obligado (Provincia de Buenos Aires, Argentina) desde el año 2000 (Ramos *et al.* 2003, 2011).

Por otra parte la extensa y duradera labor llevada a cabo en Obligado no solo se limitó a la investigación arqueológica del sitio, sino también a distintos aspecto vinculados con el episodio bélico, tales como el desarrollo de arqueología pública, el estudio de la memoria oral y la relación de la comunidad del actual pueblo de Vuelta de Obligado (Hernández de Lara *et al.* 2014b; Salerno 2014) con la batalla, la construcción de un museo aledaño al sitio y la puesta en valor del mismo. Todas estas características tornan al trabajo de Ramos y sus colaboradores en el más completo abordaje de un campo de batalla llevado a cabo en la región latinoamericana.

Juan Leoni y su equipo se encuentran investigando arqueológicamente la batalla de Cepeda (23 octubre de 1859) ocurrida entre las tropas de la Confederación Argentina al mando de Justo J. Urquiza y las de Buenos Aires al mando de Bartolomé Mitre. Esta lucha civil se enmarca dentro de los conflictos suscitados por las diferentes concepciones político-económicas en torno a la constitución de un estado-nación argentino (Leoni y Martínez 2012).

La batalla de La Verde (Partido de 25 de Mayo, Provincia de Buenos Aires), fue abordada por el Dr. Carlos Landa, el Dr. Facundo Gómez Romero y Emanuel Montanari. Este trabajo se inserta dentro de un plan de investigaciones arqueológicas-históricas de eventos bélicos acaecidos durante las décadas de 1860-1870 en contextos de fronteras aborígenes (Landa *et al.* 2011; Pichipil *et al.* 2012).

Por otra parte existen una serie de estudios que se encuentran en sus etapas iniciales: La batalla de Cuatro Bocas, Rosario (Bruno y Cornero 2013), la batalla de Pavón (Buenos Aires, Argentina, 1861) a cargo del Dr. Juan Leoni y equipo; la batalla de Exaltación de la Cruz (1820) a cargo del Dr. Carlos Landa y equipo.

Una cuestión interesante de destacar para el ámbito latinoamericano, posiblemente vinculado a su negra y triste historia reciente o tal vez debido al carácter incipiente de la producción arqueológica en la temática, es que por el momento los "arqueólogos de campos de batalla" no han trabajado en cooperación con las fuerzas armadas (exceptuando tal vez el labor del equipo uruguayo), como si sucede en países tales como Escocia, Francia y Estados Unidos. Consideramos que, de ser posible, podría resultar una experiencia enriquecedora el trabajar con militares profesionales, dado que su conocimiento teórico-práctico y empático podría aportar una mirada enriquecedora a la hora de abordar el estudio de un campo de batalla.

Latinoamérica, como escenario de múltiples conflictos de diversa índole, constituye un área de investigación arqueológica con un alto potencial, basta mencionar los vastos campos de batalla de la Guerra de la Triple Alianza o del Paraguay, la campaña sanmartiniana o las bolivarianas por todo el frente andino, las invasiones británicas al Plata y al Caribe, los numerosos enfrentamientos civiles, la Guerra del Chaco entre Bolivia y Paraguay, la Revolución Cubana, la Guerra de Malvinas, entre tantos otros, dependerá de sus arqueólogos generar espacios compartidos que permitan el acceso a múltiples trabajos comprometidos con sus realidades.

Como parte de las iniciativas para la integración latinoamericana en torno a las investigaciones en arqueología del conflicto, no sólo estamos impulsando la publicación de obras que compilen los resultados alcanzados hasta el momento, sino también hemos creado un Grupo de Investigación en Arqueología del Conflicto (GIAC). Este grupo pretende constituirse en un punto de encuentro pluridisciplinario para investigadores que abordan el conflicto a partir de la integración de diversos enfoques (Arqueología, Antropología, Historia, Sociología, Filosofía, entre otros). La confluencia de esfuerzos entre investigadores y la sociedad con el objetivo de acercarse a los múltiples pasados conflictivos será orientada a la co-construcción de conocimiento en pos de resignificar y valorizar el patrimonio.

Bibliografía

Alonso Alonso, E. (1983). Rescate de los restos de los mambises caídos en el combate de La Palma. En *Jornada Nacional de Arqueología*.

Alonso Alonso, E. (2004). Pinar del Río 1896. Arqueología de la Guerra. Pinar del Río: Centro de Investigaciones y Servicios Ambientales, CITMA.

Alonso González, P. (2008). Reflexiones en torno a una Arqueología de la Guerra Civil: El caso de Laciana (León, España). *Munibe*, *59*, 291–312.

Altizer, W. E. (2008). Time Perspectivism, Temporal Dynamics, and Battlefield Archaeology: A Case Study from the Santiago Campaign of 1898. *Nebraska Anthropologist*, *36*, 62–79.

Arqueología Brasileña. (s/f). *Itau Cultural*. Consultado el 15 de Noviembre, 2011, de http://www.itaucultural.org.br/arqueo-logia/esp/tempo/canudos/index.html

Bruno, C. C., y Cornero, S. E. (2013). Arqueología en el combate: Unitarios y Federales en 1840, Cuatro Bocas, Cayastá, prov. de Santa Fe: pautas iniciales para su abordaje. *Teoría Y Práctica de La Arqueología Histórica Latinoamericana*, *II*(2), 69–77.

Burström, M., Diez Acosta, T., González Noriega, E., Gustafsson, A., Hernández, I., Karlsson, H., Pajón, J., Robaina Jaramillo, J. y Westergaard, B. (2009). Memories of a world crisis: The archaeology of a former Soviet nuclear missile site in Cuba. *Journal of Social Archaeology*, *9*(3), 295–318.

Carlson-Drexler, C. G. (2008). Monuments and Memory at San Juan Hill. Archaeology of the Spanish-Cuban-American War. *The SAA Archaeological Record*, (January), 26–28.

Carlson-Drexler, C. G. (2010). Conflict Archaeology: Studying Warfare and Aggression in Historical Archaeology. *The SAA Archaeological Record*, *10*(4), 31–32.

Del Cairo Hurtado, C. (2011). Tácticas defensivas y tácticas ofensivas: Arqueología de una batalla en la Isla de Tierra Bomba, Cartagena de Indias, siglo XVIII. *Revista de Arqueología Histórica Argentina Y Latinoamericana*, *5*, 11–34.

Ferguson, N. N. (2008). Plataforms of Reconciliation? Issues in the Management of Battlefield Heritage in the Republic of Ireland. En T. Pollard y I. Banks (Eds.), *Scorched Earth. Studies in the Archaeology of Conflict* (pp. 79–94). Leiden: Brill.

Fox, R. A. (1993). *Archaeology, History, and Custer's Last Battle: The Little Big Horn Reexamined* (p. 416). Norman: University of Oklahoma Press.

Freeman, P., y Pollard, T. (2001). *Fields of Conflict: Progress and Porspect in Battlefield Archaeology*. Oxford, UK: Archeopress.

García, L., Pereira, V., y Fernández, V. (2009). Proyecto de Prospección Arqueológica del Campo de Batalla de San Pedro (Departamento de Colonia, Uruguay) 1807. In *II Jornadas de Investigación en Humanidades*. Montevideo.

Geier, C., y Winter, S. E. (1994). *Look to the Earth: Historical Archaeology and the American Civil War*. Knoxville: University of Tennessee Press.

Gilchrist, R. (2003). Introduction: towards a social archaeology of warfare. *World Archaeology*, *35*(1), 1–6.

Guarch Delmonte, J. M. (1972). 75 años después del combate. *Revolución Y Cultura, 3*, 37–43.

Guarch Delmonte, J. M. (1980, Diciembre 11). El combate de Loma de Hierro. *Ahora*, pp. 4–5. Holguín.

Guarch Delmonte, J. M. (1981, Enero 9). El Combate de Melones. *Ahora*, pp. 4–5. Holguín.

Guarch Delmonte, J. M. (1986). El Combate del Camino de San Ulpiano. *Revista de Historia de Holguín, 1*(1), 1–9.

Guilaine, J., y Zammit, J. (2002). *El camino de la Guerra. La violencia en la Prehistoria*. Barcelona: Ariel.

Hacker, C., y Mauck, J. (1997). *On the prairie of Palo Alto: Historical archaeology of the US – Mexican battlefield*. Oxford, UK: BAR International Series.

Hernández de Lara, O., Lorenzo Hernández, L., Rodríguez Tápanes, B. E., Hernández Godoy, S., y Hernández Campos, I. (2014a). "El peligro te viene de arriba". Arqueología de una batalla durante la intervención estadounidense en la bahía de Matanzas, Cuba (1898). En C. Landa y O. Hernández de Lara (Eds.), *Sobre campos de batalla. Arqueología de conflictos bélicos en América Latina*. Buenos Aires: Aspha Ediciones. En este volumen.

Hernández de Lara, O., Motta, A. P., y Umaño, M. X. (2014b). Patrimonio arqueológico y comunidad: confluencias y problemáticas en el sitio Vuelta de Obligado (Argentina). *Revista PH, 85*, 142–159.

Landa, C., Montanari, E., y Gómez Romero, F. (2011). "El fuego fue certero y bien dirigido (…)" Inicio de las investigaciones arqueológicas en el sitio campo de batalla de "La Verde" (Partido de 25 de Mayo, provincia de Buenos Aires). En M. Ramos y O. Hernández de Lara (Eds.), *Arqueología histórica en América Latina. Perspectivas desde Argentina y Cuba* (pp. 47–56). Buenos Aires: Universidad Nacional de Luján.

Leoni, J. B., y Martínez, L. H. (2012). Un abordaje arqueológico de la batalla de Cepeda, 1859. *Teoría Y Práctica de La Arqueología Histórica Latinoamericana, I*(I), 139–150.

Lezcano, D. (2012). Combate de San Pedro (1807). *Campos de honor*. Consultado el 15 de Mayo, 2014, de http://camposdehonor.blogspot.com.ar/2012/05/combate-de-san-pedro-1807.html

Medrano Enríquez, A. M. (2005). En busca de los muertos en los campos de batalla (Guerra del Mixtón 1540-1541): la aplicación de las técnicas arqueológicas. *Estudios de Antropología Biológica, XII*, 781–793.

Moniz Bandeiras, L. (1996). O sentido social e o context político da Guerra do Canudos. Fundaçao Joaquim Nabuco. Consultado en http://www.fundaj.gov.br/geral/observanordeste/Moniz_05.pdf

Pichipil, M., De Rosa, H., Landa, C., y Montanari, E. (2012). Remington Rifle Brass Cartridges: Witnesses of an Age. *Procedia Materials Science, 1*(11), 659–665.

Pollard, T., y Banks, I. (2008). *Scorched Earth. Studies in the Archaeology of Conflict*. Leiden: Brill.

Quesada Sanz, F. (2008). La "Arqueología de los campos de batalla". Notas para un estado de la cuestión y una guía de investigación. *SALDVIE, 8*, 21–35.

Quintero Maqua, A., y Marín Suárez, C. (2011). Arqueología de la Guerra Civil Española y de la Posguerra: fosas comunes, trincheras y destacamentos penales. En M. Ramos, A. H. Tapia, F. Bognanni, M. Fernández, V. Helfer, C. Landa, M. Lanza, E. Montanari, E. Néspolo y V. Pineau (Eds.), *Temas y problemas de la Arqueología Histórica* (pp. 121–136). Luján: Universidad Nacional de Luján.

Ramos, M. (1999). Algo más que la arqueología de sitios históricos. Una opinión. *Anuario de La Universidad Internacional Sek, 5*, 61–75.

Ramos, M., Bognanni, F., Lanza, M., Helfer, V., González Toralbo, C., Senesi, R., Hernández de Lara, O., Pinochet, H. y Clavijo, J. (2011). Arqueología histórica de la batalla de Vuelta de Obligado, provincia de Buenos Aires, Argentina. En M. Ramos y O. Hernández de Lara (Eds.), *Arqueología histórica en América Latina. Perspectivas desde Argentina y Cuba* (pp. 13–32). Buenos Aires: Universidad Nacional de Luján.

Ramos, M., Sokolovosky, J., y Trujillo, O. (2003). Un enfoque interdisciplinario sobre la batalla de Vuelta de Obligado: ¿es posible conocer los comportamientos de estrés y terror en combate durante un evento ocurrido en 1845? *Revista de La Escuela de Antropología*, 235–252.

Salerno, V. M. (2014). *Trabajo arqueológico y representaciones del pasado en la provincia de Buenos Aires*. Buenos Aires: Editorial de la Facultad de Filosofía y Letras de la Universidad de Buenos Aires.

Schofield, J., Klausmeier, A., y Purbrick, L. (2006). *Re-mapping the Field: new approaches in Conflict Archaeology*. Berlin: Westkreuz.

Scott, D. D., y McFeaters, A. P. (2011). The Archaeology of Historic Battlefields: A History and Theoretical Development in Conflict Archaeology. *Journal of Archaeological Research, 19*(1), 103–132.

Sutherland, T., y Holst, M. (2005). Battlefield archaeology. A guide to the archaeology of conflict. British Archaeological Jobs Resource. Consultado en http://www.bajr.org/documents/bajrbattleguide.pdf

Tabío Palma, E., y Valdespino, R. (1968). Estudio histórico-arqueológico de los combates librados por el General Antonio Maceo en Tumbas de Estorino y La Manaja, área de Mantua, provincia de Pinar del Río (27 de septiembre de 1896). La Habana: Archivo del Instituto Cubano de Antropología. Informe inédito.

Zanettini, P. E. (2003). Arqueologia na caatinga: arqueologia de Canudos, em Canudos ou para Canudos? *Revista Com Ciencia*. Consultado el 1 de Diciembre, 2011, en http://www.comciencia.br/reportagens/arqueologia/arq19.shtml

Zanettini, P. E. (2009). Por uma arqueología de Canudos e dos brasileiros iletrados. *Revista Paradeshâ, Agosto*, 39–41.

Zanettini, P. E., y Robrahn-Gonzalez, E. (1999). O salvamento arqueológico emergencial do Arraial de Canudos (Salvador). San Salvador de Bahia: Governo do Estado Bahia. Universidad Estadual da Bahia.

Zanettini, P. E., y Robrahn-Gonzalez, E. (2000). Arqueologia e Reconstituiçâo Monumental do Parque Estadual de Canudos: salvamento arqueológico no Vale da Morte. *Revista Canudos, V*, 56–96.

Buenos Aires, primavera de 2014.

CAPÍTULO 1

CAMPOS DE BATALLA EN MÉXICO: ARQUEOLOGÍA Y PATRIMONIO MILITAR

Angélica María Medrano Enríquez

Introducción

Dado que el conflicto armado es una expresión de violencia —institucionalizada— que ha acompañado al ser humano desde su surgimiento, el estudio de este fenómeno social resulta indispensable; la arqueología del conflicto determina la manera en que las hostilidades bélicas transforman y configuran los diversos aspectos las sociedades antiguas: político-económico-social-biológico.

La denominada arqueología de los campos de batalla o "battlefield archaeology" tiene su comienzo dentro de la arqueología histórica, dado que un gran número de investigaciones enfocadas en periodos que cuentan con fuentes documentales que dan fe de los sucesos bélicos (ver Freeman y Pollard 2001; Scott y Fox 1987; Scott *et al.* 2007; Scott y McFeaters 2011; Sutherland 2005). Actualmente es incorporada dentro la arqueología del conflicto, donde no solo es analizado el evento de la batalla, sino que intenta incorporar un mayor número de aspectos vinculados al problema bélico. En este apartado es discutido el estudio del conflicto en sociedades pretéritas a través del registro arqueológico y posteriormente desglosada la actividad efectuada por la arqueología de los campos de batalla, externando la situación de la historia militar de México; ofreciendo los resultados de los pocos estudios de caso en los cuales fue empleada la metodología arqueológica de los campos de batalla. Uno de los objetivos es efectuar un balance y reflexión en torno a las condiciones lamentables en la que están los espacios bélicos mexicanos, tanto por la indiferencia académica para su estudio como por la carencia en la legislación patrimonial.

Arqueología del conflicto y campos de batalla

La violencia y el conflicto han sido temas de interés para los arqueólogos de diversos lugares del mundo (Brown y Stanton 2003; Ferguson 1997;

Freeman y Pollard 2001; Hassig 1992, 1995; Keeley 1996; LeBlanc 1999; Martin y Frayer 1997; Milner 1995, 1999; Milner *et al.* 1991; Owsley y Jantz 1994; Scott *et al.* 2007; Vencl 1984; Webster 1994; Willey 1990), enfatizando el impacto que causan en las sociedades envueltas en esas situaciones.

Entre los indicadores arqueológicos más factibles para advertir la presencia de violencia vinculada a eventos bélicos se cuentan los restos óseos humanos que muestran traumatismos *perimortem* causados por armas (Brooks 1981; Ferguson 1997; Keeley 1996; Milner 1995; Owsley y Jantz 1994; Walker 1981; entre otros) y también otros provocados durante la defensa personal como la fractura Parry —lesión en la diáfisis de cúbito y/o radio— (Ferguson 1997:323; Hurlbut 2000:14; Knowles 1983:62; Lovell 1997:165; Smith 1996:84; Ostendorf 1997:245). De igual manera pueden ser advertidos algunos procesos tafonómicos (patrón de marcas de corte en los restos óseos humanos y fracturas *perimortem* y *postmortem*) que demarcan prácticas culturales asociadas a la toma de trofeos de guerra: escalpamiento —obtención de cuero cabelludo—, cráneos trofeos o segmentos corporales desmembrados para uso ritual; incluso prisioneros de guerra destinados al sacrificio humano (Baudez 2000:191-192; Brooks 1994:318; Ferguson 1997:323; González 1994:279-284; Hill 1996:29; Hollimon y Owsley 1994: 346-353; Hurlbut 2000:16-19; Keeley 1996:100; Kuckelman *et al.* 2002:501; LeBlanc 1999:44, 84; Milner 1995:233; Olsen y Shipman 1994:385-386; Ostendorf 1997:242, 245; Pijoan y Mansilla 1997a:209, 1997b:236-237; Schmidt 2001:79; Turner II y Turner 1990:50-51, 1999:50).

Otro indicio de la existencia de encuentros bélico son los enterramientos de las víctimas del suceso, que por lo general serán localizadas en fosas comunes (Bridges 1996:66; Courtney 2001; Ferguson 1997:323; Fiorato 2000; LeBlanc 1999:85; Liston y Baker 1996:29; Milner 1995; Turner II y Turner 1990:201). Los cambios en el perfil demográfico son una consecuencia de ese tipo de conflictos provocando un descenso poblacional de hombres jóvenes integrados a las campañas de las batallas e incluso una baja de mujeres que son capturadas por enemigos (Willey 1990). De igual modo puede manifestarse una disminución drástica de todo el grupo social involucrado en el acometimiento, principalmente con las conquistas como fue el caso de la ocupación española en América, que causó un decaimiento y exterminio de diversos grupos humanos.

Un marcador más de estudio, valioso para definir ataques, emboscadas o guerra, son las huellas de incendios provocados, sin olvidar que una de las consecuencias extremas de esas situaciones es el abandono repentino de los asentamientos (Armillas 1951; Brown y Garber 2003; Ferguson 1997; LeBlanc 1999; Vencl 1984).

Los restos de armas y armamentos son asimismo elementos que pueden contribuir a diagnosticar un conflicto armado, aunque deben ser tomados con recelo; las armas pueden causar problemas interpretativos dado que son empleadas para otras actividades cotidianas como la caza (Blitz 1988; Le Blanc, 1999; Milner 1999). No obstante, en situaciones históricas específicas donde existe pleno conocimiento de un enfrentamiento bélico y ha sido identificado el campo de batalla en espacios abiertos, es factible usar los restos de armas como indicador de un combate; del mismo modo, su presencia en grandes cantidades y un patrón de distribución en ciudades fortalezas o sitiadas es una prueba del conflicto armado. En dichas circunstancias es incuestionable el uso de los restos de armas para conocer mejor esos enfrentamiento.

De igual manera es posible detectar el conflicto a través de cambios en la cultura material (ver Brown y Stanton 2003), dado que existe una reestructuración social, política y económica, por tanto afectan los sistemas de producción y distribución, entre los artefactos mejor conservados en el registro arqueológico están los cerámicos en los que se puede denotar dichas transformaciones, incluso la aparición de nuevas tecnologías, diseños, motivos, por tanto nuevos tipos cerámicos (Stanton y Brown 2003), sobre todo cuando los resultados del conflicto es la sujeción de una cultura sobre otra. Del mismo modo, suceden las transformaciones en el patrón de asentamiento, la construcción de elementos de defensa como barricadas, trincheras y murallas (Armillas 1951; Chase y Chase 2000; LeBlanc 1999; Vencl 1984), al igual que la distribución y la ubicación de los sitios defensivos son elementos de análisis (Demarest *et al.* 1997; Golden *et al.* 2005; Hassig 1992; LeBlanc 1999; Webster 1994). Las innovaciones surgen en otros aspectos culturales relacionados con la ideología como son las costumbres funerarias (Stanton y Brown 2003). Entre muchos ejemplos, está la metamorfosis que padecieron las culturas americanas tras la conquista europea.

Aunado a los indicadores anteriores, otra evidencia que da fe de las conflagraciones son los documentos escritos que hacen alusión a esos eventos. En sociedades prehistóricas pueden usarse otras fuentes alternas como la iconografía. Para Mesoamérica prehispánica las inscripciones en estelas, principalmente en el área maya (Vega 2012:59-61; Golden 2003; Golden *et al.* 2005) y la iconografía en pintura mural y escultura son semilleros informativos (De la Fuente 1995; Foncerrada 1980; Staines 2004). Sin olvidar las pictografías como los códices, tales como: Telleriano Remensis, Ixtlilxóchitl, Mendocino, Lienzo de Tlaxcala, por mencionar algunos.

Lo que resulta totalmente irrefutable para determinar la presencia de conflictos bélicos en poblaciones pretéritas es el análisis en conjunto de varios de los hitos señalados anteriormente.

Arqueología de los campos de batalla

Un campo de batalla es definido como el lugar donde fue llevado a cabo un encuentro militar, integrando sus características naturales —desde aspectos ecológicos hasta topográficos— y culturales —el patrón de asentamiento, las edificaciones, la estratigrafía, incluyendo el espacio de la batalla—. Tal concepto engloba la cultura material de la contienda: artefactos bélicos y personales, así como los espacios de preparación de las operaciones militar: fortificaciones, trincheras; de igual manera son circunscritos los enterramientos de las víctimas de las contiendas (Bull y Panton 2001:269).

Por tanto la arqueología de los campos de batalla es caracterizada por el estudio de un momento específico, la batalla, examinando todos sus componentes dentro del espacio donde se suscitó y analizando como es la distribución de los artefactos resultado de esa acción militar. La designación *campo de batalla* puede darse a cualquier sitio que sufrió un conflicto bélico: pueblos o ciudades, fortalezas, fuertes, prisiones, campos abiertos y buques o navíos —en el caso de batallas navales— (Sutherland 2005:19-20).

Esta línea de investigación ha tenido como principal objetivo verificar y contrastar la información brindada por las fuentes escritas con la evidencia física encontrada en los campos de batalla; es por eso que en su metodología lleva implícito el análisis de cualquier referente documental para caracterizar y definir el lugar del enfrentamiento y luego continuar con el estudio empleando técnicas arqueológicas.

Entre los elementos de análisis de un campo de batalla se destaca el paisaje (Sutherland y Schmidt 2003), definitivamente es indispensable examinar los rasgos fisiográficos regionales, con la finalidad de detectar las cualidades geomorfológicas como los accidentes del terreno que pueden aprovecharse para la defensa y/o protección natural. También la topografía permite definir los atributos de visibilidad; éstos son elementos de análisis básicos de la conformación de espacios donde ocurrieron enfrentamientos bélicos. De igual manera, el conocimiento de la fisonomía del paisaje habilita la familiarización con otras propiedades necesarias para determinar las posibles estrategias militares como la presencia de fuentes de agua necesarias para resguardarse o establecer campamentos. Igualmente relevante es contemplar las alteraciones de ese paisaje natural con la construcción de elementos defensivos como barricadas, trincheras o murallas (Babits 2001; Coulston 2001; Courtney 2001, Dahlin 2000; Ferguson 1997; LeBlanc 1999, Milner *et al.* 1991; Vencl 1984). En el estudio del paisaje es necesaria la utilización de fotografías aéreas y mapas para conocer los rasgos resaltados anteriormente.

La caracterización del paisaje brinda la oportunidad de realizar una tipología de los campos de batalla y, en consecuencia, diferenciar los espacios de batalla en periodos específicos (ver Carman y Carman 2001, 2007).

Una vez definida la ubicación del espacio donde ocurrió el evento bélico varias técnicas geofísicas pueden ser aplicadas para su análisis (Scott y McFeaters 2011; Sutherland 2005). Entre los instrumentos más empleados en la arqueología de los campos de batalla se cuentan los detectores de metales (ver Dávila 1998; Freeman y Pollard 2001; Haecker y Mauck 1997; Medrano 2012; Scott y Fox 1987; Scott *et al.* 2007; Yáñez 1997, entre otros): estos aparatos facilitan la búsqueda de cualquier artefacto metálico como: restos de armamento, adornos de uniformes, objetos personales de los soldados y utensilios de las tropas, entre otros. La prospección con estas herramientas debe ser realizada de manera sistemática y controlada; una vez encontradas las piezas son georreferenciadas para conocer su distribución y así señalar aspectos específicos de la batalla como las estrategias de ataque empleadas por los ejércitos involucrados.

De igual forma, otras técnicas geofísicas son aplicadas también: magnetometría, electromagnetismo y el radar de penetración terrestre (Burt *et al.* 2007; Carr *et al.* 1989; Pratt 2007; Sutherland y Schmidt 2003), dando la oportunidad de localizar objetos enterrados, detectar tumbas de las víctimas del conflicto —guerras, redadas, emboscadas, etcétera— y elementos defensivos como: trincheras, barricadas, diques, desapercibidos por el ojo humano a nivel de la superficie.

La arqueología de los campos de batalla puede verse como parte de la arqueología del conflicto (Sutherland 2005:2), esta última involucra temáticas más amplias como el estudio bioarqueológico de los individuos fallecidos en acciones militares: soldados o civiles, la arquitectura militar, armamentos y armas, estudios balísticos de esas armas, entre otros tópicos derivados de la milicia.

Investigaciones arqueológicas de campos de batalla en la historia de México

La presencia y conocimiento del conflicto armado en la época prehispánica de México han sido definidos a través de varios indicadores arqueológicos: la iconografía, el patrón de asentamiento de sitios que denotan sistemas de fortificaciones, las inscripciones en estelas y las permutaciones en las conductas socio-culturales reflejadas en la cultura material, mencionado en párrafos anteriores.

Sin embargo, la utilización de la metodología de los campos de batallas, que involucra las diversas técnicas arqueológicas —discutidas en párrafos anteriores— aunadas con la información ofrecida por las fuentes escritas, ha sido poco aprovechada en México, a continuación se discuten los pocos casos de estudio.

Guerra México-Estados Unidos (1846-1848)

Uno de los conflictos armados que enfrentó el gobierno mexicano fue la invasión de los Estados Unidos de América durante 1846-1848; la causa de tal hecho fue la negación de venta de los territorios norteños: Alta California y Nuevo México. Ello desencadenó una serie de batallas, entre las llevadas en el área contigua al actual territorio de México destacan las de Palo Alto, Resaca de Guerrero, Matamoros, La Angostura y Sacramento. Los estadounidenses penetraron México mediante varias vías, finalmente llegaron a su capital, la ciudad de México, a través del puerto de Veracruz ubicado en el Golfo de México (Figura 1), apoderándose y estableciéndose en ella hasta el fin de la guerra —el 30 de mayo de 1848—, con la ratificación del Tratado de Guadalupe Hidalgo, vendiendo casi la mitad del territorio mexicano (Secretaría de la Defensa Nacional 2010:100-112).

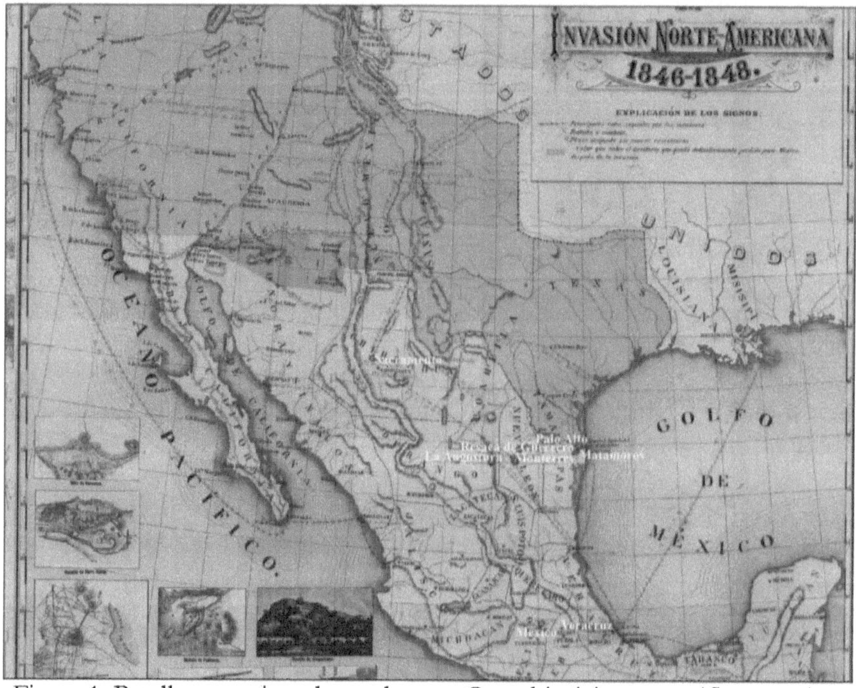

Figura 1. Batallas mencionada en el texto. Carta histórico-geográficas mexicanas: Invasión Norte-americana 1846-1848. Fuente: Mapoteca Orozco y Berra. http://w2.siap.sagarpa.gob.mx/mapoteca/mapas/ 7734-CGE-7216-A.jpg

La metodología de campos de batalla fue empleada por primera vez en Palo Alto, en el sitio de la batalla suscitada el 8 de mayo de 1846, ubicado en el antiguo territorio mexicano, actualmente Texas (Figura 1). Los trabajos efectuados en 1992-1993 (existiendo temporadas de campo previas desde 1979) tuvieron el objetivo de identificar las líneas de posición de los ejércitos por medio del patrón de distribución de los artefactos y este dato arqueológico fue contrastado con las fuentes históricas. Para ello realizaron análisis de los documentos, observación de la topografía, prospección con detectores de metal. Encontraron restos de armas y sus municiones y de espadas; de igual forma recuperaron hebillas, botones, atuendos de los uniformes; hasta obtuvieron objetos personales tales como medallas y pendientes (Haecker 1994, Haecker y Mauck 1997, 2001).

Posteriormente, Dávila (1998) realizó un recorrido de superficie en La Angostura, en territorio mexicano, donde acaeció otra de las batallas de la Guerra México-Estados Unidos, el 23 de febrero de 1847, en las cercanías de Saltillo, Coahuila (Figura 1). Entre los objetos entonces hallados están tanto los de uso personal: botones de los uniformes, insignias, anillos, crucifijos como bélicos: restos de armas de fuego, artillería y espadas; además de monedas de los dos los países.

Anterior al evento de La Angostura, precedió la Batalla de Monterrey (20 de septiembre de 1846) cuyos vestigios han sido encontrados de manera fortuita durante obras urbanas (Velasco y Rivera 2011).

Conquista e insurrecciones indígenas en el occidente mexicano "Guerra del Mixtón 1541-1542"

La conquista de México inició con la llegada de Hernán Cortés quien ingresó al territorio mexicano desde Veracruz. Una vez concretado su dominio en el altiplano Central, nació la inquietud por explorar y dominar otras áreas del continente americano, y el noroccidente mexicano fue de los primeros. Durante las expediciones de reconocimiento y conquista enfrentaron resistencia de los moradores. La región noroccidental fue sometida por Beltrán Nuño de Guzmán en 1531 y el territorio nombrado Nueva Galicia, en honor al origen gallego de este personaje (Muriá 1980:261-344; Razo 1963).

Uno de los sucesos relevantes dentro de la historia de los primeros años del virreinato fue la Guerra del Mixtón suscitada entre 1541-1542, en la Nueva Galicia (Figura 2). Antes del arribo de los hispanos el noroccidente de México estaba ocupado por un mosaico multiétnico y los insurrectos durante este evento bélico fueron: tecuexes, guachichiles, zacatecos, guamares y caxcanes (Baus de Czitrom 1982; Beals 1932; Powell 1984). Estos últimos fueron los más reacios en la aceptación de la conquista hispana, por tanto emprendieron una serie de revueltas desde 1530, los primeros encuentros fueron con Beltrán Nuño de Guzmán (Arceo 1963; García del Pilar 1963; Galaviz 1967; López-Portillo 1935; Sámano 1963; Tello 1968). La Nueva Galicia se transformó entonces en un gran campo de batalla.

Tanto fue así que la primer ciudad ibérica fundada en territorio neogallego, cuyo nombre inicial fue Villa del Espíritu Santo, y posteriormente conocida como Guadalajara, fue reubicada en cuatro ocasiones por los constantes ataques indígenas: 1) estuvo en el corazón del territorio caxcán, Nochistlán, en 1532; 2) instalada en Tonalá al siguiente año; 3) asentada en Tlacotán en 1535; 4) en el Valle de Atemajac, este último traslado ocurrió después de la Guerra del Mixtón en 1542, en donde la podemos apreciar en la actualidad.

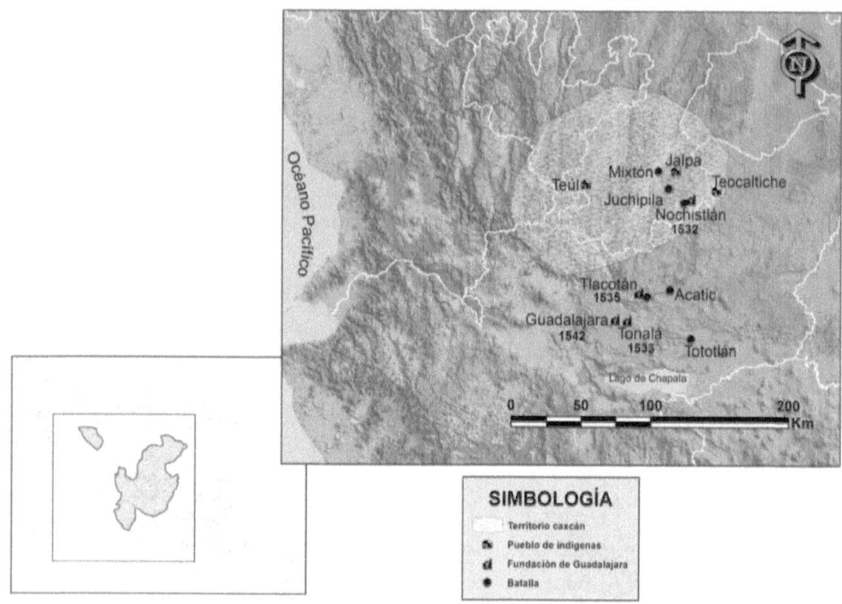

Figura 2. Ubicación de la Nueva Galicia y área caxcana, indicando los principales sitios mencionados en el texto

Entre las batallas más relevantes se cuentan las perpetradas en el Peñol de Nochistlán. Allí Pedro de Alvarado[1] arremetió con su hueste, enfrentándose con los caxcanes y sus aliados; y al ser recibidos con gran furia, se vieron obligados a emprender la retirada. En la huida Alvarado sufrió un accidente que le provocó la muerte (López-Portillo 1939; Mota Padilla 1920:162; Pérez Bustamante 1928:157-159; Tello 1985:191-192); tras este hecho, el virrey Antonio de Mendoza formó el ejército más grande de la historia novohispana para sofocar los alzamientos indígenas. Son varias las cifras manejadas en referencia a la conformación de ese ejército, la estimación más baja va de 300 jinetes, 300 soldados de infantería con 8 piezas de artillería y acompañados por 20,000 indios aliados (Pérez Verdía, 1910: 164-165) hasta la más alta de 50,000 indios

---

[1] Alias *Tonatiuh* (el Sol), así nombrado por los indígenas debido al color rubio de su cabello. Fue uno de los principales conquistadores de México, acompañante leal de Hernán Cortés (Del Villar 1994). En los Códices Telleriano-Remenses (Lámina XXXIII) y Váticano A (Lámina CXXXVII) es representado con la figura de un sol, donde muestra su muerte en 1541.

aliados y 300 hombres de a caballo, 100 peones a pie, 50 arcabuceros, 50 de rodela y con ballesteros (Anónima Tecera 1963: 338). Estos eventos quedaron plasmados en varias pictografías de la época como: Códice Aubin, página 91; Manuscrito Mexicano, número 40; Códice Tepechpan; Códice Tlatelolco; Códice Vaticano A, lámina CXXXVII; Códice Telleriano-Remenses, lámina XXXIII, estos dos últimos en particular atañen al Peñol de Nochistlán (ver León-Portilla 1995).

Con la información histórica disponible sobre este acontecimiento bélico, surgieron varias preguntas: ¿en dónde están esos peñoles?, ¿qué características muestran?, ¿qué tan confiables son los datos ofrecidos en esas referencias históricas? Para dar respuesta a estas interrogantes se recurrió a la arqueología de campos de batalla con el fin de obtener la evidencia física de la Guerra del Mixtón.

Un primer acercamiento a la región de estudio fue empleando la fotografía aérea, con el propósito de rastrear e identificar los espacios propicios para una defensa militar, así como realizar el estudio del paisaje. De igual forma, se sumó la información de las fuentes etnohistóricas para conocer Peñol de Nochistlán, las cuales aclaran era el pueblo de los indios y que estaba reforzado por siete albarradas (Acazitli 1971: 19; Anónima Tercera 1963: 341; Tello 1985: 172), por tanto el espacio debería contar con defensas naturales y artificiales para protegerse de los invasores hispanos, además de contar con rasgos que alertaran la presencia del asentamiento indígena.

El sitio arqueológico que cumple con esos rasgos es El Tuiche, que muestra grandes barrancos en la parte sur y suroeste y cuenta con una serie de peñascos al norte y este, brindándole una protección natural. De igual forma, a través de la fotografía aérea, fueron localizados algunos alineamientos en la parte oeste y sur, principalmente. Estos alineamientos han sido interpretados como las albarradas referidas en las fuentes documentales (Medrano 2006; 2009; 2012). Las excavaciones realizadas en dichos alineamientos exhibieron muestras de ser los bordes de terrazas habitacionales que seguramente sirvieron de defensa en tiempos de guerra, una forma de hacerlo fue incrementando las dimensiones de los muros de contención de dichas terrazas (Medrano 2012).

Sin duda alguna, una forma de constatar la batalla es la existencia de armas y en este estudio fueron recuperados vestigios del armamento español: puntas de ballesta (Figura 3) y balas de arcabuz (Figura 4), dando fe de la estancia del ejército hispano en El Tuiche. Las 19 saetas de ballesta fueron encontradas a flor de superficie, distribuidas en varias partes del asentamiento, aunque la mayor concentración fue en la parte superior del cerro; mientras tanto, las municiones de plomo yacieron por todo el sitio (Figura 5).

El armamento indígena —lítico— tanto de los *indios amigos* como insurrectos no ha sido identificado; si bien contamos con decenas de puntas de proyectil halladas en los diferentes pozos de sondeo (Figura 6), están en espera de su estudio y clasificación y por el momento no pueden considerarse como artefactos bélicos, ya que su empleo puede estar vinculado a otras actividades como la caza. Sin embargo, entre las piezas relevantes están varios fragmentos de navajillas de obsidiana verde y gris, interpretadas como parte del macuahuitl (Macías 2007:196-202), incluso pudieron formar parte de las lanzas conocidas como tepoztopilli.[2] En relación a éstas interpretaciones, es importante recordar que los yacimientos de obsidiana verde están en la Sierra de las Navajas en el centro de México, por tanto pueden relacionarse con armas de los indios aliados de los españoles.

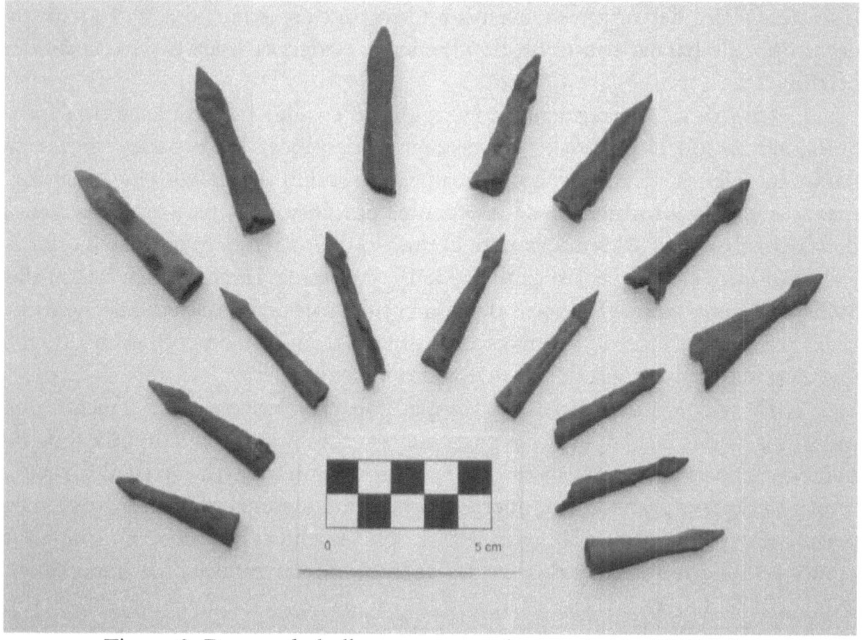

Figura 3. Puntas de ballesta encontradas en el sitio El Tuiche
(Angélica Medrano)

Algunas fuentes documentales señalan la organización del ejército ibero en las inmediaciones al Peñol de Nochistlán:

---

[2] El macuahuitl —*maitl* (mano) y *cuahuitl* (madera)—, arma de mano formada por un bastón de madera con navajas de obsidiana incrustadas a lo largo de los bordes y una cuerda para sujetarlo (Cervera 2006; Hassig 1995:83-85). Mientras que el tepoztopilli es una lanza de madera con la cabeza de forma variada donde se insertaban navajas de obsidiana (Hassig 1995:81-82). Estas dos armas están representadas en el Lienzo de Tlaxcala (ver Chavero 1979), recordando que uno de los principales aliados indígenas en la conquista de México fueron los tlaxcaltecas que asistieron a la Guerra del Mixtón.

"…mandó el Virrey çercar todo el peñol, …y detrás del peñol se pusso el real del Virrey, camino a Theocaltih, y camino a Jalpa, a Cristóbal de Oñate el Gobernador con la gente de la Çiudad y su capitán Miguel Ibarra. Al otro lado, camino de Guadalaxara, se pusso otro real de los soldados de el Virrey traxo, y a la entrada del peñol y albarradas, se puso la artillería y todos los mas soldados de a pie a caballo, y de la misma suerte se repartieron los yndios amigos mexicanos…" (Tello 1985:308).

Figura 4. Artefactos de plomo recuperados en el sitio El Tuiche
(Angélica Medrano)

Analizando la ubicación de los lugares anunciados en el documento, tenemos que Teocaltiche está al noreste de Nochistlán y Jalpa al noroeste, la ciudad de Guadalajara en esos momentos estaba en Tlacotán localizado al sur de Nochistlán, lo cual concuerda con el paisaje, es decir, la parte menos protegida es el lado oeste y sur de El Tuiche, justo donde están los alineamientos de piedra, contrafuertes de las terrazas habitacionales que funcionaron como defensa en momentos de beligerancia. Por otra parte, describen uno de los eventos más tristes, el suicidio colectivo de los indígenas alzados, cuyo testigo fue el mismo virrey. Atendiendo las características del Cerro El Tuiche, al norte y este existen grandes peñascos donde pudo darse este acontecimiento.

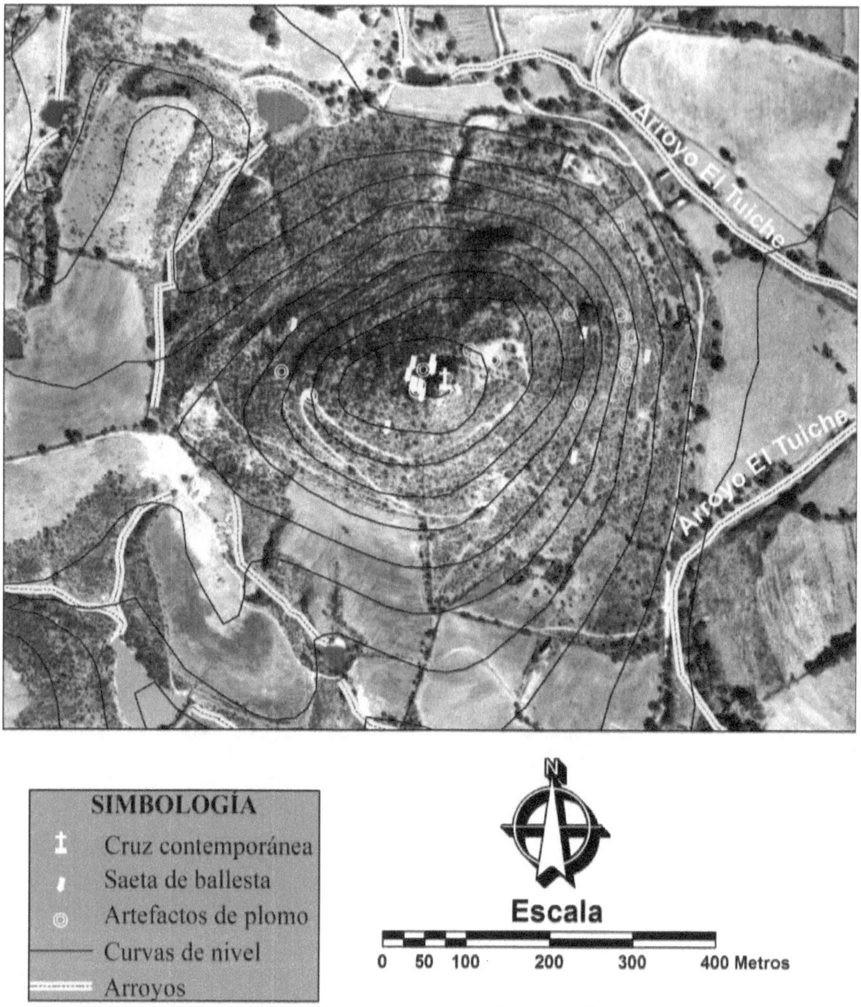

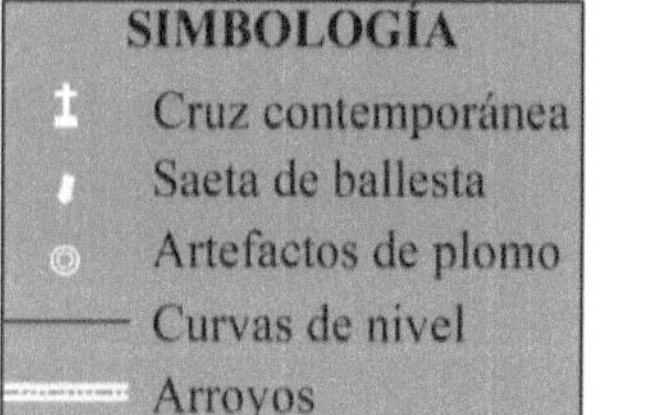

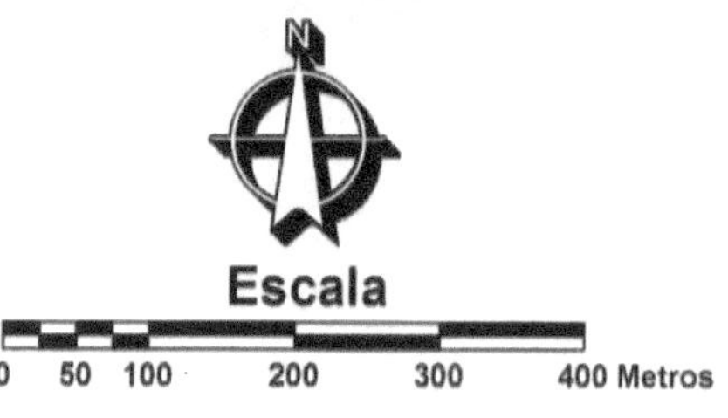

Figura 5. Distribución de restos de artefactos bélicos en El Tuiche

La suma de información otorgadas por las fuentes documentales, así como el estudio del paisaje y la evidencia material encontrada en el sitio El Tuiche, permiten concluir que allí fue donde ocurrieron los enfrentamiento entre el ejército español y los indígenas insurrectos en 1541, es decir, en el Peñol de Nochistlán.

En México existen un sinfín de acontecimientos bélicos: eventos relacionados con la conquista y expansión del imperio español, la independencia, Intervención estadounidense (1846-1848), Revolución de Ayutla (1856-1867), Guerra de Reforma o Guerra de los Tres años (1857-1861), Intervención francesa (1862-1867), Revolución mexicana (1910-1924), Guerra Cristera (1926-1929); episodios bélicos resaltados en la historia militar mexicana a través de las fuentes documentales y que generan fascinación con fuerte sentido nacionalista, sin considerar todos aquellos enfrentamientos de menor magnitud que pueden ser de interés regional o local. Todos ellos en espera de su exploración desde la arqueología de los campos de batalla.

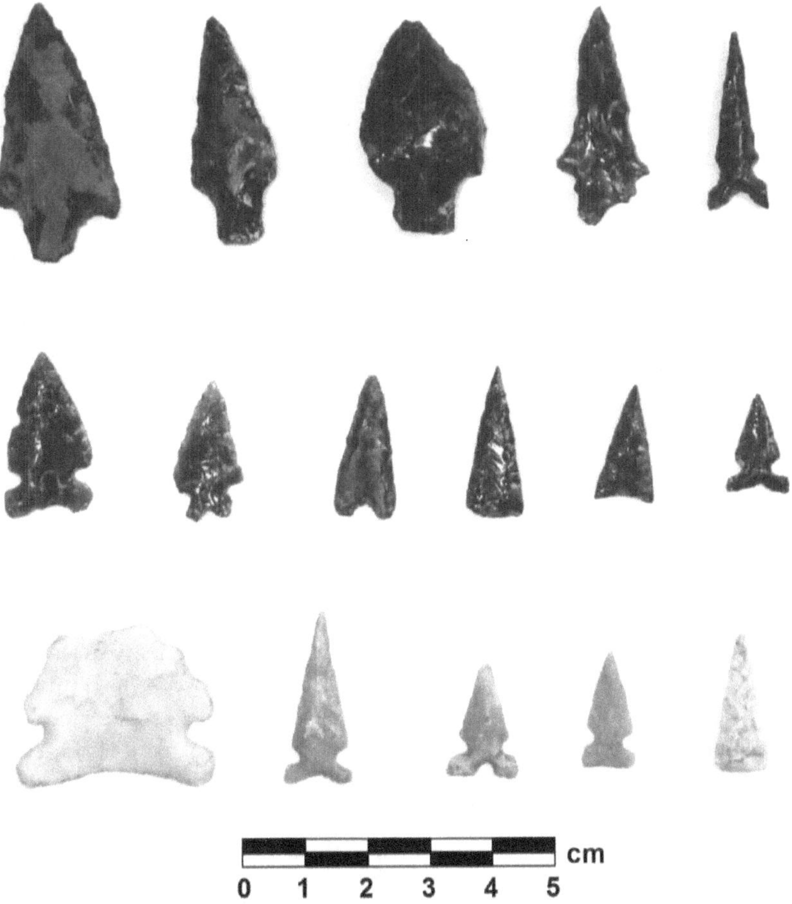

Figura 6. Artefactos líticos hallados en el sitio El Tuiche (Angélica Medrano)

¿Cuál es el destino de los espacios bélicos —*campos de batalla*—?, conservación del patrimonio militar

Dentro de los estatutos del Consejo Internacional de Monumentos y Sitios (ICOMOS) está la sección Scientific Committee on Fortifications and

Military Heritage en la que se establecen los requerimientos para la protección del patrimonio militar, involucrando cualquier edificación con función militar: fortificaciones, ciudades fortificadas, obras de ingeniería militar, arsenales, puertos, cuarteles, bases militares y navales, incluso construcciones que en algún momento fueron usadas con fines bélicos. Dicha sección igualmente contempla los paisajes como los campos de batalla, instalaciones territoriales subacuáticas o costeras de defensa y movimientos de tierras, sin dejar de lado los monumentos conmemorativos, tales como monumentos de guerra, trofeos, cementerios, cenotafios.[3]

Países como Inglaterra y Estados Unidos han implementado estrategias para el estudio, protección y conservación de los sitios de conflicto bélico, entre ellos los campos de batalla (Anderton 2001; Foard 2001; Freeman 2001).[4]

Generalmente el patrimonio cultural, en la actualidad, es entendido como el cúmulo de acervos que brindan un valor único en varios aspectos de una sociedad, incluye: la arqueología, la historia, el arte, la ciencia y la cultura; asumiendo esos valores como propios, por tanto proporcionan la identidad de una sociedad dada. El patrimonio está dividido en material e inmaterial, tangible e intangible. En el caso del patrimonio material, es aquel testimonio físico legado de las actividades humanas presentes y pasadas, reflejado en objetos mueble —obras de arte, esculturas y objetos sean rituales, de trabajo o domésticos— e inmuebles —monumentos, edificaciones, sitios arqueológicos e históricos, obras de ingeniería— (Ballart y Tresserras 2001; Bonfil 1997).

El patrimonio cultural mexicano es una construcción histórico-social, cuya percepción, por tanto, ha sufrido una serie de transformaciones generada por la relación entre el Estado, el capital, las instituciones oficiales y la sociedad. Tras la Revolución mexicana en 1910, predominó la inquietud por crear una identidad mexicana, integrando a toda la población, construyendo una cultura nacional a través del patrimonio (Florescano 1997:18, 24; Bonfil 1997: 46). Para lograrlo, se fundaron instituciones encargadas del rescate y conservación de bienes patrimoniales, además se favoreció la formación de profesionales dedicados al estudio del legado arqueológico e histórico, integrando un fuerte interés por conocer los diferentes grupos indígena, considerados forjadores de identidad mexicana; así nace el Instituto Nacional de Antropología e Historia (Florescano 1997:18), organismo encargado de salvaguardar zonas y monumentos arqueológicos e históricos de México.

La tutela de esas zonas y monumentos esta bajo la protección de la Ley Federal de Monumentos Arqueológicos, Artísticos e Históricos, publicada en 1972 con una última reforma en 2012; donde son considerados como monumentos arqueológico: "los bienes muebles e inmuebles, producto de culturas

---

[3] Consultar http://icofort.icomos.org/statutes
[4] También ver http://www.english-heritage.org.uk/, http://www.nps.gov/hps/abpp/

anteriores al establecimiento de la hispánica en el territorio nacional, así como los restos humanos, de la flora y de la fauna, relacionados con esa cultura" (Diario Oficial de la Federación 1972: art. 28).

En el caso del periodo histórico, son integrados los bienes muebles e inmuebles conservados desde el establecimiento hispano entre los siglos XVI al XIX (Diario Oficial de la Federación 1972, art. 36), dejando desprotegidos los bienes del pasado reciente. En relación a los bienes culturales históricos cabe mencionar que "Para efectos de competencia, el carácter arqueológico de un bien tiene prioridad sobre el carácter histórico, y éste a su vez sobre el carácter artístico" (Diario Oficial de la Federación 1972, art. 46). Lo anterior permite advertir que la protección del patrimonio material mexicano está centrada en lo arqueológico, dejando en último término, en nivel de prioridad, con lo artístico. Es evidente que existe una urgente necesidad de actualización legislativa y normativa que favorezca la preservación, protección y manejo del patrimonio histórico en México.

Entonces, ¿qué sucede con los campos de batalla?, ¿son espacios dignos para ser rescatados, valorados, protegidos y conservados?, ¿a quién corresponde esas tareas?, ¿cuál es el papel del investigador? Estas son algunas de las interrogantes que surgen ante la preocupación, cada vez mayor, derivada de observar la constante devastación de los espacios histórico-militares.

Dichos espacios, sobre todo aquellos ligados a los grandes acontecimientos bélicos de interés nacional como la Independencia y la Revolución, han sido reconocidos y valorados con la instalación de placas conmemorativas y esculturas de las efemérides, como en el Monte de las Cruces (Pulso Político 2011), sitio donde Miguel Hidalgo y Costilla, precursor de la Independencia de México, enfrentó al ejército realista (Secretaría de la Defensa Nacional 2010: 77). En algunos se ha fomentado el turismo, un ejemplo de ello es el parque ecoturístico Puente de Calderón,[5] lugar donde fue derrotado el cura Hidalgo, el 16 de enero de 1811 (Secretaría de la Defensa Nacional 2010:77). En otros casos, aparte de placas y esculturas, preexistieron los museos, como el de la toma de Zacatecas, alusivo a una de las batallas más sangrientas de la Revolución mexicana, ubicado en el Cerro de La Bufa,[6] uno de los puntos centrales de la batalla, con la finalidad de atraer el turismo. Lamentablemente, todos estos espacios carecen de investigaciones arqueológicas sistemáticas previas que ofrezcan información científica a los visitantes.

Otro problema enlazado con la explotación de sitios militares es el daño causado por el saqueo; basta ingresar a la web para darnos cuenta del destrozo ocasionado por los curiosos, buscadores de reliquias. Casos concretos de

---

[5] Consultar en: http://www.informador.com.mx/jalisco/2013/457123/6/apuestan-por-el-ecoturismo-en-parque-puente-de-calderon.htm.

[6] www.portalzacatecas.com/personajes-ilustres/museo-de-la-toma-de-zacatecas/.

este desvalijo se observan por ejemplo en La Angostura en Coahuila, en la que esos curiosos han compartido su inconsciencia en la web,[7] recordando que este lugar fue donde sucedió uno de los enfrentamiento de la Guerra México-Estados Unidos; y en La Bufa en Zacatecas, sitio relacionado con la Revolución mexicana. Este detrimento es el resultado de los grandes huecos de la legislación del patrimonio histórico mexicano centrado en los monumentos majestuosos y objetos/reliquias correspondientes a personajes ilustres de la historia de México.

Entre los pocos inmuebles militares mexicanos investigados, conservados y puestos en valor están el Fuerte de San Juan de Ulúa (Muñoz 2006), Veracruz; la ciudad de Campeche como ciudad-fortaleza (Buenfil 2006), declarada Patrimonio Mundial de la Humanidad; el Fuerte de San Carlos de Perote, el de San Felipe de Bacalar, entre otros (ver Gutiérrez 2005). Estos son claros ejemplos de la tendencia a conservar el patrimonio militar con alta representatividad de la identidad histórica nacional con monumentalidad.

Los campos de batalla abiertos y los elementos-artefactos depositados en ellos, aunque carezcan de monumentalidad arquitectónica, requieren de una urgente valorización; algunos de esos campos son importantes a nivel local, regional o nacional, incluso internacional, dado que forjaron el nacimiento de sociedades y/o naciones, otorgando el espacio y albergando la cultura material de los eventos políticos, económicos y sociales involucrados en las disputas. Definitivamente forman parte del patrimonio cultural y merecen ser conservados, protegidos y debidamente investigados. Ballart y Tresserras (2001:17) manifiestan que el patrimonio histórico es un bien no renovable, es único, así los campos de batalla no son la excepción, cada uno es inigualable, da fe del evento en forma particular, dejando su propia memoria del suceso bélico.

Comentarios finales

Si bien el estudio del conflicto en las diversas sociedades pretéritas de México especialmente la Mesoamérica prehispánica, ha sido abordado desde diversos enfoques y vislumbrado mediante la presencia de rasgos diagnósticos para detectarlo —arquitectura militar, cambios en el patrón de asentamiento y la cultura material—, existe un fuerte abandono del periodo virreinal, independiente, de la reforma, de la revolución y contemporáneo. Los tres estudios de caso mencionados que emplearon la metodología de la arqueología de los campos de batalla muestran el gran potencial que tienen los espacios bélicos para la comprensión de la historia militar mexicana. Lamentablemente esta arqueolo-

---

[7] http://www.buscadores-tesoros.com/t11124-lo-que-encontre-en-la-angostura?, http://www.buscadores-tesoros.com/t7727-monedas-y-balas-encontradas-en-la-angostura-coah?, http://www.youtube.com/user/pedrocantuj.

gía en México está pobremente entendida, es imprescindible establecer estrategias para incrementar la investigación, documentación y protección de los diversos espacios que fueron escenario de los episodios bélicos vividos por este país.

De suma importancia también es el rescate de los sitios de batalla susceptibles a la destrucción por el crecimiento de la mancha urbana y de igual manera urge la protección aquellos que han sido botín de los busca tesoros. Entonces, es forzoso discutir la patrimonialización de los sitios militares, iniciando con las instancias gubernamentales necesarias para fomentar su protección y custodia, e involucrando a las instituciones académicas para su debida investigación. Es necesario formar un inventario y catálogo de los diferentes campos de batalla, arrancando con su búsqueda y ubicación empleando la metodología indicada.

Los campos de batalla representan una inagotable fuente de información histórica para conocer y definir aspectos pocas veces relatados en las fuentes escritas.

Bibliografía

Acazitli, F. de Sandoval (1971). Conquista y pacificación de los indios chichimecas. Guadalajara: suplemento de *Etcaetera* 2a, ep., VI, 22 (56):18-20.

American Battlefield Protection Program (ABPP) http://www.nps.gov/hps/abpp/. Fecha de consulta 20 de enero de 2005.

Anderton, M. J. (2001). The Battle for Britain: WWII and the larger than life battlefield. En P. W. M. Freeman y A. Pollard (eds.), *Fields of Conflict: Progress and Prospect in Battlefield Archaeology*, pp. 265-268. Bar International Series 958. Archaeopress, Oxford.

Anónima Tercera (1963). Relación de la conquista de Nueva Galicia, Alzóse año de 1542. Anónima Tercera del Instituto Jalisciense de Antropología e Historia. En: J. L. Razo (ed.), *Crónicas de la conquista del Reino de la Nueva Galicia*, pp. 331-343. Ayuntamiento de la Ciudad de Guadalajara, Instituto Jalisciense de Antropología e Historia. Guadalajara.

Arceo, F. de (1963). Relación, hecha de viva voz por el Alferez Francisco de Arceo, al capitán e historiador Gonzalo Fernández de Oviedo y Valdéz. En J. L. Razo, *Crónicas de la Conquista del Reino de la Nueva Galicia en territorio de la Nueva España*, pp. 239-268. Ayuntamiento de la Ciudad de Guadalajara, Instituto Jalisciense de Antropología e Historia. Guadalajara.

Armillas, P. (1951). Mesoamerican Fortifications. *Antiquity* 25 (8):78-86.

Babits, L. (2001). "Book Archaeology" of the Cowpens battlefield. En P. W. M. Freeman y A. Pollard (eds.), *Fields of Conflict: Progress and Prospect in Battlefield Archaeology*, pp. 117-126. Bar International Series 958. Archaeopress. Oxford.

Ballart, J. y J. Tresserras (2001). *Gestión del patrimonio cultural*. Ariel Patrimonio. Barcelona.

Baudez, C. F. (2000). El botín humano de las guerras mayas: decapitados y cabezas-trofeo. En S. Trejo (ed.), *La guerra entre los antiguos mayas*, Memoria de la Primera Mesa Redonda de Palenque, pp. 191-203. CONACULTA-INAH, México, D.F.

Baus de Czitrom, C. (1982). *Tecuexes y Cocas, dos grupos de la Región de Jalisco, en el siglo XVI*. Instituto Nacional de Antropología e Historia. México, D. F.

Beals, R. L. (1932). *The comparative ethnology of Northern Mexico before 1750*. University of California. Berkeley.

Blitz, J. H. (1988). Adoption of the bow in prehistoric North America. *North America Archaeologist* 9 (2):123-145.

Bonfil Batalla, G. (1997). Nuestro patrimonio cultural: un laberinto de significados. En E. Florescano (Coord.), *El patrimonio nacional de México I*, pp. 28-56. FCE-CONACULTA. México, D.F.

Bridges, P. S. (1996). Warfare and mortality at Koger's Island, Alabama. *International Journal of Osteoarchaeology* 6 (1):66-75.

Brooks, R. L. (1994). Warfare on the Southern Plains. En D. W. Owsley y R. L. Jantz (eds.), *Skeletal biology in the Great Plains: migration, warfare, health, and subsistence*, pp. 317-323. Smithsonian Institution Press. Washington.

Brown, M. K. y J. F. Garber (2003). Evidence of conflict during the Middle Formative in The Maya lowlands: a view from Blackman Eddy, Belize. En M. K. Brown y T. W. Stanton (eds.), *Ancient Mesoamerican warfare*, pp.91-108. Alta Mira Press, Walnut Creek.

Brown, M. K. y T. W. Stanton (eds.) (2003). *Ancient Mesoamerican warfare*. Alta Mira Press. Walnut Creek.

Buenfil, J. G. (2006). Preservación del patrimonio fortificado de la ciudad de Campeche, México. En *Fortificaciones Americanas y la Convención del Patrimonio Mundial*, pp. 158-163. http://whc.unesco.org/documents/publi_wh_papers_19.pdf. Fecha de consulta 7 de enero 2011.

Bull, N. y D. Panton (2001). Conservation of historic battlefield terrain: drafting the Vimy Charter. En P. W. M. Freeman y A. Pollard (eds.), *Fields of Conflict: Progress and Prospect in Battlefield Archaeology*, pp. 269-273. Bar International Series 958. Archaeopress, Oxford.

Burt, R., J. B., B. Dickson, M. E. Everett, R. Warden y D. Woodcock (2007). Pointe-du-Hoc battlefield, Normandy, France. En D. Scott, L. Babits y C. Haecker (eds.), *Fields of Conflict: Battlefield Archaeology from the Roman Empire to the Korean War*, pp. 383-397. Praeger Security International, London.

Carman, J. y P. Carman (2001). 'Beyond military archaeology': battlefields as a research resource. En P. W. M. Freeman y A. Pollard (eds.), *Fields of Conflict: Progress and Prospect in Battlefield Archaeology*, pp. 275-282, Bar International Series 958. Archaeopress, Oxford.

Carman, J. y P. Carman (2007). Mustering landscapes: what historic battlefields. En D. Scott, L. Babits y C. Haecker (eds.), *Fields of Conflict: Battlefield Archaeology from the Roman Empire to the Korean War*, pp. 39-49. Praeger Security International, London.

Carr, R. S., M. Masson y W. Steele (1989). Archaeological Investigations at the Okeechobee Battlefield. *The Florida Anthropologist* 42 (3):205-236.

Cervera, M. A. (2003). The macuahuitl: an innovative weapon of the late Postclassic in Mesoamerica. En *Arms&Armour* 3 (2):127-148.

Chase, D. Z. y A. F. Chase (2000). La guerra maya del periodo Clásico desde la perspectiva de Caracol, Belice. En S. Trejo (ed.), *La guerra entre los antiguos mayas*, Memoria de la Primera Mesa Redonda de Palenque, pp. 55-72. CONACULTA-INAH. México, D.F.

Chavero, A. (1979). *El Lienzo de Tlaxcala*. Editorial Cosmos, México, D.F.

Consejo Internacional de Monumentos y sitios (ICOMOS) http://icofort. icomos.org/statutes. Fecha de consulta 04 de febrero de 2013.

Coulston, J. (2001). The archaeology of Roman conflict. En P. W. M. Freeman y A. Pollard (eds.), *Fields of Conflict: Progress and Prospect in Battlefield Archaeology*, pp. 23-49. Bar International Series 958. Archaeopress. Oxford.

Courtney, P. (2001). The archaeology of the early-modern siege. En P. W. M. Freeman y A. Pollard (eds.), *Fields of Conflict: Progress and Prospect in Battlefield Archaeology*, pp. 105-115. Bar International Series 958. Archaeopress. Oxford.

Dahlin, B. H. (2000). The barricade and abandonment of Chunchucmil: implications for Northern Maya warfare. *Latin American Antiquity* 11 (2):293-294.

Dávila, R. (1998). *La batalla de la Angostura: arqueología de una experiencia adversa*. Secretaría de Educación de Coahuila, Saltillo.

Del Villar, M. (1994). La muerte de Pedro de Alvarado. *Arqueología Mexicana* 2 (9):50-54.

De la Fuente, B. (1995). La pintura mural prehispánica en México. *Arqueología Mexicana* 3 (16):4-15.

Demarest, A. A., M. O'Mansky, C. Wolley, D. V. Tuerenhout, T. Inomata, J. Palka y H. Escobedo (1997). Classic maya defensive systems and warfare in the Petexbatun Region. Archaeological evidence and interpretations. *Ancient Mesaomerica* 8 (2):229-253.

Diario Oficial de la Federación (1972). Ley Federal sobre Monumentos y Zonas arqueológicas, artísticos e históricos. www.diputados.gob.mx/Leyes Biblio/pdf/131.pdf (última reforma publicada DOF 09-04-2012). Fecha de consulta 15 de julio de 2013.

English Heritage. http://www.english-heritage.org.uk/. Fecha de consulta 23 de enero de 2005.

Ferguson, R. B. (1997). Violence and war in prehistory. En D. L. Martin y D. W. Frayer (eds.), *Troubled Time: Violence and Warfare in the Past*, pp. 321-355. Gordon and Breach Publishers. Amsterdam.

Fiorato, V. (2000). Towton, A.D. 1461: excavation of a mass war grave. *Current Archaeology* 171:99-103.

Florescano, E. (1997). El patrimonio nacional. Valores, usos estudio y difusión. En E. Florescano (coord.), *El patrimonio nacional de México*. Vol. 1, pp. 15-27. Fondo de Cultura Económica-CONACULTA. México, D.F.

Foard, G. (2001). The archaeology of attack: battles and sieges of the English Civil War. En P. W. M. Freeman y A. Pollard (eds.), *Fields of Conflict: Progress and Prospect in Battlefield Archaeology*, pp. 87-103. Bar International Series 958. Archaeopress. Oxford.

Foncerrada, M. (1980). Mural painting in Cacaxtla and Teotihuacan cosmopolitanism. En Merle Greene Robertsin, *Third Palenque Round Table, 1978*, pp. 183-198. University of Texas Press, Austin.

Freeman, P. (2001). Introduction: issues concerning the archaeology of battlefields. En P. W. M. Freeman y A. Pollard (eds.), *Fields of conflict: Progress and Prospect in Battlefield Archaeology*, pp. 1-10. Bar International, Series 958. Archaeopress, Oxford.

Freeman, P. W. M. y A. Pollard (eds.) (2001). *Fields of Conflict: Progress and Prospect in Battlefield Archaeology*. Bar International, Series 958, Archaeopress, Oxford.

Galaviz, M. E. (1967). *Rebeliones indígenas en el norte del Reino de la Nueva España (siglos XVI y XVII)*. Editorial Campesina. México. D.F.

García del Pilar (1963). Relación de la entrada de Nuño de Guzmán a Nueva Galicia. En J. L. Razo (ed.), *Crónicas de la conquista del Reino de Nueva Galicia*, pp. 215-238. Ayuntamiento de la Ciudad de Guadalajara, Instituto Jalisciense de Antropología e Historia. Guadalajara.

Golden, C. W. (2003). The politics of warfare in the Usumacinta basin. En M. K. Brown y Travis W. Stanton(eds.), *Ancient mesoamerican warfare*, pp. 31-48, Alta Mira Press, Walnut Creek.

Golden, C. W., A. K. Scherer y A. R. Muñoz (2005). Exploring the Piedras Negras-Yaxchilán border zone: archaeological investigations in the Sierra del Lacandón, 2004. http://vma.uoregon.edu/Mexicon/xxvii1Golden.pdf. Fecha de consulta julio 2013.

González Torres, Y. (1994). *El sacrificio humano entre los mexicas*. Fondo de Cultura Económica, México, D.F.

Gutiérrez, R. (2005). *Fortificaciones de Iberoamérica*, Ediciones el Viso, http://www.fundacioniberdrola.org/webfund/gc/prod/es_ES/contenid os/docs/fortificaciones.pdf. Fecha de consulta 27 de enero de 2011.

Haecker, C. M. (1994). A Thunder of cannon. Archeology of the Mexican-American War Battlefield of Palo Alto. http://www.nps.gov/history/his

tory/online_books/paal/thunder-cannon/contents.htm. Última actualización 25 de febrero de 2009. Fecha de consulta 17 de junio 2010.

Haecker, C. M. y J. G. Mauck (1997). *On the prairie of Palo Alto: Historical archaeology of the U.S. - Mexican war battlefield*. Texas A&M University Press, College Station.

Haecker, C. M. y J. G. Mauck (2001). The official explanation versus the archaeological record of a US-Mexican War battle. En P. W. M. Freeman y A. Pollard (eds.), *Fields of conflict: progress and prospect in battlefield archaeology*, pp. 135-142. Bar International Series 958. Archaeopress, Oxford.

Hassig, R. (1992). *War and Society in Ancient Mesoamerica*. University of California Press, Berkeley.

Hassig, R. (1995). *Aztec Warfare*. University of Oklahoma Press, Norman.

Hill, M. C. (1996). Protohistoric aborigines in West-Central Alabama: probable correlations to early European contact. En B. J. Baker y L. Kealhofer (eds.), *Bioarchaeology of Native American Adaptation in the Spanish Borderlands*, pp. 17-37. University Press of Florida, Florida.

Hollimon, S. E. y D. W. Owsley (1994). Osteology of the Fray Tolton Site: implications for warfare during the Initial Middle Missouri variant. En D. W. Owsley y R. L. Jantz (eds.), *Skeletal Biology in the Great Plains: Migration, Warfare, Health and Subsistence*, pp. 345-353. Smithsonian Institution Press, Washington.

Hurlbut, S. A. (2000). The taphonomy of cannibalism: a review of anthropogenic bone modification in the American Southwest. *International Journal of Osteoarchaeology* 10 (1):4-26.

Keeley, L. H. (1996). *War before civilization, the myth of the peaceful savage*. Oxford University Press. Oxford.

Knowles, A. K. (1983). Acute Traumatic Lesions. En G. D. Hart (ed.), *Disease in Ancient Man*, pp. 61-83. Toronto.

Kuckelman, K. A., R. R. Lightfoot y D. L. Matin (2002). The bioarchaeology and taphonomy of violence at Castle Rock and Sand Canyon Pueblos, Southwestern Colorado. *American Antiquity* 67 (3):486-513.

LeBlanc, S. A. (1999). *Prehistoric warfare in the American Southwest*. The University of Utah Press. Salt Lake City.

León-Portilla, M. (1995). *La flecha en el blanco: Francisco Tenemaztle y Bartolomé de las Casas en lucha por los derechos de los indígenas 1541-1556*. El Colegio de Jalisco-Editorial Diana. México.

Liston, M. A. y B. J. Baker (1996). Reconstructing the massacre at Fort William Henry, New York. *International Journal of Osteoarchaeology* 6 (1):28-41.

López-Portillo y Weber, J. (1935). *La Conquista de la Nueva Galicia*. Colección de Obras Facsimilares Instituto Jalisciense de Antropología e Historia, Universidad de Guadalajara, Instituto Nacional de Antropología e Historia. México.

López-Portillo y Weber, J. (1939). *La Rebelión de Nueva Galicia*. Instituto Panamericano de Geografía e Historia. México.

Lovell, N. C. (1997). Trauma Analysis in Paleopathology. *Yearbook of Physical Anthropology* 40:139-170.

Macías, A. (2007). *Un acercamiento a las estrategias militares en el sitio arqueológico El Tuiche, durante el virreinato temprano*. Tesis de licenciatura no publicada, Antropología con especialidad en Arqueología, Universidad Autónoma de Zacatecas. Zacatecas.

Mapoteca Orozco y Berra. http://w2.siap.sagarpa.gob.mx/mapoteca/mapas /1018-OYB-0-A.jpg

Martin, D. L. y D. W. Frayer (eds.) (1997). *Troubled Time: Violence and Warfare in the Past*. Gordon and Breach Publishers. Amsterdam.

Medrano, A. M. (2006). *El Tuiche, lugar de enfrentamiento bélico hispano-caxcán: prospección geofísica y evidencia arqueológica*. Tesis de doctorado no publicada, Escuela Nacional de Antropología e Historia. México D.F.

Medrano, A. M. (2009). Arqueología en un lugar de enfrentamiento bélico entre indígenas y españoles durante la Guerra del Mixtón (1541). En J. García Targa y P. Fournier García, *Arqueología Colonial Latinoamericana: modelos de estudio*, coordinadores, pp. 53-63, BAR International, Series 1988, Oxford.

Medrano, A. M. (2010). *Proyecto arqueológico El Tuiche: historia ocupacional de un sitio de batalla*, Informe Técnico presentado al Consejo de Arqueología-INAH, México. MS.

Medrano, A. M. (2012). *Arqueología del conflicto, la Guerra del Mixtón (1541-1542) vista a través del Peñol de Nochistlán*. La Taberna Literaria Editores. Zacatecas.

Milner, G. R. (1995). An osteological perspective on prehistoric warfare. En L. A. Beck (ed.), *Regional approaches of mortuary analysis*, pp. 221-244. Plenum Press. New York.

Milner, G. R. (1999). Warfare in prehistoric and early historic eastern North America. *Journal of Archaeological Research* 7 (2):105-151.

Milner, G. R., E. Anderson y V. G. Smith (1991). Warfare in late prehistoric West-central Illinois. *American Antiquity* 56 (4):581-603.

Mota Padilla, M. de la (1920). *Historia del Reino de Nueva Galicia en la América (1742) Septentrional*. Colección Histórica de Obras Facsimilares. Universidad de Guadalajara, Instituto Jalisciense de Antropología e Historia-Instituto Nacional de Antropología e Historia. Guadalajara.

Muñoz, F. M. (2006. El caso de San Juan de Ulúa. En *Fortificaciones Americanas y la Convención del Patrimonio Mundial*, pp. 153-157. http://whc.unesco.org/ documents/publi_wh_papers_19.pdf. Fecha de consulta 7 de enero 2011.

Muriá, L. M. (dir.) (1980). *Historia de Jalisco*, Tomo I: Desde los tiempos prehispánicos hasta fines del siglo XVII. Gobierno de Jalisco-Unidad Editorial. Guadalajara.

Olsen, S. L. y P. Shipman (1994). Cutmarks and Perimortem Treatment of Skeletal Remains on the Northern Plains. En D. W. Owsley y R. L. Jantz (eds.), *Skeletal Biology in the Great Plains: Migration, Warfare, Health and Subsistence*, pp. 377-387. Smithsonian Institution Press, Washington.

Osterndorf, M. (1997). Osteological Indications of Warfare in the Archaic Period of the Western. Tennessee Valley. En D. L. Martin y D. W. Frayer (eds.), *Troubled Times: Violence and Warfare in the Past*, pp. 241-265. vol. 3: War and Society. Gordon and Breach Publishers, Amsterdam.

Owsley, D. W. y R. L. Jantz (eds.) (1994). *Skeletal Biology in the Great Plains: Migration, Warfare, Health and Subsistence*. Smithsonian Institution Press, Washington.

Pérez Bustamante, C. (1928). *Don Antonio de Mendoza. El eco franciscano*. Santiago de Compostela.

Pérez Verdía, L. (1910). *Historia particular del Estado de Jalisco, desde los primeros tiempos de que hay noticia, hasta nuestros días*. Gobierno de Jalisco. Guadalajara.

Pijoan A., C. y J. Mansilla (1997a). Evidencia de sacrificio humano, modificación ósea y canibalismo en el México prehispánico. En E. Malvido, G. Pereira y V. Tiesler (eds.), *El cuerpo humano y su tratamiento mortuorio*, pp. 193-212. Instituto Nacional de Antropología e Historia, México, D.F.

Pijoan A., C. y J. Mansilla (1997b). Evidence for human sacrifice, bone modification and cannibalism in ancient México. En D. L. Martin y D. W. Frayer (eds.), *Troubled Times: Violence and Warfare in the past*, pp. 217-239. War and Society. vol. 3. Gordon and Breach Publishers, Amsterdam.

Powell, P. (1984). *La Guerra Chichimeca (1551-1600)*. Fondo de Cultura Económica-Secretaría de Educación Pública. México.

Pratt, G. M. (2007). How do you know it's a battlefield?. En D. Scott, L. Babits y C. Haecker (eds.), *Fields of Conflict: Battlefield Archaeology from the Roman Empire to the Korean War*, pp. 5-38. Praeger Security International, London.

Pulso Político (2011). Revivieran triunfo insurgente. www.pulsopolitico.com .mx/2011/08/reviviran-triunfo-insurgente/. Fecha de consulta 13 de mayo de 2013.

Razo, J. L. (ed.) (1963). *Crónicas de la conquista del Reino de la Nueva Galicia*. Instituto Jalisciense de Antropología e Historia. Guadalajara.

Tello, A. Fray (1968). *Crónica Miscelánea de la Sancta Provincia de Xalisco*, Libro Segundo Vol. I. Gobierno del Estado de Jalisco, Universidad de Guadalajara, Instituto Jalisciense de Antropología e Historia, Instituto Nacional de Antropología e Historia. México.

Tello, A. Fray (1985). *Crónica Miscelánea de la Sancta Provincia de Xalisco*, Libro Segundo Vol. II. Gobierno del Estado de Jalisco, Universidad de Guadalajara, Instituto Jalisciense de Antropología e Historia, Instituto Nacional de Antropología e Historia. México.

Sámano, J. D. (1963). Relación de la conquista de los teules chichimecas que dio el capitán de emergencia. En J. L. Razo (ed.), *Crónicas de la conquista del Reino de la Nueva Galicia*, pp. 115-152. Ayuntamiento de la Ciudad de Guadalajara, Instituto Jalisciense de Antropología e Historia. Guadalajara.

Secretaría de la Defensa Nacional (2010). Cartografía Militar Mexicana. Gobierno Federal. http://www.sedena.gob.mx/pdf/fasciculos_carto/cartografia.pdf. Fecha de consulta 12 de abril de 2012.

Satines, L. (2004). Pintura mural maya. *Revista digital Universitaria* 5(7). http://www.revista.unam.mx/vol.5/num7/art40/ago_art40.pdf. Fecha de consulta 27 de mayo de 2013.

Schmidt, B. E. (2001). The Interpretation of Violent Worldviews: Cannibalism and other Violent Images of the Caribbean. En B. E. Schmidt y I. W. Schröder, *Anthropology of Violence and Conflict*, pp. 76-96. Routledge: Taylor and Francis Group, London.

Scott, D. D., L. Babits y C. Haecker (eds.) (2007). *Fields of Conflict: Battlefield Archaeology from the Roman Empire to the Korean War*. Praeger Security International. London.

Scott, D. D. y R. A. Fox (1987). *Archaeological Insights into the Custer Battle: An Assessment of the 1984 Field Season*. University of Oklahoma Press, Norman.

Scott, D. D. y A. P. McFeaters (2011). The Archaeology of Historic Battlefields: A History and Theoretical Development in Conflict Archaeology. *Journal of Archaeological Research* 19 (1):130-132.

Smith, M. (1996). "Parry" Fractures and Female-directed Interpersonal Violence: Implications from the Late Archaic Period of West Tennessee. *International Journal of Osteoarchaeology* 6 (1):84-91.

Stanton, T. W. y M. K. Brown (2003). Studying warfare in ancient Mesoamerica. En M. K. Brown y T. W. Stanton (eds.), *Ancient Mesoamerican warfare*, pp.1-16. Alta Mira Press, Walnut Creek.

Sutherland, T.L. (2005). Battlefield archaeology - a guide to the archaeology of conflict. www.bajr.org/documents/bajrbattleguide.pdf. Fecha de consulta 13 de marzo de 2008.

Sutherland, T. y A. Schmidt (2003). Towton, 1461: An Integrated Approach to Battlefield Archaeology. *Landscapes* 4 (2): 15-25.

Turner II, C. G. y J. A. Turner (1990). Perimortem damage to human skeletal remains from Wupatki National Monument, Northern Arizona. *Kiva* 55 (3): 187-212.

Turner II, C. G. y J. A. Turner (1999). *Man Corn: Cannibalism and Violence in the Prehistoric American Southwest*. University of Utah Press, Salt Lake City.

Vega, M. E. (2012). Los dioses, el gobernante y la comunidad. Las estrategias político-reliogiosas del gobernante 2 de Dos Pilas, Guatemala. *Estudios de Cultura Maya*, vol. XL: 51-78. http://www.redalyc.org/articulo.oa?id=281325036002. Fecha de consulta 03 de marzo de 2013.

Velasco, J. E. y A. Rivera (2011). Invasores y reliquias: la toma del Fortín de la Tenería, 21 de septiembre 1846, Monterrey, Nuevo León. Ponencia presentada en el *XVI Coloquio Internacional de Antropología Física Juan Comas*, Oaxaca, Oaxaca.

Vencl, S. (1984). War and warfare in archaeology. *Journal of Anthropological Archaeology* 3:116-132.

Walker, P. L. (1981). Cranial injuries as evidence for the evolution of prehistoric warfare in Southern California. *American Journal of Physical Anthropology* 54 (2):287.

Webster, D. L. (1994). La guerra y la evolución de la Civilización Maya. En R. E. Adams (ed.), *Los orígenes de la Civilización Maya*, pp. 366-406. Fondo de Cultura Económica. México. D.F.

Willey, P. (1990). *Prehistoric Warfare on the Great Plains: skeletal analysis of the Crow Creek massacre victims*. Garland, New York.

Yáñez, A. M. (1997). Rancho Carricitos: Battlefield on the Rio Grande. *Cultural Resource Management* 20 (11):31-32.

Capítulo 2

Arqueología histórica de la Guerra del Paraná: la Vuelta de Obligado y el Tonelero

Mariano Ramos, Matilde Lanza, Verónica Helfer, Fabián Bognanni,
Alejandra Raies, Mariano Darigo, Carolina Dottori, Matías Warr,
Carolina Santo, Julia Raño, Odlanyer Hernández de Lara, Héctor Pinochet,
Sandra Alanís y Milva Umaño

Introducción

Durante la década de 1840 ingleses y franceses trataron de forzar militarmente los pasos fluviales hacia el nordeste argentino y el Paraguay, lugares donde pretendían intercambiar mercancías por medio de sus políticas de libre comercio. Esta estrategia bélica forma parte de lo que se conoce como la Guerra del Paraná (1845-1846) que también incluye el bloqueo al Río de la Plata (Luque 2007; Gelman 2009; Ramos *et al.* 2010) y otros eventos. Se trata de una represalia que esas potencias europeas tomaron contra la Confederación Argentina ya que el Gobernador Juan Manuel de Rosas había sitiado Montevideo y aislado su puerto a las relaciones comerciales exteriores debido a que el principal centro de oposición al federalismo estaba en Uruguay y como contrapartida la flota francesa sitiaba Buenos Aires. Si bien a veces disputaban por los mismos mercados, en ocasiones los franceses actuaban aliados con los ingleses. Así fue que se produjo la incursión de la flota anglo-francesa, que tenía como objetivo obligar a Rosas a abandonar el sitio de Montevideo. Los europeos desplegaron una estrategia con varios ataques. Uno de ellos fue el 20 de noviembre de 1845 a 18 km al norte de San Pedro, Provincia de Buenos Aires, conocido como la batalla de Vuelta de Obligado (en adelante VdeO) el que con otros eventos bélicos (El Tonelero, Quebracho, San Lorenzo) forma parte de la Guerra del Paraná.

A partir del proyecto "Investigación interdisciplinaria acerca de una batalla: la Vuelta de Obligado" (PROARHEP, UNLu) iniciamos en 2000 los trabajos de campo en el sitio y en 2012 en El Tonelero (ET). Aquí tratamos algunas cuestiones de ambos sitios considerando varias fuentes de información:

registro arqueológico, documentos escritos y planos de la batalla. Asimismo planteamos y evaluamos algunas hipótesis. Por otra parte, nuestro marco teórico se vincula a la denominada *Arqueología de la violencia*, la que se fue dando como especialidad de los conflictos prehistóricos ya que en un principio los arqueólogos centraban su atención en las luchas de las comunidades consideradas "primitivas". Clastres investigó las causas y funciones de la violencia grupal, la guerra, actividad realizada con el objeto de destruir al enemigo (Clastres 1990). Luego otros actualizaron el tema sobre la base de nuevos casos (Guilaine y Zammit 2002). Posteriormente los arqueólogos históricos enfocaron los problemas bélicos. Este interés en un análisis científico de la guerra desde perspectivas de la Arqueología histórica es reciente en la Argentina (Ramos *et al.* 2003, 2006, 2010, 2011; Helfer 2004; Luque 2007; Landa *et al.* 2011), lo que nos distingue de los países anglosajones.

Los métodos desarrollados para investigar estos eventos y procesos bélicos en general difieren de los aplicados en la Arqueología de asentamientos históricos e incluso de estructuras militares de campaña (entre otros, Gómez Romero y Ramos 1994; Mugueta *et al.* 2002; Tapia *et al.* 2005; Leoni 2009), construcciones que no fueron atacadas, salvo excepciones, lo que no las convirtió en áreas de combate. Debido a que en un campo de batalla los eventos son de duración reducida, no se justificaba la construcción de grandes y sólidas estructuras como es el caso de las defensas de VdeO. Así en Europa, por ejemplo, tienen más desarrollo las técnicas de excavación que se apoyan sobre análisis geoespaciales a partir del uso de los Sistemas de Información Geográfica. Asimismo, se debe considerar que las guerras no se llevaron a cabo sólo en campos de batalla; la Arqueología del conflicto abarca otras áreas que aportan importantes datos como el estudio geoarqueológico de fortificaciones, las fosas comunes y las trincheras bélicas de los siglos XIX y XX como en el caso de Bélgica (Pollard y Banks 2005); los estudios sobre el patrimonio resultante de las batallas o la memoria colectiva e histórica (Falquina Aparicio *et al.* 2008).

Dentro de la Arqueología de la violencia, e histórica, el fin del siglo XX vio surgir nuevas especialidades. La Argentina fue pionera en la recuperación y revisión de la historia referida a muchos temas del terrorismo de estado y del genocidio que llevó a cabo la última dictadura cívico-militar que, desde 1976, duró casi 8 años. El Equipo Argentino de Antropología Forense (EAAF), Madres y Abuelas de Plaza de Mayo y organizaciones de Derechos humanos trabajan en la recuperación e identificación de los restos de los desaparecidos, la identidad de los niños nacidos en cautiverio o secuestrados por las fuerzas represivas (EAAF 1992; Ramos 2009, etc.). Estas actividades también comenzaron a desarrollarse en otros países del llamado Tercer Mundo (Guatemala, Camboya, Etiopía, etc.) y últimamente en España con los fusilados, desaparecidos y los trabajadores forzados de la Guerra civil (Falquina Aparicio *et al.* 2008). Todas estas cuestiones se enmarcan en conceptos de memoria, historia y

política. Aquí conviene distinguir entre memoria colectiva y memoria histórica
ya que el concepto de memoria histórica es contradictorio y ambiguo pero rei-
vindica algo fundamental, el que otras memorias, marginadas y olvidadas por
regímenes políticos e historiográficos, son también historia auténtica (Falquina
Aparicio *et al.* 2008). De modo similar, si bien depende de lo particular de cada
caso, muchos hechos de la historia argentina permanecieron sepultados, "desaparecidos" o fueron considerados como "tabú" por aquellos que escribieron
las historias oficiales, generalmente liberales en los siglos XIX y XX (Ramos *et
al.* 2008) como Bartolomé Mitre o Domingo F. Sarmiento. El tema de la batalla
de VdeO es uno de esos casos considerados "tabú" hasta hace pocas décadas.

La batalla

El enfrentamiento de Vuelta de Obligado se desarrolló entre defensas
de la Confederación Argentina y una poderosa flota de guerra anglo-francesa
que custodiaba un convoy de unos cien barcos mercantes.

En marzo de 1811 Hipólito Vieytes había recomendado la fortificación
de determinadas zonas abarrancadas del Río Paraná, las que por sus especiales
características podían representar puntos estratégicos aptos como para impedir
el acceso hacia el interior argentino de una eventual fuerza invasora española
que por esa vía intentara reconquistar los territorios perdidos desde 1810.

Posteriormente, en 1845, con motivo del conflicto con las potencias
europeas, Rosas encomendó al General Mansilla que fortificara algunos puntos
estratégicos de las barrancas sobre ese río. Así, desde agosto hasta noviembre
de ese año se instalaron baterías y se puso como objetivo fortificar varios puntos no sólo en Vuelta de Obligado, San Pedro o El Tonelero, Ramallo, sino en
otros lugares.

En Obligado se montó un campamento, se cavaron trincheras, se
acondicionó el lugar para montar las baterías de cañones y se colocaron parapetos para proteger artilleros y cañones. En el río se ubicaron el poderoso bergantín Republicano, muy bien artillado, y tres barcos menores con un cañón
cada uno. Todos estos se posicionaron en el río detrás de tres filas de gruesas
cadenas que cortaban perpendicularmente el curso de agua que en ese lugar
tenía unos 800 m de ancho. Varios miles de hombres entre artilleros, soldados,
milicianos y enfermeras completaban la dotación militar argentina. La batalla se
llevó desde la mañana del 20 de noviembre y concluyó luego de ocho horas de
intercambio de intenso fuego de piezas de artillería, desembarcos europeos y
luchas entre infanterías con cargas de caballería argentina. Se decidió a favor de
los europeos debido a una neta superioridad armamentística. Si bien fue una
derrota —aunque no lo fueron todas las batallas de la Guerra del Paraná—
Vuelta de Obligado representó un gran hito simbólico de resistencia a aquellos
imperialismos decimonónicos.

Objetivos particulares e hipótesis

El proyecto general sobre la Guerra del Paraná cuenta con numerosos objetivos; de ellos sólo tomamos algunos para este trabajo:

- Proponer la ubicación precisa de las estructuras defensivas, campamentos y el hospital de campaña a través del uso combinado de planos históricos y fotografías aéreas.
- Conocer las dimensiones y límites del sitio arqueológico.
- Explicar contextos de palimpsesto.
- Evaluar arqueológicamente la información aportada por documentos escritos, pobladores locales y planos acerca de la ubicación precisa de "núcleos" de la batalla y demás estructuras.

Hipótesis

1. Las estructuras instaladas en el actual sitio VdeO ocuparían una extensión mínima de 3 km de largo por 1 km de ancho.
2. Las defensas y los campamentos estarían ubicados discontinuamente en varios sectores del actual sitio arqueológico.
3. La densidad del material que compone el registro arqueológico brindaría notables diferencias respecto de las distintas áreas consideradas ya fueran baterías, playas o campamentos.
4. Las recurrentes ocupaciones de mediados del siglo XIX en el lugar conocido como El Tonelero (ET) habrían conformado un complejo palimpsesto.

El sitio VdeO y las excavaciones arqueológicas

El sitio arqueológico está conformado por varias estructuras bélicas como las baterías, el campamento, el hospital y zona de emplazamiento de las cadenas defensivas. Las cuatro baterías fueron dispuestas sobre la margen derecha del Río Paraná con orientación, aproximada, sur-norte.

Desde el comienzo de las actividades de campo trabajamos en el sitio en los lugares en donde suponíamos estaban emplazadas las baterías primera (Restaurador Rosas) y segunda (General Brown), dispuestas sobre barrancas de más de 10 m de altura. La tercera batería (General Mansilla) era rasante, es decir casi al nivel del agua, y estaba ubicada según información escrita, en la playa que forma una bahía. Allí, debido a la intensa actividad del río que siempre remueve el sedimento y la baja visibilidad que produce la vegetación, sólo pudimos obtener algunos fragmentos de bombas europeas. La cuarta batería (Manuelita) estaba ubicada más al norte, sobre una barranca de unos 15 m de altura en la que actualmente se halla la casa del vecino Toro Bayo. El lugar, muy estratégico ya que permite la observación de una amplia extensión del Río Paraná, habría servido al Jefe de las defensas, General Lucio Mansilla, para avistar los movimientos de las naves europeas y dirigir la batalla. Actualmente ese lugar se halla muy modificado por la actividad humana posterior a la batalla ya que tiene casas de material, veredas, desniveles con escaleras y patios.

Para ubicar contextos arqueológicos empleamos: 1. instrumentos de detección como detectores de metales y electromagnetómetros; 2. prospección visual en tierra y playas; 3. análisis de planos, fotos aéreas e imágenes satelitales; 4. recolección de superficie; 5. excavaciones y sondeos.

Hasta el momento se excavaron y sondearon arqueológicamente unos 300 m², se hallaron unos 10.000 objetos (la mayoría son fragmentos), procesándose unos 6.500 y se realizaron algunos estudios de laboratorio (análisis de objetos de metal, fechado por ^{14}C, identificación de especies vegetales en maderas quemadas) e incluso se desarrollan líneas de Arqueología experimental (pistas de pisoteo y pateo, termoalteración de vidrio). Desde 2000 hasta 2004, excavamos una cuadrícula de 15 m² en donde conjeturábamos estuvo emplazada la primera batería. Sin embargo no hallamos indicios que nos permitieran asegurar que estábamos frente a sus restos; sólo algunos clavos, fragmentos de bombas y cerámica indígena. Retomamos las excavaciones del lugar en 2012 con 5 cuadrículas de 8 m² cada una, es decir, 40 m². Por el tipo de hallazgos: maderas quemadas; decenas de clavos, varios de ellos cortados, un cuchillo; y su distribución, estaríamos frente a los restos de la primera batería (Figura 1).

En 2004, gracias a los datos provistos por lugareños, se pudo conocer en el monte cercano la ubicación de un terraplén de 5 por 20 m, en el que se excavó la cuadrícula III (de 5 m²), con pocos resultados.

Allí cortamos perpendicularmente la estructura con forma de medialuna de 5 m de ancho por 20 m de largo, ubicado a unos 50 m al oeste de la batería Restaurador Rosas. ¿Es posible que la primera batería hubiera funcionado allí? Desde 2000 hasta 2010 continuamos con las excavaciones en el área donde suponíamos estuvo emplazada la segunda batería, denominada General Brown, que según Piccirilli *et al.* (1973), tenía un cañón de 24 libras, de bronce del barco argentino Vigilante; dos cañones de 18 libras de hierro, uno de 16 libras y otro de 12 libras de bronce del bergantín Republicano. En esta zona, con importantes hallazgos, excavamos hasta el presente un área de más de 100 m². Asimismo, en 2008, por información de los documentos escritos que coinciden con un estudio anterior (Rizzo *et al.* 2004) y datos aportados por los vecinos, se pudo conocer el lugar donde estuvo ubicado el principal Hospital de campaña (una construcción de ladrillos y planta cuadrangular con techo de tejas), situado a unos 2 km de distancia al norte del campo de batalla, que relevamos pero todavía no excavamos. Entre 2008 y 2009, por datos suministrados por los pobladores locales, excavamos en el interior del monte varias cuadrículas, trincheras y sondeos que abarcaron 56 m², en aquellos lugares en donde suponíamos se situaba el núcleo principal del campamento argentino. En varias zonas hallamos vidrio, loza, hueso y metal formando pequeñas concentraciones; sin embargo no ubicamos proyectiles ni pozos de basura o estructuras del tipo parapeto conformadas por huellas de postes. La composición del registro arqueológico nos permite sostener la hipótesis de que en esa amplia área existirían zonas de campamento. A partir de 2011 un equipo dirigido por Matilde Lanza, sobre la base del plano del Capitán inglés Sulivan, estudiado por Fabián Bognanni, dividió la zona en áreas de 50 m por 50 m y, utilizando varios recursos, comenzó una búsqueda minuciosa de esa ocupación en el monte. Paralelamente, otro equipo coordinado por Verónica Helfer realizó intensas prospecciones a partir de 2012 con la finalidad de hallar el área en donde se instalaron las defensas en el lugar conocido como El Tonelero, a orillas del río Paraná en el Partido de Ramallo.

Figura 1. Foto superior: excavaciones en el área de la primera batería. Fotos inferiores, hallazgos: un cuchillo y clavos cortados (posible metralla de las bombas europeas) en estudio en el Laboratorio del Grupo de Arqueometalurgia (GAM), Facultad de Ingeniería de UBA

Problemas del sitio

Los sitios arqueológicos que quedan como resultado de grandes batallas de la Época Moderna, realizadas en agua y tierra, en las que se pone en juego un sofisticado armamento y participan miles de hombres, son muy complejos y la interpretación del registro arqueológico es una difícil tarea debido a las numerosas variables que intervienen. Para el caso del sitio VdeO los principales problemas se centran en: 1. las dimensiones y los límites del sitio; 2. la relativa alta fragmentación de los artefactos en varias zonas; 3. el precisar los núcleos de la batalla, que son aquellos lugares en donde se combatió con mayor intensidad; 4. la identificación y la evaluación de la acción de agentes de formación y transformación, lo que incluye la actividad del hombre como agente geomórfico; 5. la explicación de las causas de la formación de áreas de palimpsesto. Asimismo deben considerarse: los tipos de objetos hallados en distintas áreas del sitio y el estado y la integridad de los hallazgos. Para esto hay que tener en cuenta la intensidad de la actividad de los agentes de formación y de transformación de estos tipos de sitios, también el eventual reemplazo por otros agentes que producen cambios en los depósitos originales.

Algunos resultados

Inferencias espaciales acerca del plano del Capitán Sulivan

Entre los planos y croquis relacionados con la batalla de la VdeO con que contamos, se encuentra el "Plan of Obligado", obra del Capitán B. J. Sulivan de la Royal Navy, quien participó de la Guerra del Paraná y de la batalla al mando del bergantín inglés "Philomel". El plano posee gran detalle y permite observar los barcos europeos y argentinos a las 9 de la mañana, momento del comienzo de la batalla; a las 12:30 horas y a la tarde, momento final de la batalla. También muestra las ubicaciones de las baterías, los campamentos y las formaciones militares argentinas. Según el croquis, la primera batería contaba con 7 cañones y 2 más al sudoeste, la segunda batería 5 cañones, la tercera batería 7 cañones (cantidad que coincide con otro grabado realizado por Chavanne) y la cuarta batería con 9 cañones. Asimismo, se muestra el lugar de desembarco y el recorrido en el terreno de las tropas invasoras. La copia del plano que está en el Museo Naval de la Nación, en Tigre, Provincia de Buenos Aires, nos permitió realizar inferencias acerca de las posiciones que ocupaban las fuerzas militares argentinas.

La utilización del software libre MapAnalyst 1.3.6 (Jenny y Weber 2006) facilitó la extrapolación de los datos del plano hacia una fotografía aérea obtenida durante la década de 1980. De esta manera fue posible conocer la ubicación, no exacta pero sí aproximada, de los batallones y campamentos argentinos, así como el lugar de los enfrentamientos "cuerpo a cuerpo" que se realizaron con posterioridad al desembarco anglo-francés en la zona. La implicancia arqueológica de esta información es grande ya que si bien las ubicaciones de las baterías argentinas es bien conocida tanto histórica como arqueológicamente (en el lugar de la batería Almirante Brown se excavó con resultados muy positivos) de la ubicación del campamento y los batallones poco se sabía. Cabe decir que los buenos resultados obtenidos por la aplicación de este software ya fueron comprobados en otro trabajo, aunque de distinta temática, realizado por uno de los autores (Bognanni 2011).

El primer paso para la extrapolación del plano histórico a la fotografía aérea fue la identificación de zonas coincidentes en ambas imágenes. Para el caso se tomaron seis pares de puntos reconocibles en la geomorfología costera, de norte a sur: dos puntos en la barranca donde estaba instalada la batería La Manuelita, un punto en el promontorio artificial donde se fijaron las cadenas, un punto en la barranca donde estaba la batería Almirante Brown, un punto en un peñón natural y un punto en la zona de barranca cercana a la desembocadura del Arroyo de los Cueros. Este punto fue el más conflictivo para su identificación ya que se encuentra en una zona altamente modificada por la acumulación de depósitos sedimentarios durante los últimos 165 años. Después de la identificación de los puntos análogos en las imágenes (mapa de Sulivan y foto aérea) se crea una malla de distorsión (Figura 2), "The rotated, compressed, or enlarged meshes of adistortion grid reflect the local deformation and rotation of the old map" (Jenny *et al.* 2007) que permite ajustar una imagen con otra. Como resultado para el mapa antiguo, la malla de distorsión demuestra una rotación en X de 31° y una rotación en Y de 18°, provocando una escala horizontal de 1: 3800 y una escala vertical de 1: 3200 con un desvío estándar de ± 10 m y un error de posición de ± 14 m. La mayor distorsión de la malla se encuentra en el centro y es provocada por el cuarto punto de referencia (la barranca donde estaba la batería Almirante Brown). A pesar de esto no se observa una gran distorsión de la malla, posiblemente provocada por la baja cantidad de puntos de coincidencia entre ambas imágenes. Una vez que se extrapolaron las relaciones espaciales de la fotografía aérea al plano antiguo, también es posible realizar el camino inverso: extrapolar rasgos diseminados diferencialmente en el mapa antiguo hacia la imagen actual, de manera de obtener la ubicación de áreas con mayor potencialidad arqueológica. Una de las zonas de mayor interés arqueológico, además de las baterías, es el campamento ya que allí convivió la formación militar al mando del General Mansilla durante aproximadamente 3 meses previos a la batalla. En la Figura 2 se observa la zona donde estuvo el campamento y la ubicación de los batallones. Lamentablemente el símbolo utilizado por Sulivan es idéntico en ambos rasgos (rectángulo negro) por lo que no es posible discriminar entre ellos.

Figura 2. Ubicación del área de campamento. Se usó el plano de 1845 y una foto aérea de 1980

En el área donde estuvo emplazado el campamento se halló, en superficie y en excavación, gran cantidad de material arqueológico que corresponde al período de la batalla. La densidad media de artefactos en esta zona es superior al 50 %, la mayor de todo el sitio. El vidrio presenta un 40,3 % seguido por loza (34,1 %), gres (13,9 %), metal (7%), cerámica europea (2 %), cerámica indígena (1,4 %), restos óseos animales (0,9 %) y madera (0,3 %).

A partir de los datos obtenidos del croquis de Sulivan se ubicó un área para prospectar en forma sistemática (Figura 3) ya que suponemos que allí se ubicaba el centro del campamento (Lanza *et al.* 2013). El espacio se delimitó por celdas de 200 x 200 m, lo que implica un área de 40.000 m^2; ésta se dividió en sectores cuadrangulares de 50 m^2 cada una. Como resultado quedaron 60 unidades (cuadrantes) de muestreo en donde se aplica una combinación de métodos no-probabilísticos y probabilísticos y técnicas exploratorias no invasivas (transectas con detector de metales) e invasivas (barrenado, sondeos y excavación) y un diseño de muestreo sistemático alineado (Banning 2002; Schiffer *et al.* 1978; Thomas 1987).

La zona de desembarco e invasión anglo-francesa actualmente se encuentra dentro de una reserva natural muy vegetada y de difícil acceso. De todas formas, hay que tener en cuenta que este lugar es descrito en el mapa de Sulivan como boscoso o "thick wood". El límite entre la zona utilizada para el desembarco de las tropas invasoras y el río, es representado en el mapa como un lugar de pendiente abrupta o escarpada rodeada de tierras bajas y pantanosas. Actualmente en esta zona sólo la línea de playa es baja y pantanosa pero el resto no lo es, incluso durante la época de crecida del río. Por eso inferimos que esa acumulación de sedimentos, actualmente no inundables, es posterior al momento de la batalla y por ende, a la realización del mapa de Sulivan.

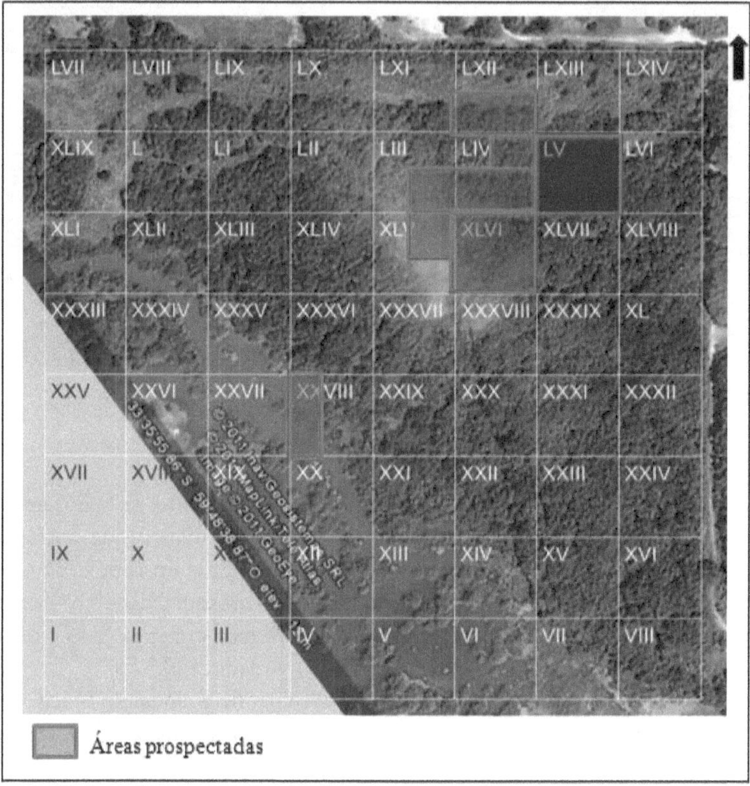

Figura 3. El área de monte detrás de las primeras líneas y su segmentación para la prospección

En síntesis, podemos señalar que al aplicar este tipo de software permitió tener más exactitud para ubicar el campamento de la Confederación Argentina, la disposición de los batallones y zonas de enfrentamientos "cuerpo a cuerpo". Además permitió reconocer algunas diferencias geomorfológicas que afectaron la costa a partir de fenómenos de depositación provocados por el gran caudal de sedimentos transportados por el río Paraná Guazú.

En cuanto a las tareas sistemáticas de prospección y relevamiento del área del campamento, estas recién comenzaron. Prospectamos una mínima parte en comparación con lo que podría haber ocupado realmente la instalación pero esto nos permite planificar las tareas a seguir para la ubicación de sectores con concentraciones significativas de restos arqueológicos que nos permitan conocer aspectos de las fuerzas asentadas en el lugar, como su alimentación, su rutina

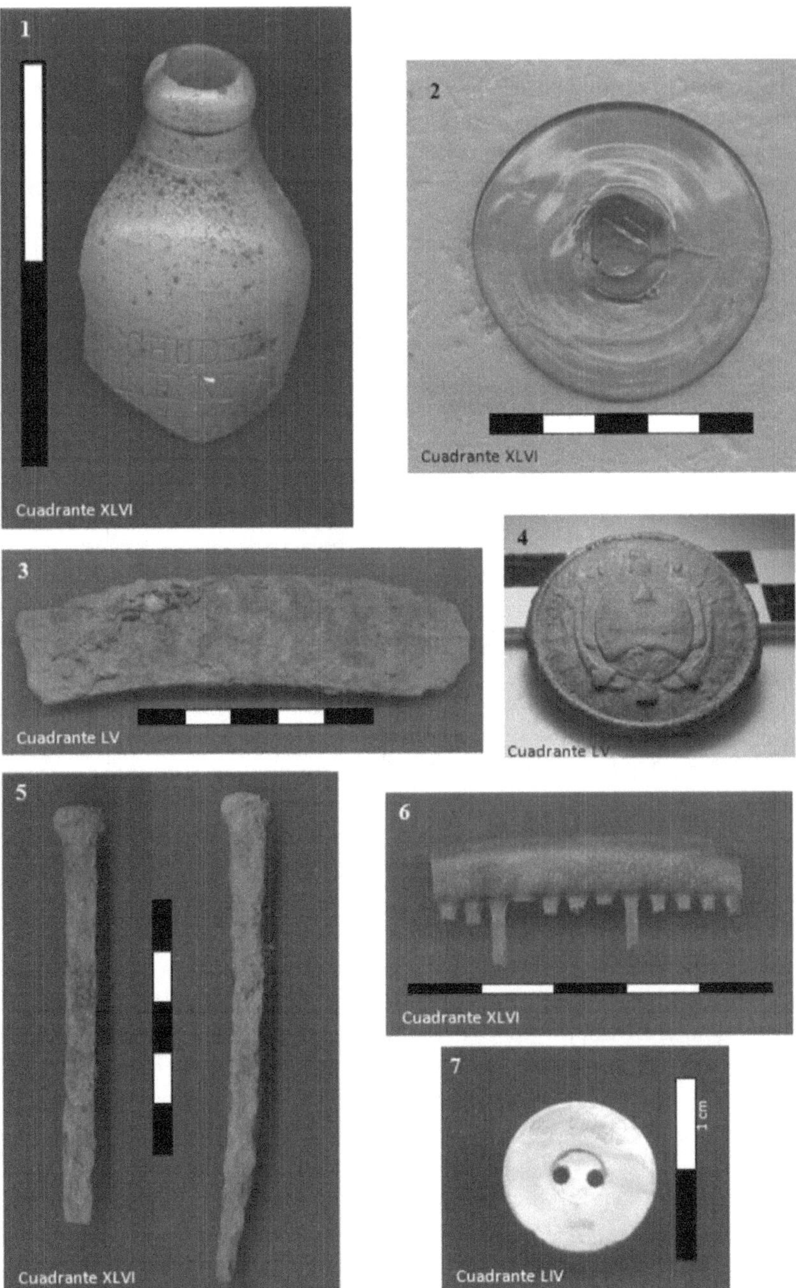

Figura 4. Hallazgos en el área del monte en donde se ubicaría el campamento argentino

cotidiana y otras actividades. En el área revisada no se localizaron concentraciones significativas de materiales (basureros, acumulación continúa de restos, etc.), los hallazgos se presentan aislados o en concentraciones de hasta 5 restos. Se recuperaron restos modernos asociados a actividades que se realizan actualmente en el área (campo privado). El área tiene presencia de animales domésticos (caballos, cerdos) y silvestres (lagarto overo, cuises, comadreja, etc.), aprovisionamiento de leña. También se localizaron algunas concentraciones de materiales del siglo XX que serían restos de la casa de un poblador que vivió entre 1930 y 1950 aproximadamente en la zona según nos comentaron varios vecinos. Algunos de los hallazgos (Figura 4) se vincularían al contexto de la batalla y/o al siglo XIX e indicarían la zona donde se ubicaba el campamento argentino. Por ejemplo, un botón de metal, un suncho de barril, clavos y restos de botellas de ginebra de gres y algunos fragmentos de vidrio y loza. También son de la época del siglo XIX el botón de nácar y la peineta.

Los restos arqueofaunísticos

El análisis de los restos óseos de fauna está en etapa inicial, por lo tanto se presentan algunos resultados preliminares. En esta etapa se acondicionaron (lavado y rotulado), se cuantificaron a partir de los índices NSP (número de especímenes óseos) y NISP (número de especímenes óseos identificados por taxón) iniciándose el análisis de modificaciones óseas (naturales y antrópicas). Para el análisis se implementa el mismo método utilizado en trabajos anteriores (Lanza 2010b, 2008a; Ramos *et al.* 2008) que se basa en conceptos y criterios usualmente utilizados en Arqueología para análisis de fauna de sitios prehistóricos (Chaix y Meniel 2005; Mengoni Goñalons 1999, entre otros) e históricos (Landon 1996; Silveira 1995, entre otros). El conjunto estudiado proviene de casi todas las áreas excavadas y/o unidades de recolección de superficie realizadas en el sitio. El NSP total recuperado es de 1233 especímenes el que incluye piezas dentarias y restos de malacofauna. Los resultados presentados corresponden a los restos de las cuadrículas I, IV, V, VI, VII, VIII y IX de trabajos de campo entre 2000 y 2008, que se encuentran en lo que sería el área de la batería Brown (Piccirelli *et al.* 1973). El total de restos de este conjunto tiene un NSP de 436 especímenes óseos, piezas dentarias y malacofauna (enteros, fragmentos y fragmentados) de los cuales el 48% (208) se identificó taxonómicamente y el 52% (228) son fragmentos indeterminados. De acuerdo al tamaño (< 5 cm) los fragmentos fueron clasificados como indeterminados. Como no presentan zonas diagnósticas no se los pudo asignar a ningún nivel taxonómico ni anatómico y fueron discriminados según tamaño y estado de preservación obteniéndose los siguientes resultados: 211 fragmentos (93%) eran < 2 cm; 17 fragmentos (7%) tienen entre 2 y 4 cm; el 89% (202 restos) exhibe buena preservación y sin alteraciones; el 11% (26 restos) están termoalterados (quemados, carbonizados o calcinados) con el 92% (24 restos) carbonizados en su totalidad. A los fragmentos reconocidos se los identificó taxonómicamente. Una vez identificados por taxón se estableció su abundancia taxonómica a través del método de cuantificación NISP (núm. de especímenes óseos identificados por taxón) y NISP con huellas. El reconocimiento taxonómico se realiza a diferentes niveles: especie y género, orden y clase (Tabla 1).

TAXONES	Nombre común	NISP	NISP con huellas
Ovis aries	Ovino	1	-
Dasipodidae	Armadillos	2	-
Mammalia indeterminada	Mamíferos indet.	104	18
Rodentia	Roedores	52	1
Avifauna	Aves	6	-
Ictiofauna	Peces	15	-
Reptilia	Reptiles	6	-
Malacofauna	Moluscos	22	-
TOTAL		**208**	**19**

Tabla 1. Identificación taxonómica con frecuencias de NISP y NISP con huellas

Los restos reconocidos de manera amplia como *Mammalia indeterminada* se han diferenciado en tres tipos de acuerdo al tamaño de los fragmentos: grandes (porte de caballo o vaca), medianos (porte de oveja o perro) y chicos (porte de mulita o roedor chico). Los porcentajes en cada una de estas categorías son mamíferos grandes, 86% (89 fragmentos), mamíferos medianos, 12% (13 fragmentos) y mamíferos chicos, 2% (2 fragmentos). Los mamíferos grandes son los restos que presentan la mayor frecuencia de huellas del conjunto.

Se registró un 9% (19) de especímenes óseos con huellas en este conjunto arqueofaunístico. Los tipos fueron de aserrado (17 restos), cortado (1 resto) y raspado (1 resto).

El tipo de aserrado (según su morfología y características macroscópicas) a partir de su comparación con muestras experimentales (Lanza 2008a, 2010a) se han diferenciado dos tipos, las que estarían indicando el uso de una sierra eléctrica (5%) y una sierra manual (95%) (Figura 5). La huella de corte y raspado presenta una impronta delgada de instrumento con filo similar al de un cuchillo. Las huellas de aserrado ubicadas en la parte mesial de costillas y diáfisis de mamíferos indeterminados grandes y medianos —seccionando los huesos— indicarían actividades de trozamiento que se relacionarían con la preparación de comidas.

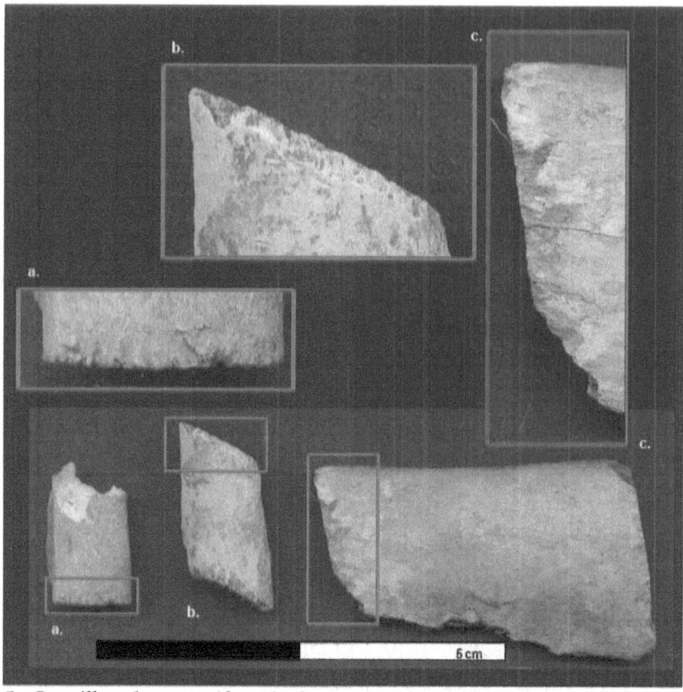

Figura 5. Costillas de mamífero indeterminado grande de las cuadrículas VIII (a), I (b) y V (c) con huellas de aserrado manual. Véanse las improntas por uso de sierra manual o serrucho

Los resultados que se están obteniendo del análisis zooarqueológico del sitio VdeO presentan el siguiente panorama: en prácticamente todas las áreas excavadas del sitio se han hallado restos arqueofaunísticos, excepto en la cuadrícula III, que era un montículo defensivo en el monte y en una de las transectas de prospección de la zona de la playa (Lanza 2010 b). La mayor frecuencia de restos de fauna se encuentra en la batería General Brown. Representa el 49% (605 restos); en las prospecciones del campamento es de 41% (503 restos). Entre los restos de fauna identificados tenemos los mamíferos indeterminados grandes y medianos que son el taxón con mayor frecuencia y los que presentan huellas de procesamiento (aserrado y corte). Esto nos permite inferir que son restos de comida y, por el tamaño, podría tratarse de vacunos y/o equinos en el primer caso y de ovinos en el segundo. Para reforzar el argumento de que estos restos podrían ser producto del consumo alimenticio de las tropas argentinas, contamos con información obtenida de la consulta de documentos escritos. La Dirección de Cultura de la Municipalidad de San Pedro publicó durante el año 2010 varias cartas del Museo y Archivo Histórico de San Nicolás y notas inéditas del General Lucio Mansilla, sus Comandantes y el

Juez de Paz de San Nicolás entre los meses de julio a diciembre de 1845. Las cartas mencionan algunos datos que harían referencia a aspectos de la alimentación de las tropas argentinas. En la carta N° 61 del 17 de noviembre de 1845 firmada por el comandante Juan José Obligado hace un pedido al Juez de Paz de San Nicolás que le envíe varios artículos *"que son de urgente necesidad…" "dos serruchos de trosar".* También hay varias cartas donde se piden yeguas para el consumo de la división, pero en estos casos son para enviar a El Tonelero, por ejemplo la carta 13: *"Para el consumo y atenciones de la División que se organiza en este campamento remitirá Ud. yunta de yeguas",* firmada por Lucio Mansilla y dirigida al Juez de Paz de San Nicolás con fecha del 24 de julio de 1845.

Estos datos de los documentos escritos nos dan información sobre el uso de serruchos para el trozamiento de los animales —incluyendo yeguas— para consumo alimenticio. La mayor frecuencia de restos óseos con huellas fueron identificadas principalmente en mamíferos grandes indeterminados, los cuáles pueden ser tanto vacuno como equino. Con respecto a la morfología de la huellas de aserrados su impronta indicaría el uso de un instrumento con un filo similar al de una sierra manual o serrucho. Además a partir de la ubicación de las huellas en los huesos se podrían inferir actividades de trozamiento para la preparación de comida, por ejemplo guisados, debido a la presencia de fragmentos de diáfisis de huesos largos de mamíferos grandes indeterminados y el típico corte de costillar indicado por el hallazgo de costillas mesiales de mamíferos indeterminados grandes. Éstos últimos no necesariamente tienen que ser asados, ya que no hemos hallado muchas evidencias de termoalteración, pero pueden ser cocinados en ollas como guisados o en "puchero". Pero aquellos huesos también de mamíferos grandes termoalterados pudieron ser producto del asado de la carne. Aunque para aseverar que estos restos son descartes de comida de las tropas sería una evidencia directa el hallarlos en un contexto de basurero con otros elementos, por ejemplo en el área del campamento y no en forma aislada como han sido recuperados en este sector del sitio.

Los metales

El total de objetos de metal, enteros y fragmentados, suman 1236 y pertenecen a las cuadrículas contiguas I, II, IV, V (extensión sur), VI, VII, VIII, IX y a distintos sondeos del sitio. Algunos de ellos estarían vinculados directamente a la guerra como el caso de los proyectiles de cañón de diferentes calibres; fragmentos de proyectiles que presentan parte de la rosca en donde se ubicaba el detonador; un detonador de bomba explosiva (Figura 6a); dispositivos de armas de fuego, elementos de plomo derretido (Figura 6b). Otros objetos del siglo XIX relacionados con el conflicto bélico son clavos de sección cuadrangular de variados tipos y dimensiones, fragmentos de barras de hierro, dos cuñas de grandes dimensiones, un tenedor, tornillos, una cadena con traba para un baúl o cajón, bisagras, entre otros hallazgos. En este conjunto se destacan clavos con adherencias rojizas —10 %— distribuidas heterogéneamente en el cuerpo y la cabeza. En ciertos casos estarían asociadas a termoalteración por temperatura, en otros parecerían restos de pintura.

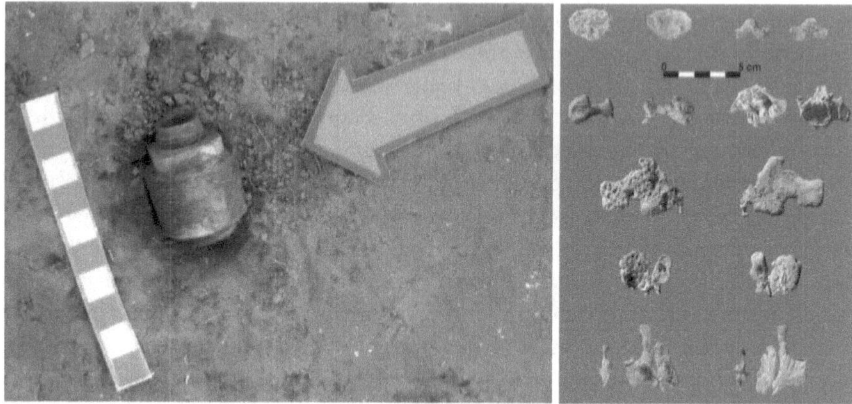

Figura 6a (izquierda). Detonador de bomba explosiva europea. Figura 6b (derecha). Conjunto de objetos de plomo derretido fundido hallados en las excavaciones. Algunos contienen partículas de carbón. Foto de Mabel Fernández

El mayor porcentaje de objetos metálicos pertenece a clavos de diferentes tipos que se asignaron con cronología aproximada considerando su forma y sección. Los clavos de cuerpo cilíndrico pertenecerían al siglo XX (comenzaron a fabricarse en Argentina durante la década de 1890); los de sección cuadrangular, pertenecientes al siglo XIX, corresponderían a la batalla, única ocupación criollo-europea durante ese período en el sitio. En la cuadrícula I se hallaron restos de plomo fundido junto a maderas quemadas y sedimento termoalterado, asimismo pozos e improntas de explosiones. Los plomos derretidos no tienen una forma definida por lo que no es posible reconocer a que artefactos pertenecen; sin embargo permite asociarlos con fuego, probablemente por incendio. Algunos de estos restos contienen partículas de carbón atrapados en su matriz, resultado del proceso de derretimiento y enfriamiento. El plomo fue usado como material básico para fabricar proyectiles y tiene un punto de fusión muy bajo, cerca de 328° C.

Los objetos de metal están enteros en su mayoría (70 %) y el mayor porcentaje pertenece a clavos de sección cuadrangular con una longitud de entre 17 a 133 mm. La gran variedad y cantidad indicaría que fueron empleados para diferentes usos durante el siglo XIX. La distribución espacial de clavos (algunos con coloración rojiza) asociados a maderas quemadas de los sectores 9 y 7 de la cuadrícula IV, permiten suponer que fueron afectados por fuego u otros agentes en un único evento. Los objetos presentan un alto porcentaje de oxidación (78 %), y cada uno tiene corrosión en alrededor del 70 %. La intensidad de la corrosión podría considerarse como media, permitiendo distinguir las formas de los objetos.

Los vidrios

El total de fragmentos vítreos de las excavaciones entre los años 2000 y 2010 suman 864 y 2 objetos enteros: un frasco traslúcido de 5 cm de alto y una bolita (canica). Los vidrios hallados en excavación se caracterizan por estar muy fragmentados (< 5 cm), con escasa presencia de rasgos diagnósticos. La mayoría corresponde a botellas de bebidas alcohólicas.

Zona	Posible cronología	Cantidades	Porcentaje
Barranca	Siglo XX	46	7
	Siglo XIX	110	17
	Indeterminado	75	12
Bosque	Siglo XX	10	2
	Siglo XIX	206	33
	Indeterminado	186	29
Total		633	100

Tabla 2. Cantidades y porcentajes de vidrios discriminados por zonas

En recolecciones de superficie efectuadas en las playas se levantaron 1155 fragmentos (Helfer 2004; Ramos *et al.* 2003, 2006). Estos objetos presentan pátinas, adherencias y, en general, rodamiento por acción del agua; tienen mayor integridad que los hallados en estratigrafía los que habrían sido afectados por pisoteo y pateo antrópico o por explosiones durante la batalla. En la cuadrícula V, contigua a la cuadrícula I y IV que corresponden a la batería Brown, se halló un fragmento de vidrio de botella de sección cuadrangular, color verde oscuro, que presenta burbujas. De acuerdo a las características de los alveolos se determinó que la pasta vítrea corresponde al siglo XIX. En parte de su superficie presenta cambio de coloración (turquesa) y textura que indicaría calentamiento por alta temperatura. Del total de fragmentos de vidrios hallados en excavaciones el mayor porcentaje pertenece al siglo XIX (41 %) y al siglo XX (18 %), aunque debido a la ausencia de zonas diagnósticas y lo fragmentada de la muestra hay un alto porcentaje indeterminado (41%). El conjunto de vidrio se encontró en dos zonas definidas: 1. sobre las barrancas y núcleos de la batalla y 2. en zona de monte (a unos 200 m), el área del campamento. El porcentaje mayor de vidrios se encuentra en el monte (64%) respondiendo a las expectativas sobre esta área de actividad. Allí se espera mayor porcentaje y variabilidad de vidrios del siglo XIX y menor fragmentación (como el frasco de vidrio y la bolita). En la zona de baterías la frecuencia de hallazgo es menor y los fragmentos son de menores dimensiones.

Por las características del conjunto vítreo resulta muy difícil distinguir entre fragmentos con manufactura de primera y segunda mitad del siglo XIX, porque un mismo tipo de botella tenía una distribución en un período de varias décadas.

La cerámica criollo-europea

La muestra analizada hasta el momento corresponde al material de la campaña de excavación de noviembre de 2008, cuando se halló la mayor cantidad de esta cerámica en el sitio. La muestra cuenta con 430 fragmentos y está compuesta, en líneas generales, por gres, Whiteware, Pearlware, cerámicas utilitarias y botijas de aceite (Schávelzon 2001; Schávelzon *et al.* 2011).

Una característica que se repite en todos los tipos de cerámica es el alto grado de fragmentación, lo que parecería corresponderse con las consecuencias de la batalla. La poca variedad de tipos cerámicos podría estar asociada con el contexto específico de la batería, en donde es destacable la presencia de gres, que en el 95,54% de los casos corresponde a contenedores para ginebra; el resto son envases de cerveza.

En cuanto a la Whiteware, la gran mayoría de los fragmentos con decoración poseen el mismo diseño fitomorfo con pétalos y ramaje en rojo granate y negro, con la presencia de pocas formas distintas, entre ellas planos y tazas, las que se pudieron identificar. Por otra parte, la Pearlware está muy poco representada y también aparecen algunos fragmentos con la decoración mencionada, lo que refuerza la idea de que la vajilla era remplazada en función de los temas decorativos y no tanto por su calidad.

Además, la alta presencia de cerámica utilitaria de pasta roja, de la que se identificaron varios tipos de recipientes, constituye uno de los aspectos más significativos, pues esta debió ser la utilizada por la dotación de las fuerzas argentinas, no obstante su presencia está aparejada con la loza. Un fragmento de cerámica con pasta ligeramente más clara y de mala factura podría indicar la presencia de recipientes de producción nacional, aunque la muestra es muy escasa.

Los restos de botija de aceite, como tipo cerámico, incluye no solamente la aparición de botijuelas, sino también de otro tipo de vasija del mismo material que eran reutilizadas comúnmente en el siglo XIX. En general los objetos estudiados coinciden con la cronología de la batalla, con excepción de dos fragmentos de ladrillos del siglo XX que fueron recolectados en superficie. En la Tabla 3 se resumen los hallazgos.

Tipo	Cantidades absolutas	Porcentajes
Gres	112	26,05
Whiteware	148	34,42
Pearlware	10	2,33
Botija de aceite	35	8,14
Cerámica de pasta roja	122	28,37
Cerámica de pasta naranja	1	0,23
Ladrillo	2	0,46
Total	**430**	**100,00**

Tabla 3. Cantidades absolutas y porcentajes de los tipos cerámicos

La cerámica indígena

Previamente a la instalación de las defensas para la batalla, en la zona en donde actualmente se encuentra el sitio hubo ocupaciones indígenas. Estos grupos habitaron el área costera del Río Paraná durante un tiempo aún no precisado, dejando artefactos de cerámica, lítico y restos faunísticos. En las excavaciones y recolecciones de superficie en costas y barrancas hallamos fragmentos de cerámica que se encuentran en estudio. Se presentan resultados del análisis de poco más de 2000 fragmentos hallados hasta el año 2006. La mayoría, 1571, fueron ubicados en excavaciones y el resto, 467 fragmentos, en recolecciones de superficie, sobre todo en playas.

En cuanto a la cerámica indígena se evidencian dos grandes grupos: 1. conformado por material de menor tamaño hallado en las cuadrículas excavadas estratigráficamente y 2. compuesto por fragmentos de dimensiones mayores, recolectado en superficie de las playas sur, centro y centro-sur junto a otro material de una cueva de la playa sur y el hallado en la zona de las baterías Almirante Brown y Restaurador Rosas, además del camino que actualmente las comunica. La diferencia de tamaños entre ambos conjuntos se explicaría por el lugar en que fueron hallados los materiales: el de las cuadrículas se asocia a otros objetos criollo-europeos del área considerada como núcleo de la batalla, conformando un palimpsesto. Por otro lado, el material hallado en superficie en las playas responde a un contexto secundario provocado por el ascenso y descenso del nivel del río. Este material no se encuentra en la zona de mayor impacto de proyectiles y, por ende, presenta menor fragmentación, al igual que el hallado en superficie en zona de baterías y camino, como resultado de los procesos postdepositacionales causados por la acción pluvial y el eventual pateo y pisoteo humano y animal.

Por otra parte, se analizó el estado de cada pieza respecto del redondeado de sus bordes (rodado): el 62,6 % de la cerámica indígena hallada en excavación lo presenta, mientras que en las playas ese porcentaje aumenta hasta casi el 90 %. El alto porcentaje de rodamiento se debe sobre todo a la acción del río Paraná, de pisoteo y pateo. La primera causa incidió sobre la pieza desde su abandono hasta el momento de hallazgo, mientras que las otras causas acontecieron durante el contexto sistémico y luego en el contexto arqueológico (*sensu* Schiffer 1990). Así las consecuencias de la batalla habrían contribuido a la transformación de los fragmentos.

Otros hallazgos

También se encontraron restos de maderas termoalteradas de una variedad de ñandubay (*Prosopis affinis*). Cavados en la *plancha de tosca*, acumulación de carbonato de calcio compactado con marcado grado de endurecimiento (Giai y Visconti 2002), se ubican 12 hoyos para postes dispuestos de forma de semicírculo (de aproximadamente 0,20 m de diámetro por 0,45 m de profundidad); también existen 5 improntas rectangulares, de 0,05 m de profundidad por 0,30 m de ancho y unos 3 m de largo y otras de menores dimensiones, en donde se habrían ubicado tablones para asentar cañones. Además se encontró un pozo cuadrangular de 1 m de lado y 1 m de profundidad —con 2 estacas de hierro macizo clavadas en su centro— que tiene a cada costado 2 pozos circulares de menor diámetro y profundidad; también 2 manchas circulares de sedimento termoalterado, posiblemente improntas de explosiones.

Evaluación general

Los principales problemas mencionados se potencian mucho más cuando la ocupación y el uso de un lugar, luego sitio arqueológico, no corresponden a eventos de la vida cotidiana que transcurre en forma pacífica sino a cuestiones bélicas en donde se emplean barcos artillados y baterías costeras que disparan constantemente, además de infanterías y animales en continuo movimiento. Vale recordar que antes de la batalla de VdeO los artefactos que componían las baterías y los campamentos presentarían una distribución ordenada y organizada, según los reglamentos y la planificación militar como ocurría en los campamentos y defensas militares de mediados del siglo XIX. Durante la batalla ese ordenamiento y distribución fueron afectados por las consecuencias del cañoneo, disparos de armas manuales y cargas de caballerías e infanterías. Como otro conjunto se debe sumar los objetos de anteriores ocupaciones indígenas, ya removidos durante la instalación de las baterías y el campamento militar. En todas las acciones bélicas intervinieron varios miles de combatientes, que al moverse produjeron pisoteo, pateo y eventual fragmentación de objetos. Es decir, la dinámica de la actividad humana individual y grupal alcanzó niveles complejos. Como consecuencia de esa dinámica también las asociaciones de los objetos en los estratos no reflejan exclusivamente las conductas durante el momento de la batalla, sino que dejan como resultado zonas de palimpsesto.

Una de las asociaciones más recurrentes en el sitio es la que se da entre artefactos de metal (clavos, fragmentos de chapas, de bombas, etc.), restos faunísticos hallados en la batería Brown (bastante íntegros), fragmentos de vidrio, tiestos de loza europeo-criolla con cerámica y artefactos líticos indígenas. Esto se explica porque los combatientes que construyeron las defensas, desde agosto hasta noviembre de 1845, emplearon palas, azadas, mazas y otros instrumentos para hacer pozos y enterrar postes, para construir los parapetos, trincheras, terraplenes y zanjeos y para realizar otras tareas de remoción de tierra. Esta actividad puede verse:

1. en el semicírculo compuesto por pozos circulares; las improntas rectangulares cavadas a pala con la probable finalidad de contener tablones que soportaban los cañones; otra impronta cuadrangular de 1 m de lado y un pozo rectangular de más de 1 m de profundidad junto a otros dos circulares. En estas actividades se removieron sedimentos que contenían artefactos y estructuras de los indígenas que ocupaban anteriormente el lugar;
2. cuando se produce la batalla, el día 20 de noviembre de 1845, muchos proyectiles europeos de distinto calibre y poder impactan en las baterías y en su proximidad. Las explosiones remueven el sedimento constituyendo nuevas asociaciones entre objetos (correspondientes o no al evento militar). Así en las excavaciones se hallan en relación de proximidad (asociación) metales, vidrios y otros objetos de la batalla junto a cerámica y artefactos líticos indígenas.

En este tipo de sitios, otra de las cuestiones que se debe considerar es la integridad de los objetos intervinientes en el campo de batalla. La mayoría de ellos pueden estar afectados y encontrarse sólo partes, fragmentados por las explosiones, los disparos, la lucha cuerpo a cuerpo y el pateo y el pisoteo de hombres y animales. Esto podría interpretarse sobre la base de la composición y distribución del registro arqueológico hallado en las cuadrículas. Asimismo llamamos *núcleos de la batalla* a aquellos lugares en donde se desarrollaron intensas actividades bélicas, motivo por el cual dejaron como resultado densidades mayores de objetos y estructuras en relación con otras áreas del sitio. Estas diferencias deben ser vistas en el sitio arqueológico como *concentraciones* de material —"manchas" más densas— entre hallazgos puntuales o *dispersiones* de material. Si consideramos concentraciones y dispersiones arqueológicas, los núcleos de la batalla estarían entre los primeros. Sin embargo, no es sencillo determinar que cantidad aproximada de objetos separa una de otra categoría. Por otra parte, en las playas del río Paraná Guazú se presentan distintas cantidades de material arqueológico dependiendo del momento de la recolección, ya que esto es modificado por las características e intensidad de las corrientes del río, el caudal de agua, el paso de grandes embarcaciones y las olas generadas.

Estos son algunos problemas que presenta el sitio VdeO. Especialistas europeos, por ejemplo Quesada Sanz (2008), hallaron dificultades similares a las del sitio respecto de frentes y fondos, el tamaño del campo de batalla, la visibilidad y movimiento de las unidades, las perturbaciones que producen los monumentos y el turismo.

En este tipo de sitios rurales, en donde se construyeron durante 3 meses varias estructuras vinculadas a la defensa del lugar, se deben considerar en primera instancia las características geo-ambientales. Así cobran suma importancia: 1. la forma del Río Paraná y la dinámica que presenta en el área; 2. las barrancas y playas; 3. el monte cerrado y algunas zonas de playa (de bajísima visibilidad arqueológica). Todos estos sectores del paraje VdeO fueron afectados por la actividad humana en relación con la disposición de estructuras de defensa, campamentos y luego por la actividad de la batalla. En 1845 se allanaron a pala y azada las zonas con desniveles naturales para montar las baterías, por eso los hallazgos se encuentran en el contacto de las capas humus-tosca o directamente sobre la plancha de tosca (nivel cementado por carbonato de calcio). Con esto se buscaba buen apoyo para las estructuras que sostendrían los cañones. Además se hicieron trincheras, terraplenes y se despejaron áreas del monte para instalar el campamento y despejar zonas que permitieran avizorar mejor el río y apuntar los cañones sin descubrir las defensas. Todas estas tareas de defensa incluyeron remoción de sedimentos y la construcción de un paisaje antrópico. El desplazamiento lateral y/o vertical de los objetos arqueológicos se produjo por causa de diversos agentes en el sitio. Algunos, por actividad humana durante la conformación de las defensas en el lugar, otros por causas de la batalla y efecto de explosiones, pateos y pisoteos. Finalmente otros por el resultado de la actividad de agentes humanos que actuaron luego de la depositación original de objetos y estructuras (recolección de vecinos, movimientos de tierra para hacer monumentos y monolitos en el siglo XX o actividad de pescadores y saqueadores).

Sobre la base de los datos aportados por las fuentes de información consideramos que:

1. el registro arqueológico en tres zonas del sitio (playas, barrancas y monte) se presenta como un primer elemento ordenador para evaluar si estamos frente a zonas de alta o baja densidad artefactual (con material concentrado o disperso);
2. se habría ubicado la estructura principal del hospital de campaña (resta su excavación);
3. los tipos y densidades de hallazgos del monte indicarían que ubicamos el área del campamento, lugar de la ocupación más prolongada;
4. los tipos de objetos recuperados y sus densidades hasta el momento

son: en playas, 0,49 por m²; cuadrículas I-XII, 24,5 por m²; monte, 50,05 por m², lo que nos permite considerar actividades vinculadas al evento bélico pero de distinto tipo (actividad de las dotaciones de las baterías en el frente de batalla, enfrentamientos en distintos lugares próximos a las baterías, actividades en el campamento, etc.) y con la intervención de diferentes artefactos;

5. los tipos y la distribución de los hallazgos permiten la ubicación de una batería. Para ello fue muy importante la identificación de las improntas que quedan de las estructuras y que indicarían la ubicación de la batería Almirante Brown. Esto se manifiesta a través del semicírculo de huellas de poste que habrían servido para conformar una empalizada y otros pozos aislados que podrían haber contenido postes para mástiles de banderas (como figuran en el plano de Sulivan). También forman parte de estos negativos, las dos improntas de explosiones marcadas en el sedimento (al este y el sur de la cuadrícula I); pozos como el cuadrangular del norte (1m por 1m) de las cuadrículas I-IV; un pequeño fogón que habría sido utilizado para encender la mecha de un cañón que habría estado ubicado en un pozo cuadrangular cercano; las tres improntas de 0,30 m de ancho, por 2 m de largo y 0,05 m de profundidad y otras dos (una a cada lado de aquellas tres) de 0,10 de ancho, por 2 m de largo y 0,05 de profundidad cavadas en la tosca, las que habrían servido para contener las cureñas de cañones o anclar tablones de esas dimensiones. De acuerdo a estos hallazgos, positivos y negativos, podemos afirmar que estamos frente a la batería Almirante Brown. Asimismo, de acuerdo con la composición del registro arqueológico y los datos de los planos, podemos sostener la hipótesis de la ubicación del campamento, en dirección al sudeste en relación con las baterías costeras. Por otra parte en este tipo de sitios no se produjo un descarte de objetos (como en sitios de exclusiva habitación humana), salvo en sectores del campamento, sino que se vio abandonado con muchos objetos, los que podrían haber continuado su vida útil de no haberse dado las instancias de la batalla.

En síntesis, respecto de las hipótesis podemos decir que:

1. Las estructuras instaladas en sitio VdeO ocuparían una extensión mínima de 3 km de largo por 1 km de ancho, considerando la distribución de las defensas entre el Arroyo de los Cueros y el Hospital de campaña y los hallazgos del campamento detrás de las defensas costeras.

2. De acuerdo a los hallazgos y datos de los documentos escritos, las defensas y los campamentos estarían ubicados discontinuamente en varias áreas del sitio arqueológico.

3. Se confirma que los documentos escritos —incluyendo los croquis del campo de batalla— informan sólo de manera parcial acerca de muchas cuestiones vinculadas a los movimientos y actividades humanas en el lugar, ya que no brindan detalles de las construcciones defensivas.

El sitio El Tonelero (ET), Ramallo

Respecto del sitio ET, Partido de Ramallo, comenzamos la búsqueda del sitio en 2012 (Helfer y Raies MS 2012). Contábamos con algunas pocas referencias (Mackinnon 1957) que en referencia a las expectativas del registro arqueológico podrían sernos de utilidad. Nos preguntamos acerca de si sus límites coinciden con los que indican los documentos escritos y los que marcan los monolitos y otros recordatorios. Según nuestras expectativas, el sitio se ubica en un área todavía imprecisa pero próximo a la isla de ET. En el lugar ocurrieron varias batallas durante el siglo XIX, de las que se destacan la del 9 de enero de 1846 en el marco de la Guerra del Paraná y la del 17 de diciembre de 1851 con relación a la guerra que sostenían el Imperio del Brasil, los unitarios y el General Urquiza contra Rosas y la Confederación Argentina. Ambas batallas se realizaron en el Paso de El Tonelero y cronológicamente están muy próximas entre sí. En las dos se usó armamento relativamente similar y los objetos de uso cotidiano también son similares, por lo que con relación a las expectativas del registro arqueológico, resulta todo un problema diferenciar lo que podría presentarse como un palimpsesto. En abril de 2012 se halló una cantidad de 479 objetos, los que fueron ubicados empleando transectas de recolección de superficie, transectas con detector de metales y sondeos exploratorios (Helfer y Raies MS 2012). Se trabajó en las áreas en donde indica la Figura 7. Hacemos una síntesis en la Tabla 4:

Figura 7. Áreas prospectadas en el Sitio ET

Material	Cantidad absoluta	Porcentajes	Observaciones
Vidrio	97	20	Del siglo XIX y XX
Metal	153	32	Del siglo XIX y XX
Hueso	133	28	No determinado
Gres	12	3	Del siglo XIX y XX
Cerámica	9	2	Del siglo XIX y XX
Loza	59	12	Del siglo XIX y XX
Otros	16	3	Del siglo XIX y XX
Totales	**479**	**100**	

Tabla 4. Material arqueológico de las primeras prospecciones en ET

Del total de objetos hallados, la mayoría corresponden a materiales del siglo XIX posiblemente vinculados a contextos domésticos. Otros materiales, como metralla, vidrio y clavos de sección cuadrangular podrían corresponder a alguno de los conflictos bélicos desarrolladas entre los años 1846 y 1851. Continuamos realizando las prospecciones en el área durante noviembre-diciembre de 2013 (Ramos *et al.* MS 2013). Estas tareas abarcaron transectas de recolección de superficie, transectas con detector de metales y sondeos exploratorios. En 2013 se trabajó en tres (3) áreas en el campo del Señor Horacio Salazar (Figura 8). Los hallazgos se hicieron entre los siguientes puntos extremos —se usó un GPS Garmin eTrex Vista CX—: Punto 250: 33° 25´49.5" S; 60° 04´47.5" O a una altura de 71 msnm y Punto 256: 33° 25´49,8" S; 60° 04´47" O a una altura de 60 msnm. Se trabajó en:

1. un área α fue determinada por intermedio del trazado de líneas cada 5 m, denominadas con las letras A hasta la K, luego subdividida en dos de 2,50 m. En esas últimas líneas se hicieron sondeos a pala cada 5 m. En total se realizaron 90 de unos 0,40 m de profundidad cada uno; asimismo se procedió a barrer y sondear en sectores de la pendiente de la barranca en áreas contiguas, designadas como β, a las de los sondeos indicados desde la A hasta la K.
2. otra área, contigua a la anterior y en sentido SO determinada por transectas barridas con detector de metales denominada área Ω. Allí, en donde señalaba el aparato, se realizaron 52 sondeos a pala a una profundidad variable ya que se buscaba extraer el material de metal ubicado a distintas profundidades.

A continuación se muestra la cantidad y distribución de los hallazgos de diciembre 2013.

Material	Cantidad absoluta	Porcentaje	Observaciones
Vidrio	5	26,32	Del siglo XX y XXI
Metal	4	21,05	Del siglo XX y XXI
Lítico	6	31,58	No determinado
Otros	4	21,05	Del siglo XX y XXI
Totales	**19**	**100,00**	

Tabla 5. Material arqueológico de las segundas prospecciones en ET

Figura 8. Área donde se realizaron transectas, recolecciones superficiales y sondeos

En el campo del Señor Salazar, sobre la base de algunos hallazgos en superficie, se determinó una tercera área, denominada Σ (Figura 9) con las coordenadas 33° 43′97″ S; 60° 07′50″ O. Asimismo, y considerando que el sitio arqueológico tiene una extensión de varios kilómetros en forma casi paralela al Río Paraná, se trabajó en la búsqueda de otras áreas, comenzadas a prospectar en 2012, como en el campo Acacias Verdes S.A., lugar situado a unos 800 m en dirección N del Campo de Salazar y que se encuentra en contacto con el Río Paraná. También se hizo una rápida prospección en proximidad del monumento a Mansilla (según datos de informantes se supone que existiría un cementerio vinculado a las batallas de ET). En ambos lugares, por ahora, no hubo resultados positivos sobre hallazgos vinculados a dichas batallas. Como una evaluación general de los hallazgos realizados en 2012 y 2013 podemos decir que:

1) los materiales hallados en 2012 provienen de las transectas 1, 2, 3, 4, 5 S, 5 N, 9 S, 9 N y 10. La mayoría corresponden a objetos del siglo XIX y son de carácter doméstico; otros pueden asociarse a alguna de las dos batallas, la del año 1846 o la de 1851;
2) los materiales hallados en 2012 provienen de las transectas 1, 2, 3, 4, 5 S, 5 N, 9 S, 9 N y 10. La mayoría corresponden a objetos del siglo XIX y son de carácter doméstico;
3) otros pueden asociarse a alguna de las dos batallas, la del año 1846 o la de 1851;
4) en 2013 se revisaron las áreas α, β y Ω; de allí los objetos hallados corresponden en su mayoría a materiales del siglo XX y quizás, algunos, del XXI. Varios de ellos están vinculados a contextos domésticos o de trabajo;

Figura 9. Tercera área determinada, con alto porcentaje de material arqueológico

Material	Cantidad absoluta	Porcentaje	Observaciones
Loza	1	0,60	1 fragmento de ¿vajilla? blanca
Cerámica indígena	165	99,40	2 bordes, 7 pintados, 3 con engobe?, 5 con rastros de exposición al fuego
Totales	**166**	**100**	

Tabla 6. Material arqueológico de las segundas prospecciones en ET

5) en 2013 se revisaron las áreas α, β y Ω; de allí los objetos hallados corresponden en su mayoría a materiales del siglo XX y quizás, algunos, del XXI. Varios de ellos están vinculados a contextos domésticos o de trabajo;

6) el área Σ es un campo arado y recién sembrado con soja. Allí el 99,40 % de los hallazgos corresponden a tiestos de cerámica indígena. En la Figura 10 puede observarse, de manera comparativa, algunos fragmentos del material cerámico. Algunas piezas que se destacan son: 2 fragmentos de borde de vasija, 7 tiestos pintados, 3 con posible engobe y 5 posiblemente con rastros de tizne por posible exposición al fuego;

7) en estas cuatro áreas (α, β Ω y Σ) no se halló material relacionado con alguno de los conflictos bélicos desarrollados entre los años 1846 y 1851.

Figura 10. Tiestos del área Σ, Campo de Salazar. Algunos con pintura y otros decorados

Algunas conclusiones

Sobre la base de la información generada a través de unas veinte campañas arqueológicas de excavación, recolecciones de superficie y sondeos en el sitio Vuelta de Obligado, podemos decir que existen indicios arqueológicos que permiten inferir la ubicación exacta de la segunda batería denominada Almirante Guillermo Brown. Los indicios y hallazgos para sostener ese argumento serían:

1. el acondicionamiento del sedimento conocido como plancha de tosca para la construcción de las bases que permitieran montar las baterías de cañones;

2. las modificaciones del suelo de tosca para la construcción de trincheras hechas a pala;
3. el hallazgo de pozos en los que se instalaron postes de sección circular con pequeñas tablas de madera puestas perpendicularmente con el fin de construir parapetos para proteger artilleros y cañones;
4. los hallazgos de materiales —conjuntos de metal, vidrio, fauna, cerámica y loza, etc.— vinculados al evento bélico.

En la actualidad y posteriormente a las campañas de excavación de 2012, estamos hallando en una matriz de humus ubicada en otra área del sitio, maderas, metales y fragmentos de vidrio que corresponderían a restos de la primera batería denominada Restaurador Rosas. Asimismo se detectaron algunos indicios acerca del campamento de 1845 ubicado en el monte por parte de un equipo dirigido por Matilde Lanza. Por otra parte, todavía no se tienen elementos de peso como para precisar las áreas del río que contienen restos de embarcaciones hundidas como resultado de la batalla en Vuelta de Obligado.

Respecto del sitio El Tonelero, todavía no contamos con información suficiente que nos permita precisar los límites del sitio arqueológico y, hasta el momento, estamos frente a algunos hallazgos que tendrían la estructura de palimpsestos compuestos por materiales de los siglos XIX y XX.

En ambos sitios son promisorios los hallazgos de artefactos indígenas —también en estructuras de palimpsesto— los que deberíamos explicar para contribuir a la historia local de los grupos originarios que habitaron estas zonas en un tiempo todavía no precisado.

Agradecimientos

Agradecemos a Carlos Landa y Odlanyer Hernández de Lara, compiladores del libro. También a todos aquellos que trabajan en las excavaciones de los sitios de la Guerra del Paraná y en tareas de gabinete del PROARHEP como del GAM (FI, UBA) dirigido por Horacio de Rosa. Además a la Universidad Nacional de Luján por los subsidios para la investigación otorgados desde 2000.

Bibliografía

Banning, E. B. (2002). *The archaeologist's laboratory. The analysis of archaeological data.* Kluwer Academic Publishers, New York.

Bognanni, F. (2011). Estructuras líticas de Tandilia. El uso de diferentes fuentes de información en un estudio macro-espacial. *Temas y problemas de la Arqueología Histórica*. M. Ramos; A. Tapia; F. Bognanni; M. Fernández; V. Helfer; C. Landa; M. Lanza; E. Montanari; E. Néspolo y V. Pineau Editores. Tomo I: 377-388. PROARHEP, DCS, UNLu. Buenos Aires.

Chaix, L. y Meniel, P. (2005). *Manual de Arqueozoología*. Editorial Ariel. Barcelona.

Claassen, C. (1998). *Shells*. Cambridge, Cambridge University Press.

Clastres, P. (1990). *Arqueología de la violencia: la guerra en las sociedades primitivas*. Madrid: Fondo de Cultura Económica.

Equipo Argentino de Antropología Forense (EAAF) (1992). Excavando la violencia: arqueología y derechos humanos en el Cono Sur. *Arqueología en América Latina Hoy*: 160-166. G. Politis (ed.). Bogotá: Biblioteca Banco Popular.

Falquina Aparicio, Á., P. Maguire, A. González Ruibal, C. Marín Suárez, A. Quintero Maqua y J. Rolland Calvo (2008). Arqueología de los destacamentos de trabajos forzados franquistas en el ferrocarril Madrid-Burgos: El caso de Bustarviejo. *Complutum*. Vol. 20 N° 1: 153-171.

Gelman, J. (2009). *Rosas bajo fuego. Los franceses, Lavalle y la rebelión de los estancieros*. Buenos Aires: Sudamericana.

Giai, S. y G. Visconti (2002). Notas sobre el comportamiento hidrogeológico de la tosca. En *Groundwater and Human Development*. Bocanegra E., Martínez D. y Massone H. (eds.): 645-651.

Gómez Romero, F. y M. Ramos (1994). Miñana´s fortlet: historical archaeology research. *Historical Archaeology in Latin America*. Vol. 2: 15-30.

Guilaine, J. y J. Zammit (2002). *El camino de la guerra. La violencia en la prehistoria*. Barcelona: Ariel Prehistoria.

Harris, E. (1991). *Principios de estratigrafía arqueológica*. Barcelona: Editorial Crítica.

Helfer, V. (2004). Vidrios arqueológicos de sitios históricos. Análisis preliminar sobre fragmentos vítreos de la playa norte, centro y sur del sitio VdeO. *Jornadas de Historia y Arqueología de las Regiones Pampeana y Patagónica, siglos XVI al XX*. 312-323.

Helfer, V. y A. Raies (2012) Primer Informe Proyecto de Investigación El Tonelero (Ramallo, Provincia de Buenos Aires). Luján. MS.

Hernández de Lara, O. (2004). Arqueología histórica en Pueblo Nuevo: contenedores de cerveza y vino. En *1861. Revista de Espeleología y Arqueología*. Año 5, No. 2: 46-47.

Jenny, B. y A. Weber (2006). MapAnalyst. ETH Zurich: Institute of Cartography. http://mapanalyst.cartography.ch/S.

Jenny, B., A. Weber y L. Hurni (2007). Visualising the planimetric accuracy of historical maps with MapAnalyst. *Cartographica*, 42-1. 89-94.

Jones, O. R. y C. Sullivan (1985). *Glossaire du verre de parcs Canada*. Direction de lieux et des parcs historiques nationaux. Parcs Canada.

Landa, C.; E. Montanari y F. Gómez Romero (2010). Arqueología de campos de batalla. "La Verde", primeras aproximaciones (Partido de 25 de Mayo, Provincia de Buenos Aires). *Temas y problemas de la Arqueología Histórica*. M. Ramos; A. Tapia; F. Bognanni; M. Fernández; V. Helfer; C. Landa; M. Lanza; E. Montanari; E. Néspolo y V. Pineau (eds.). Buenos Aires: PROARHEP, DCS, UNLu.

Landon, D. (1996). Feeding Colonial Boston: A Zooarchaeological Study. *Historical Archaeology*. Vol. 30, N° 1.

Lanza, M. (2008a). Estudio zooarqueológico de zonas rurales y urbanas de Buenos Aires durante los siglos XVIII y XIX. *Continuidad y cambio cultural en Arqueología Histórica. Actas del Tercer Congreso Nacional de Arqueología Histórica.* Carrara M.T. Compiladora. 585-596. Escuela de Antropología. Rosario: FHyA, UNR.

Lanza, M. (2008b). Análisis zooarqueológico de sitios históricos, urbanos y rurales, en Buenos Aires. Fase experimental. Informe Final de Beca de Investigación, categoría Perfeccionamiento. Universidad Nacional de Luján, 370 pp. (Inédito).

Lanza, M. (2010a). Arqueología experimental: huellas de corte y aserrado. *Arqueología argentina en el Bicentenario de la Revolución de Mayo.* J. Bárcena y H. Chiavazza (eds.). Tomo V: 2027-2032. Mendoza: UnCuyo.

Lanza, M. (2010b). Análisis de restos arqueofaunísticos en un contexto de batalla: la VdeO. *Cuadernos de Antropología.* N° 6: 169-188.

Lanza, M. (2011). Zooarqueología de sitios históricos, urbanos y rurales, en Buenos Aires. Tesis de Doctorado de la Universidad Nacional de Luján, orientación en Ciencias Sociales y Humanas. UNLu, Luján. Ms. 815 pp. (Inédito).

Lanza, M., O. Hernández de Lara, F. Bognanni y J. Clavijo. (2013). En busca del campamento de la batalla de VdeO: técnicas y metodologías de prospección. *Arqueometría argentina: estudios pluridisciplinarios.* M. Ramos, M. Lanza, V. Helfer, V. Pernicone, F. Bognanni, C. Landa, V. Aldazabal, M. Fernández (eds.): 27-36. Buenos Aires: PROARHEP, UNLu y Aspha Ediciones.

Lanza, M., O. Hernández de Lara, S. Alanís, D. Storchi Lobos y C. Pinochet. Ms (2013). La batalla de Vuelta de Obligado: primeros resultados de las prospecciones sistemáticas en el área del campamento. *Cuadernos del Instituto Nacional de Antropología y Pensamiento Latinoamericano.* En prensa.

Leoni, J. (2009). Armar y vestir al ejército de la Nación: los artefactos militares del Fuerte General Paz (Carlos Casares, Buenos Aires) en el marco de la construcción del estado nacional y la guerra de frontera. *Intersecciones en Antropología.* Vol. 10. N° 2: 167-182.

Luque, C. (2007). Investigación pluridisciplinaria acerca de una batalla: VdeO. Un aporte desde los documentos escritos. *Actas VI Jornadas de Arqueología e Historia de las Regiones Pampeana y Patagónica.* Mar del Plata: UNMDP. CD-ROM.

Mengoni Goñalons, G. (1999). *Cazadores de guanacos de la estepa patagónica.* Colección Tesis Doctorales. Buenos Aires: Sociedad Argentina de Antropología.

Mugueta, M., P. Bayala y M. González Salguero (2002). El uso de los basurales como espacios para el faneamiento del ganado vacuno y la utilización del óseo como combustible: el caso del Cantón Tapalqué Viejo. *Arqueología Histórica Argentina.* 799-804. Buenos Aires: Corregidor.

Museo de sitio "Batalla de Obligado". Grupo Conservacionistas de Fósiles. (2010). *Correo de la Batalla. Combate de la VdeO 1845*. CD-ROM.

Piccirilli, R., F. Romay y L. Gianello (Directores) (1973). *Diccionario histórico argentino*. Tomo VI. Buenos Aires: Ediciones históricas argentinas.

Pollard, T. y I. Banks (2005). Why a Journal of Conflict Archaeology and why now? *Journal of Conflict Archaeology*. 1. I-VII.

Quesada Sanz, F. (2008). La 'Arqueología de campos de batalla'. Notas para un estado de la cuestión y una guía de investigación. *Saldvie*. N° 8: 21-35.

Ramos, M. (2009). Etnocidio y genocidio: "nosotros" y los "otros". *Ciencias Sociales. Líneas de acción didáctica y perspectivas epistemológicas*. M. Insaurralde (Coord.): 149-192. Buenos Aires: NOVEDUC.

Ramos, M., J. Socolovsky y O. Trujillo (2003). Un enfoque interdisciplinario sobre la batalla de VdeO: es posible conocer los comportamientos de estrés y terror en combate durante un evento ocurrido en 1845? *Revista de la Escuela de Antropología*: 235- 252. Rosario: FHyA, UNR.

Ramos, M., V. Helfer, S. Katabian y G. Stangalino (2006). Expectativas en el análisis espacial de un sitio histórico: electromagnetómetro y detectores de metales. *Estudios de Arqueología Histórica. Investigaciones argentinas pluridisciplinarias*. Tapia A., Ramos M. y Baldassarre C. (Comp.): 269-282. Buenos Aires. BIMCE.

Ramos, M., M. Lanza, F. Bognanni y V. Helfer (2008). La "Guerra del Paraná": VdeO como una acción del colonialismo en Latinoamérica. *VI Jornadas Nacionales de Historia Moderna y Contemporánea. Primer Foro Internacional*. Luján: UNLu.

Ramos, M., Helfer, V., Bognanni, F., González Toralbo, C., Luque, C., Pérez, M. y M. Warr. (2010). Cultura material y aspectos simbólicos: el caso de la batalla de la VdeO. *Mamül Mapu: pasado y presente desde la arqueología pampeana*. M. Berón, L. Luna, M. Bonomo, C. Montalvo, C. Aranda, M. Carrera Aizpitarte (eds.). Ayacucho: Libros del Espinillo.

Ramos, M., Helfer V. y A. Raies (2013) Segundo Informe Proyecto de Investigación El Tonelero, Ramallo, Provincia de Buenos Aires. Luján. MS.

Rizzo A., G. Ávalos y P. García Mansilla (2004). Reconstrucción histórica de la batalla de la VdeO, Partido de San Pedro, Provincia de Buenos Aires. Proyecto de Arqueología histórica y etnohistoria. *La región pampeana. Su pasado arqueológico*. 275-283. C. Gradin y F. Oliva (eds.). Buenos Aires: Laborde Editor.

Schávelzon, D. (2001). *Catálogo de Cerámicas Históricas de Buenos Aires (Siglos XVI-XX). Con notas sobre la región del Río de la Plata*. Formato CD. Buenos Aires: Fundación para la Investigación del Arte Argentino – FIAAR.

Schávelzon, D. P. Frazzi, M. Carminati y U. Camino (2011). Borrachos en la Patagonia: clasificando envases de gres y sus problemas. En *Arqueología Histórica en América Latina. Perspectivas desde Argentina y Cuba*, M. Ramo y O. Hernández de Lara (eds.): 87-98. Buenos Aires: PROARHEP.

Schiffer, M. (1990). Contexto arqueológico y contexto sistémico. *Boletín de Antropología Americana* 22: 81-93. México.

Schiffer, M.; A. Sullivan y T. Klinger. (1978). The design of archaeological surveys. *World Archaeology*, Vol. 10, No.1:1-28.

Silveira, M. (1995). Análisis de restos faunísticos en sitios históricos de la ciudad de Buenos Aires. *Historical Archaeology in Latin America*. Vol. 8.

Software MapAnalyst: http://mapanalyst.cartography.ch/

Tapia, A., H. de Rosa, C. Landa y E. Montanari (2005). Preguntas arqueológicas y respuestas metalográficas. Artefactos de metal del Fortín La Perra (1883-1885). *Actas del Primer Congreso Argentino de Arqueometría*. 51-58. Rosario: Humanidades y Artes Ediciones.

Thomas, D. (1987). The Archaeology of Mission Santa Catalina de Guale, Part 1: Search and Discovery. *Anthropological Papers American Museum of Natural History* 63, New York.

CAPÍTULO 3

"…UN REÑIDO COMBATE BIEN NUTRIDO DE FUEGO DE ARTILLERÍA E INFANTERÍA…": LA BATALLA DE CEPEDA (1859), DESDE UNA PERSPECTIVA ARQUEOLÓGICA

Juan B. Leoni, Lucas H. Martínez, María A. Porfidia y Mauro Ganem

Introducción

En este trabajo se presentan los avances en la investigación arqueológica de la segunda batalla de Cepeda, ocurrida el 23 de octubre de 1859, que enfrentó a los ejércitos de la Confederación Argentina y de la entonces separada provincia de Buenos Aires en la cañada de Cepeda (partido de Pergamino, provincia de Buenos Aires) (Figura 1). La investigación, que se halla apenas en sus comienzos, busca enriquecer las narrativas históricas de la batalla, basadas mayormente en escasos documentos escritos. A través de la indagación arqueológica se apunta principalmente a la identificación de distribuciones espaciales de materiales diagnósticos que puedan servir para reconstruir las distintas alternativas del enfrentamiento (posición y movimientos de tropas, lugares de enfrentamientos puntuales, etc.). En este trabajo nos concentramos en el análisis de un sector específico del campo de batalla, denominado Sector 1, describiendo la metodología empleada y analizando los materiales hallados, con el propósito de avanzar en la descripción de los armamentos utilizados y de formular inferencias acerca de los eventos que podrían haber producido el registro arqueológico identificado en dicho sector. A tal fin planteamos cuatro escenarios interpretativos de carácter hipotético que podrían comenzar a dar cuenta de los hallazgos realizados, así como servir de base para la continuación de las investigaciones.

Arqueología y campos de batalla

Las batallas suelen ocupar un lugar central en las narrativas históricas, jugando un rol destacado en la construcción de tradiciones, identidades y mitos

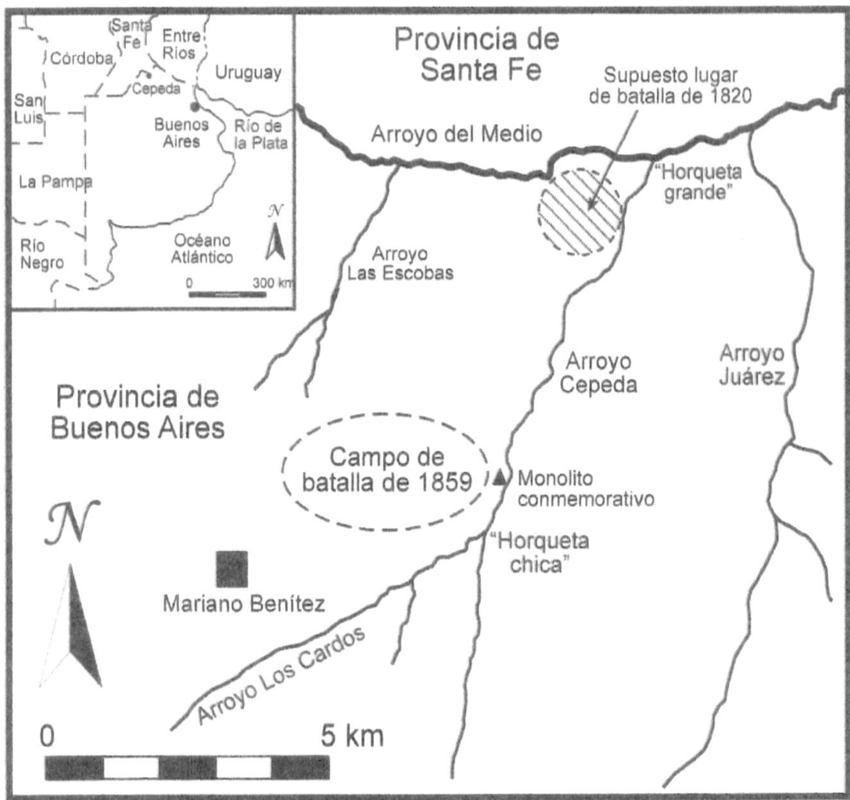

Figura 1. Ubicación geográfica del campo de batalla de Cepeda

nacionales, étnicos o políticos. Las interpretaciones históricas de las batallas tienden a enfatizar o ignorar selectivamente aspectos de las mismas, con el fin de adecuarse a ciertos discursos políticos, a los que los hechos bélicos contribuyen a su vez a otorgar legitimación histórica (Brear 1995; Linenthal 1991). Las reconstrucciones históricas de batallas suelen estar generalmente basadas en los informes oficiales de los comandantes principales, en relatos de participantes y testigos de distinta jerarquía militar, así como en otros tipos de fuentes históricas primarias y secundarias. En los casos de batallas ricamente documentadas esto permite lograr descripciones completas y detalladas, pero existen muchos casos en los que la información escrita disponible es escasa o nula, no permitiendo ir más allá de la caracterización de algunos aspectos generales. Y aún cuando la información escrita disponible es abundante, suelen existir problemas de sesgos y contradicciones resultantes de los intereses personales o políticos de los participantes, especialmente los altos comandantes. Asimismo, la percepción sensorial resulta limitada o distorsionada en este tipo de eventos, producto del cansancio y la confusión resultantes de experimentar situaciones estresantes en las que la propia vida está en riesgo; de obstáculos físicos como la topografía, el polvo levantado por el movimiento de hombres y caballos o el humo; de la perspectiva visual limitada por la posición ocupada en el campo de batalla. Todos estos factores confluyen para que, casi inevitablemente, las narrativas personales de las batallas sean por lo menos parciales, si no contradictorias (Fox 1993:9-12; Keegan 1976:35-45; Quesada Sanz 2008:28-29).

El aporte que puede hacer la arqueología al estudio de batallas pasadas es muy significativo. Si bien la arqueología de campos de batalla es un desarrollo relativamente reciente, se ha convertido en un campo floreciente. El desinterés inicial de los arqueólogos por los campos de batalla, que se basaba tanto en razones metodológicas (al carecer de una estratigrafía substancial, se los consideraba poco capaces de producir información relevante) como teóricas (al ser eventos puntuales y de corta duración no concitaban interés en el marco de los paradigmas teóricos dominantes), ha sido finalmente superado. Decenas de campos de batalla son actualmente estudiados en todo el mundo, demostrando que la arqueología puede hacer una contribución decisiva, no sólo enriqueciendo las interpretaciones históricas, sino también cuestionando o incluso contradiciendo narrativas históricas tradicionales de algunas batallas (Fox 1993; Quesada Sanz 2008:28).

El desarrollo de este campo de investigación en nuestro país ha sido más reciente, aunque existen en la actualidad numerosos trabajos y proyectos vinculados con el estudio arqueológico de distintas situaciones de conflicto (ver Landa 2013 para una revisión crítica). El trabajo pionero de Mariano Ramos en la Vuelta de Obligado (Ramos *et al.* 2011) y el estudio de la batalla de La Verde (Landa *et al.* 2011) constituyen los primeros pasos dados en esta dirección, a los que se suman nuestras investigaciones recientemente iniciadas en el campo de batalla de Cepeda (Leoni y Martínez 2012; Leoni *et al.* 2013). Sin embargo, Cepeda presenta ciertos aspectos que la diferencian de los otros casos. En efecto, se trató de una batalla campal en la que dos ejércitos de gran tamaño (para los parámetros locales) se desplazaron sobre una amplia superficie, combatiendo sin hacer uso de fortificaciones o posiciones fijas de ningún tipo (como sí ocurrió en los otros casos mencionados). Como se discute más abajo, esto dificulta notablemente el desarrollo de las investigaciones arqueológicas y la interpretación de los hallazgos realizados.

El caso de estudio: la segunda batalla de Cepeda, 1859

El triunfo de Justo José de Urquiza sobre Juan Manuel de Rosas en la batalla de Caseros (3 de febrero de 1852) abrió las puertas a la construcción definitiva de un estado nacional argentino. Sin embargo, este proceso pronto se vio obstaculizado por el surgimiento de rivalidades y antagonismos, que giraban principalmente en torno al cuestionamiento planteado por la elite liberal de Buenos Aires en relación al liderazgo de ese proceso. Esto llevó a la virtual segregación de la provincia de Buenos Aires del resto de la Confederación por casi una década (1852-1861), durante la cual se alternaron momentos de conflicto abierto y paz inestable. Hacia 1858 las tensiones se incrementaron notablemente, llevando la relación entre ambas entidades políticas a un punto de no retorno y desembocando en una guerra abierta en 1859, con la cual ambos bandos esperaban imponerse sobre sus adversarios y poner un fin definitivo a la situación. La Confederación y Buenos Aires movilizaron ejércitos y escuadras, y se prepararon para la inevitable confrontación, que finalmente ocurrió en la cañada del arroyo Cepeda (Partido de Pergamino, Provincia de Buenos Aires) el 23 de octubre de 1859. En esta batalla, el ejército de la Confederación, comandado por el presidente Urquiza, se impuso sobre el de Buenos Aires, que era liderado por Bartolomé Mitre, lo que permitió a Urquiza avanzar hasta la ciudad de Buenos Aires y negociar un acuerdo para la definitiva reincorporación de Buenos Aires a la Confederación (Pacto de San José de Flores, 10 de noviembre de 1859). Sin embargo, esta paz sería breve pues Buenos Aires pronto desconocería varios aspectos del pacto, llevando al país a un nuevo enfrentamiento civil en el que esta vez Buenos Aires se impondría definitivamente, permitiéndole liderar el proceso de construcción del estado nacional e imponer su programa liberal al resto de las provincias (Cárcano 1921; Ruiz Moreno 2008).

El desarrollo de la batalla de Cepeda se conoce por un número muy reducido de fuentes primarias, los partes de ambos bandos redactados tras la batalla. Se trata de dos partes por el lado nacional, redactados por Benjamín Victorica (secretario de Urquiza) y por Benjamín Virasoro (jefe del estado mayor del ejército) al día siguiente de la batalla (Ministerio de Guerra y Marina de la Confederación Argentina [MGMCA] 1860:189-194), y dos partes por el lado porteño, ambos escritos por Mitre, uno al día siguiente de la batalla (publicado en Carrasco y Carrasco 1897:426-428) y otro, mucho más extenso y detallado, el 8 de noviembre en la ciudad de Buenos Aires (Archivo del General Mitre [AGM] 1921:224-242). Estos documentos describen las acciones militares ocurridas en Cepeda y si bien concuerdan en los aspectos generales, muestran contradicciones en puntos específicos de la batalla. Si los partes nacionales describen brevemente la batalla presentando un claro y contundente triunfo, los escritos de Mitre detallan una serie de acciones en las que las fuerzas de infantería y artillería de Buenos Aires logran triunfos parciales sobre sus homólogas nacionales, minimizando la derrota y contradiciendo gran parte del relato nacional. Los posteriores abordajes históricos de la batalla se han basado casi exclusivamente en estos partes, confiando particularmente en el relato de Mitre para describir los aspectos específicos de la misma (e.g Best 1983; Beverina 1921; Camogli 2009; Cárcano 1921; Ferrari Oyhanarte 1909; Restaíno 2009; Rottjer 1937; Ruiz Moreno 2008). Destaca entre estos trabajos históricos el plano producido por Juan Beverina (1921), que describe las distintas fases de la batalla sobre la base del relato de Mitre (Figura 2).

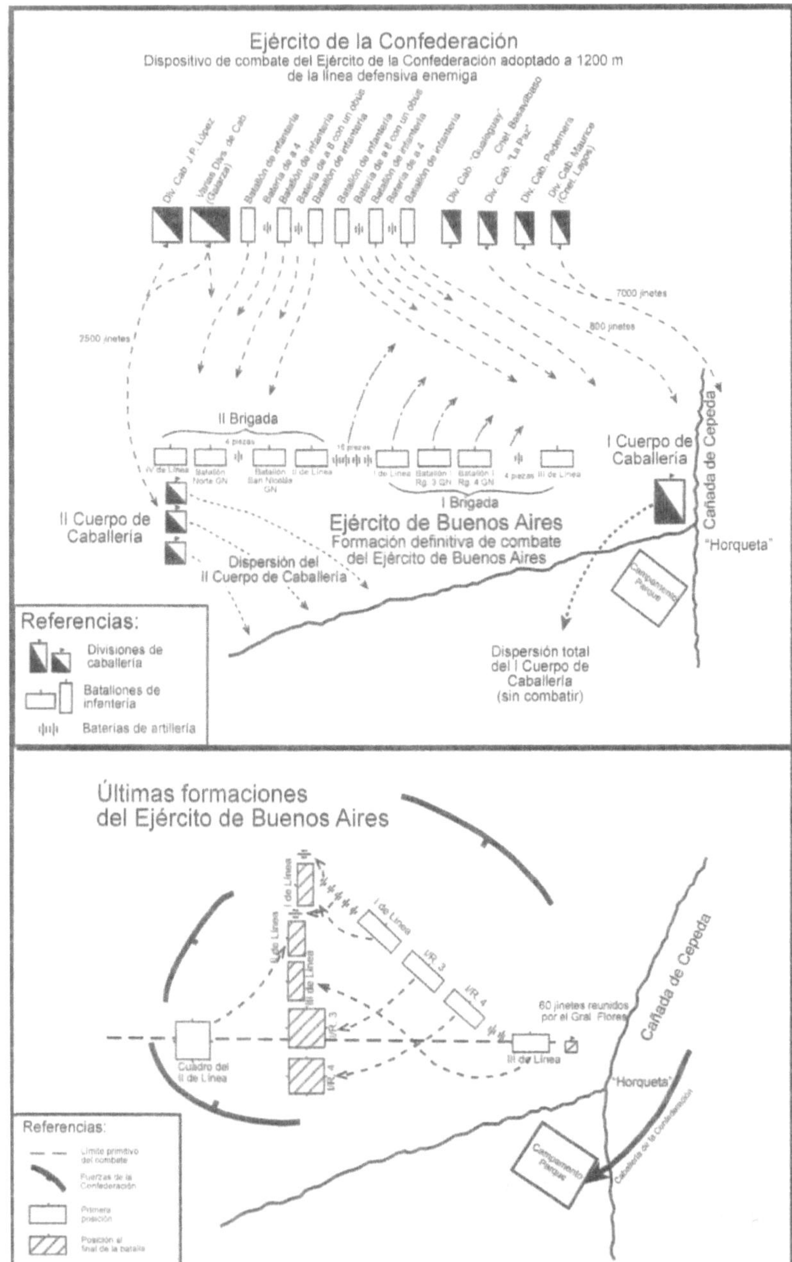

Figura 2. Croquis de la batalla de Cepeda mostrando las fases principales de la misma (redibujado de Beverina 1921: *"Carta explicativa de los métodos de combate empleados en la época de la Guerra del Paraguay. Combate de Cepeda"*)

Según los documentos, el ejército de la Confederación se componía de entre 12.000 y 13.000 efectivos, siendo su núcleo el llamado "ejército entrerriano" (o Guardia Nacional de Entre Ríos), complementado por tropas de línea nacionales, guardias nacionales de las otras provincias de la Confederación y contingentes de indios aliados (Auza 1971). La mayor parte del ejército correspondía a fuerzas de caballería (8.500-9.000 hombres); la infantería estaba conformada por seis batallones (unos 3.000 soldados) y la artillería estaba integrada por entre 30 y 35 piezas, que incluían cañones de 4 y 8 libras, obuses de calibre no determinado y coheteras Congreve. El ejército de Buenos Aires, por su parte, contaba con unos 8.000 efectivos, tanto de tropas de línea como de guardia nacional movilizada de la provincia, de los cuales aproximadamente la mitad eran de caballería. Su artillería consistía en 24 piezas, que incluían cañones de 4 libras y obuses de 6 pulgadas (AGM 1921; MGMCA 1860).

Según los partes, la batalla puede descomponerse en varios puntos principales: 1) Tras una serie de escaramuzas de caballería durante la mañana del 23, inicialmente favorables al lado porteño pero luego revertidas por el ejército confederado, Urquiza avanza con todas sus fuerzas, cruzando el Arroyo del Medio, hacia la posición de Mitre, situada en la "horqueta" del arroyo Cepeda. En esos primeros choques se produce el desbande de una gran parte de la caballería porteña. 2) Mitre plantea una batalla defensiva, para lo cual dispone su ejército formando una línea de batalla de ocho batallones de infantería y artillería intercalada, con el flanco derecho apoyado en el arroyo Cepeda; los restos de la caballería se ubican en los flancos y retaguardia de esta línea. 3) El ataque principal de Urquiza comienza recién alrededor de las cinco de la tarde, por la demora de la infantería, artillería y parque de municiones en alcanzar, en un terreno fangoso por lluvias previas, a la vanguardia de caballería. El ejército avanza con la infantería por el centro, formada en seis columnas con baterías de artillería intercaladas, y grandes contingentes de caballería formando las alas. 4) La caballería porteña en ambos flancos se desbanda completamente, prácticamente sin combatir. 5) Se produce la derrota y desbande de tres batallones de infantería en la izquierda de la línea de batalla porteña, como resultado de un eficaz ataque de armas combinadas por parte del ejército nacional. El resto de la infantería de Buenos Aires se sostiene y, según Mitre, se impone sobre varios batallones y baterías nacionales, aunque al anochecer se encuentra rodeada por fuerzas nacionales de caballería, que toman el campamento y parque del ejército porteño. 6) Mitre se atribuye el triunfo, haciendo que las bandas de música de los batallones ejecuten el Himno Nacional, pero inicia a medianoche una retirada con los restos de su ejército hacia San Nicolás, donde llega tras 15 horas de marcha. Fuerzas de caballería nacionales lo hostigan aunque sin lograr detenerlo.

Si bien estos puntos son generalmente aceptados en todas las interpretaciones históricas posteriores de la batalla (Best 1983; Beverina 1921; Camogli

2009; Cárcano 1921; Ferrari Oyhanarte 1909; Restaíno 2009; Rottjer 1937; Ruiz Moreno 2008), las discrepancias entre los relatos de ambos bandos son notorias, particularmente en relación con los eventos que llevan al desenlace de la misma. Parece fuera de duda que el ejército nacional obtuvo un triunfo importante, aunque no decisivo, porque la retirada de Mitre le permitió salvar una parte sustancial de sus fuerzas (unos 2.000 efectivos y seis piezas de artillería).

Cepeda fue el punto culminante del enfrentamiento militar entre Buenos Aires y la Confederación de 1859, determinando el triunfo de esta última. Sin embargo, no se tradujo en un triunfo decisivo, al no concretarse la destrucción completa del ejército porteño ni la captura de sus principales comandantes, y al privilegiar Urquiza la búsqueda de una solución negociada al conflicto. A un nivel puramente militar, la batalla de Cepeda marca el inicio de un cambio táctico crucial, concretado luego en la batalla de Pavón en 1861, que puso fin al predominio de la caballería como fuerza dominante en los campos de batalla de las guerras civiles argentinas. En ambas batallas quedará demostrado que una infantería numerosa, disciplinada, bien entrenada y adecuadamente equipada, actuando en coordinación con la artillería, sería capaz de neutralizar las temidas y otrora decisivas cargas de la caballería gaucha (Beverina 1921; Best 1983; Cárcano 1921; Goyret 1965; Rottjer 1937; Ruiz Moreno 2008).

Investigación arqueológica en los campos de Cepeda

Los campos de batalla son entornos de investigación muy complejos, que se alejan de la práctica arqueológica tradicional. Las batallas implican una actividad emocionalmente muy intensa aunque de corta duración y extendida sobre una amplia superficie, resultando por lo general en una escasa o nula estratigrafía. Es por esto que a los campos de batalla se los aborda y comprende mejor como "paisajes", más que como "sitios" tradicionales, reconociendo su gran escala geográfica e incluyendo tanto los aspectos físicos del terreno como sus interacciones con los seres humanos y de estos últimos entre sí (Blades 2003; Carman 1995). Suelen estar compuestos por una gran variedad de restos materiales producto de la acción bélica, así como por edificaciones y rasgos geográficos naturales que fueron utilizados o que condicionaron el desarrollo de las acciones militares. Así, un campo de batalla incluye no sólo el lugar específico donde se combatió, sino también las vías empleadas para acceder o alejarse de la batalla, los campamentos pre y post-combate, la ubicación de hospitales de campaña, tumbas individuales y colectivas, entre otros, configurando un amplio paisaje de conflicto que difícilmente puede aprehenderse bajo la noción tradicional de sitio arqueológico. Los variados componentes de un campo de batalla poseen diferentes correlatos materiales y deben abordarse con una amplia gama de técnicas de investigación arqueológicas, que van desde la prospección con detectores de metales hasta la excavación en área, según sea más apropiado para cada caso. Esto se complementa con una investigación documental paralela que implique tanto la búsqueda de materiales inéditos, como la revisión crítica de las fuentes históricas primarias y secundarias conocidas. Ambos registros, documental y arqueológico, se consideran como independientes, empleándose complementariamente (aunque en tensión) para generar interpretaciones originales, sin buscar un ajuste perfecto entre ambos ni corroborar uno en función del otro (Quesada Sanz 2008; Sutherland 2005).

Nuestra investigación en Cepeda comenzó en el año 2011, con el objetivo general de complementar y/o modificar las narrativas tradicionales de la batalla derivadas de las fuentes primarias. En un nivel más específico, la investigación busca determinar la ubicación precisa del lugar de la batalla y de lugares donde ocurrieron eventos puntuales de la misma, así como obtener evidencias del desarrollo del combate y establecer los tipos de armamentos empleados en el mismo (algo muy poco trabajado en los estudios históricos). A largo plazo, la investigación busca contribuir a la protección y puesta en valor del lugar histórico y a la creación de un museo en Mariano Benítez (partido de Pergamino), vinculándola así con la comunidad local (Leoni y Martínez 2012).

La investigación ha seguido hasta el momento tres líneas básicas: el trabajo de campo, empleando prospecciones sistemáticas con detectores de metales en sectores específicos del área general del campo de batalla; la investigación documental, apuntada fundamentalmente a relevar aspectos relacionados con el equipamiento de los contendientes; y el relevamiento y análisis de colecciones de materiales procedentes del campo de batalla en manos de coleccionistas privados e instituciones de la zona. Las tres líneas de investigación han comenzado a producir información relevante que permite profundizar en el entendimiento de la batalla, más allá de las descripciones tradicionales presentes en la mayor parte de los estudios históricos (ver Leoni *et al.* 2013). En el resto de este trabajo se presenta la investigación llevada a cabo hasta el momento en un sector específico del campo de batalla de Cepeda que parece tener relación directa con los eventos ocurridos en el extremo derecho de la línea de batalla porteña. Como ya se ha señalado, la investigación se encuentra en sus comienzos, por lo que las inferencias e interpretaciones sugeridas en este trabajo deben considerarse como aproximaciones preliminares y de ninguna manera como conclusiones definitivas.

Metodología de campo

El escenario en el que se desarrollaron los eventos relativos a la segunda batalla de Cepeda abarca, según lo que se desprende de las fuentes documentales primarias (e.g. AGM 1921:225), un área de varios kilómetros cuadrados de las provincias de Buenos Aires y Santa Fe. Sin embargo, no existen estudios previos que hayan delimitado con precisión su localización y extensión exactas.

Un dictamen producido por la Academia Nacional de la Historia a pedido de las autoridades municipales de Pergamino para la ubicación de un monolito conmemorativo de las batallas de 1820 y 1859 (Figura 1) estimaba para los campos de ambas batallas de Cepeda una superficie de unos 30 km^2, limitándose sólo a recomendar que el monolito se ubicara en un terreno que ofreciese comodidad para llegar a él, "ya que se trata de un símbolo evocativo al que es conveniente darle fácil acceso" (Rodríguez 1968:320). La localización elegida fue muy similar a la que el Instituto Geográfico Militar (IGM) había señalado con anterioridad, en base a su propia investigación, como lugar para situar la referencia geográfica de la batalla de 1859 en su Hoja 3360-32-2 (IGM 1958). En ambos casos, la localización fue amplia y estimativa, basada en los partes de la batalla, buscando primariamente señalar un punto simbólico representativo del evento, más que producir una caracterización precisa del escenario de los combates.

Aún limitando espacialmente el área de investigación al lugar donde se produjo el choque efectivo de ambos ejércitos, en territorio bonaerense, la superficie sigue siendo muy amplia. Las fuentes primarias mencionan unos pocos rasgos geográficos, que sirven como puntos de referencia para localizar el lugar donde se desarrolló la batalla. Entre estos destaca la denominado "horqueta" formada por el arroyo Cepeda y su afluente Los Cardos (Figura 1), señalada por Mitre en su relato:

> "La posición que ocupaba en Cepeda era fuerte, principalmente por el orden de formación adoptado, hallándose acampada la infantería en la Horqueta del mismo nombre, escalonada sobre el centro a retaguardia en columnas por derecha e izquierda, con las alas recogidas, apoyada la derecha en el Arroyo de Cepeda, la izquierda y retaguardia en un gajo del mismo, que forma la Horqueta; y en segunda línea, a derecha e izquierda, la caballería, dividida en dos cuerpos de ejército" (AGM 1921:225).

Sin embargo, y aún con esta valiosa descripción, la posición exacta del campamento del ejército de Buenos Aires, su posterior despliegue para la batalla y el lugar del choque con el ejército confederado, permanecen poco conocidos.

Actualmente el terreno está subdividido en múltiples parcelas privadas, dedicadas a la producción agropecuaria. Esto ha contribuido a alterar la fisonomía del entorno, con la construcción de puestos, viviendas y caminos, el tendido de alambradas y la plantación de árboles. También condiciona la investigación, que queda supeditada tanto a la disponibilidad de los campos según el momento del ciclo productivo en que se encuentren, como a la autorización de los múltiples dueños particulares.

Los trabajos de campo desarrollados hasta el momento han consistido primeramente en prospecciones generales del terreno, especialmente del área en torno a la mencionada "horqueta" y otros que según habitantes de la zona e historiadores locales tendrían alguna relación con la batalla. Luego se realizaron intervenciones con detectores de metales en varios puntos específicos. Se trata de los denominados Sectores 1 y 2, próximos al área donde se encuentra el monolito conmemorativo, y el Sector 3, distante unos 2 km hacia el oeste de los primeros (ver Leoni *et al.* 2013) (Figura 3). El propósito principal de las prospecciones con detectores de metales es el de obtener muestras espacialmente localizadas de los tipos de artefactos presentes en cada sector, intentando discernir tanto variaciones dentro de los mismos como entre distintos sectores. Se espera en el futuro complementar estas prospecciones con la excavación de sondeos exploratorios que permitan evaluar la estratigrafía natural de cada sector, así como determinar si existen o no depósitos con contenido cultural por debajo de la zona prospectada con los detectores de metales.

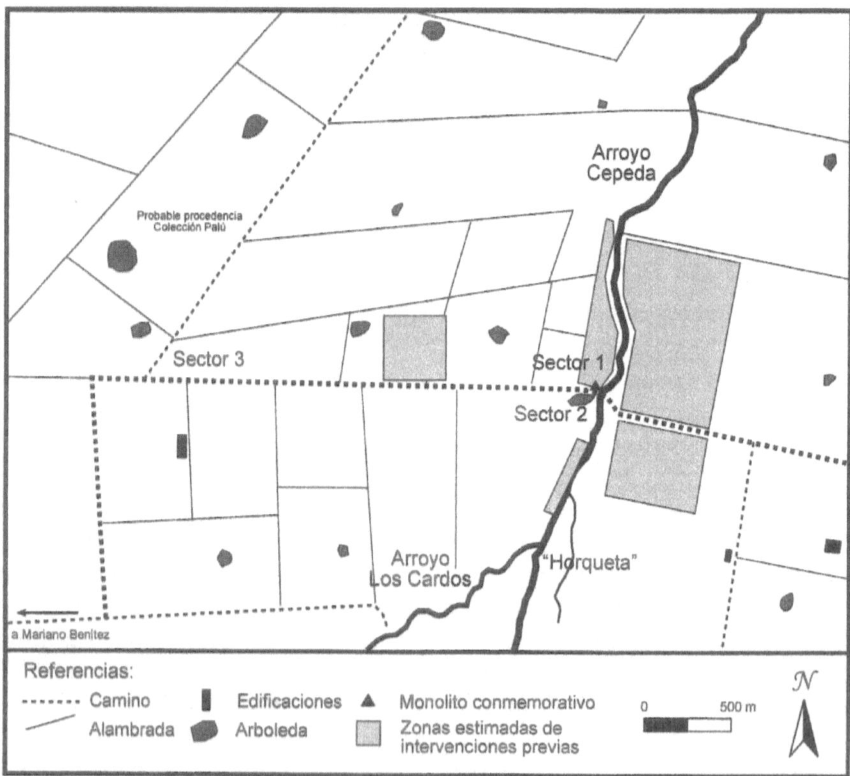

Figura 3. Sectores del campo de batalla investigados por los autores e intervenciones previas por aficionados locales

Para la definición de los sectores empleamos los límites de campos actuales. Si bien esto condiciona la investigación en cierta medida, al constituir sectores arbitrarios, predeterminados y de tamaños y formas muy variables, entendemos la finalidad de la sectorización en esta primera instancia como principalmente heurística y operativa. Es decir, los sectores funcionan básicamente como organizadores de la prospección con detectores de metales, definiendo unidades de investigación discretas y manejables dentro de un contexto espacial extremadamente extenso. Si bien las alambradas que separan lotes pueden cambiar de ubicación a través del tiempo (como resultado de cambios de propietarios o de renovación de los tendidos), tienden a permanecer en su lugar durante períodos largos. En todo caso, los límites de los sectores son georeferenciados con GPS, lo que permite controlar la ocurrencia de desplazamientos o cambios en su forma y tamaño.

Siguiendo los planteos de varios trabajos de arqueología de campos de batalla (e.g. Bonsall 2008; Scott *et al.* 1989; Smith *et al.* 2009; Sutherland 2005), el método de campo implementado consistió en la realización de barridas con detectores de metales.[1] Dado el gran tamaño de los sectores definidos, la prospección con detectores de metales apunta fundamentalmente a obtener muestras de los conjuntos artefactuales presentes en cada sector, que puedan luego compararse entre sí. Se emplearon bloques de transectas paralelas de 100 m de largo por 3 m de ancho. Cada transecta cubre, idealmente, un área de 300 m², considerando un ancho de 3 m, correspondiente a dos personas avanzando en forma paralela y cubriendo un arco aproximado de 1,5 m cada uno con cada barrida del detector.[2] Inicialmente, las transectas fueron contiguas, logrando así la cobertura total de las áreas intervenidas pero limitando significativamente la extensión de los espacios efectivamente investigados. Debido a la enorme superficie potencial del campo de batalla, nos inclinamos luego por separar las transectas a intervalos de 5 m (siguiendo a Bonsall 2008:33), logrando de esta manera muestrear una superficie mucho más amplia.[3] Tanto los puntos de origen y finalización de las transectas, como cada hallazgo individual se registran con GPS, incorporándose a una base de datos espacial general.

La profundidad de los hallazgos típicos relacionados con la batalla (e.g. balas esféricas de plomo, esquirlas de artillería de hierro) raramente excede los

---

[1] Marca Fisher, modelos CZ-7a, CZ-7aPro y 1212-X, gentilmente facilitados por el Sr. Roberto Barros, y Garrett Ace 250 de nuestra propiedad.

[2] Factores como el largo del brazo, habilidad y cansancio del operador, así como la altura y dureza de la vegetación, pueden contribuir a disminuir sensiblemente este arco ideal.

[3] Es claro que en una situación ideal la primera opción resultaría preferible. Sin embargo, las limitaciones de personal, detectores disponibles y presupuesto, sumadas a la enorme extensión del campo de batalla, nos llevaron a optar por la segunda, aunque no descartamos en el futuro volver a la primera estrategia en partes específicas del terreno que ameriten un mayor grado de cobertura.

15-20 cm.[4] Este es el rango de profundidad del suelo comúnmente afectado por el arado y otros implementos agrícolas, y se conoce con el nombre de *plowzone* o *ploughzone* en la literatura arqueológica angloparlante (Dunnell 1988) y "paquete de arada" en la bibliografía arqueológica hispana (Diez Martín 2003, 2009). Como resultado del laboreo agrícola todos los elementos de estratificación natural y arqueológica han sido destruidos en esta zona, que "…incluye tanto la superficie contemporánea (en la que el arado deposita ciertos objetos) como la parte del subsuelo afectada por las labores agrarias (por la que circulan la mayoría de los materiales)" (Diez Martín 2009:26).[5] Teniendo en cuenta esto, los artefactos recuperados en este rango de profundidad son considerados como parte de un componente estratigráfico superficial único y homogéneo. Se calcula la densidad de objetos hallados, dividiendo el número de artefactos recuperados (total o por categorías específicas) por la superficie cubierta por las barridas con detector de metales efectuadas (expresada en m^2) (ver Diez Martín 2003:52). De esta manera se dispone de un parámetro numérico para comparar las distintas áreas del campo de batalla prospectadas con detectores de metales. Cabe aclarar que al no intervenir a mayores profundidades que las mencionadas más arriba, no se está perturbando cualquier potencial contexto o estratigrafía arqueológica subyacente no afectados por el laboreo agrícola. Como ya se expresó, esperamos en un futuro próximo complementar las prospecciones con detectores de metales con la excavación de sondeos que permitan determinar con precisión las características de la estratigrafía subyacente y su eventual potencial arqueológico.

La meta fundamental del trabajo de campo es generar a largo plazo una gran base de datos espacial que registre la distribución bidimensional de distintos tipos de materiales relacionados con la batalla. Se espera que esta base de datos espacial, y en base a la presencia/ausencia y la distribución diferencial de distintos tipos de artefactos, sirva para realizar inferencias acerca del desarrollo de la batalla, que puedan ser contrapuestas a las afirmaciones expuestas en los documentos escritos. Por supuesto, la acción de procesos postdeposicionales culturales y naturales puede influir en la conformación de estas distribuciones y

---

[4] Ocasionalmente, dependiendo del tamaño del artefacto, se obtienen detecciones a profundidades mayores, como en el caso de una pava de hierro hallada a 30 cm de profundidad en el Sector 1C. Asimismo, es muy posible que objetos pequeños relacionados con la batalla (e.g. balas esféricas de plomo) que se encuentran a mayor profundidad no sean captados por los detectores empleados, actuando la profundidad de entierro como un factor introductor de sesgos en el conjunto artefactual recuperado.

[5] La profundidad afectada por el laboreo agrícola puede variar según las maquinarias empleadas y las propiedades específicas del terreno. Se acepta que esta franja suele incluir normalmente un espesor de entre 20 y 40 cm, aunque en casos especiales puede llegar hasta 70 cm (Diez Martín 2009:26-27).

por lo tanto la magnitud de su impacto debe evaluarse antes de realizar inferencias directas acerca de los eventos relacionados con la batalla.

Se reconoce que la probabilidad de encontrar armas enteras es extremadamente baja, dado que aquellas abandonadas o perdidas durante el combate serían recuperadas por los vencedores luego de la batalla. Salvo en casos aislados, armas u otros objetos aún utilizables sobrevivirían en el campo de batalla, probablemente en áreas marginales que escaparan a la limpieza posterior del escenario del combate por los vencedores y civiles oportunistas. Lo más susceptible de hallarse, entonces, serían partes de armas rotas o inutilizadas y, sobre todo, proyectiles de artillería y de armas de fuego portátiles, así como objetos pequeños más propensos a perderse fácilmente (e.g. botones, hebillas, etc.) (Quesada Sanz 2009:27). Estos elementos, que algunos autores han denominado "pequeños hallazgos sin valor" (*non-valuable small finds*) (Bonsall 2008:29), son sin embargo cruciales para determinar la ubicación, movimientos y tipos de tropas implicadas en el combate.

Cada hallazgo individual es georeferenciado con GPS, fotografiado y guardado en bolsas con etiquetas que contienen la información de su procedencia. Una vez en el laboratorio, los materiales se someten a una limpieza inicial con cepillo en seco para retirar la tierra acumulada y facilitar su identificación.[6] El análisis e identificación de los materiales consiste en su asignación primaria a categorías generales (municiones, esquirlas, partes de armas de fuego, etc.), señalando aquellos que por sus características generales puedan corresponder a elementos empleados en el período bajo estudio. La identificación específica de cada artefacto (incluyendo el registro de sus dimensiones, material, forma, etc.) se lleva a cabo comparando con colecciones de referencia y objetos en museos, así como consultando tanto bibliografía especializada en armas y uniformes del siglo XIX como especialistas en la temática. Dado que en la batalla se emplearon armas blancas y de fuego que tuvieron amplio uso en nuestro país durante los primeros tres cuartos del siglo XIX, la asignación específica de artefactos individuales a la batalla de 1859 es en la mayoría de los casos necesariamente tentativa. Es sólo en base a la aparición de artefactos militares en grandes cantidades y formando patrones espaciales bien definidos que podemos inferir su relación con la batalla.

El Sector 1

El Sector 1 es un campo de aproximadamente 17 hectáreas de superficie, propiedad de A. Rubíes. Se localiza sobre la margen izquierda del arroyo Cepeda y limita al sur con el camino que conecta Mariano Benítez con la localidad de Acevedo. La "horqueta" mencionada en las fuentes históricas se en-

---

[6] Se espera en el futuro poder implementar un programa de limpieza y restauración especializada.

cuentra a unos 800 m hacia el sur. En el vértice sureste de este sector, junto al puente que cruza el arroyo Cepeda, se ubica el monolito conmemorativo mencionado más arriba (Figura 4). Este hecho, junto a su proximidad al camino, nos hacían sospechar que este sector podría haber sido muy afectado por la acción de coleccionistas y aficionados. Sin embargo, las investigaciones demostraron que aún persisten cantidades significativas de materiales, especialmente en su parte norte.

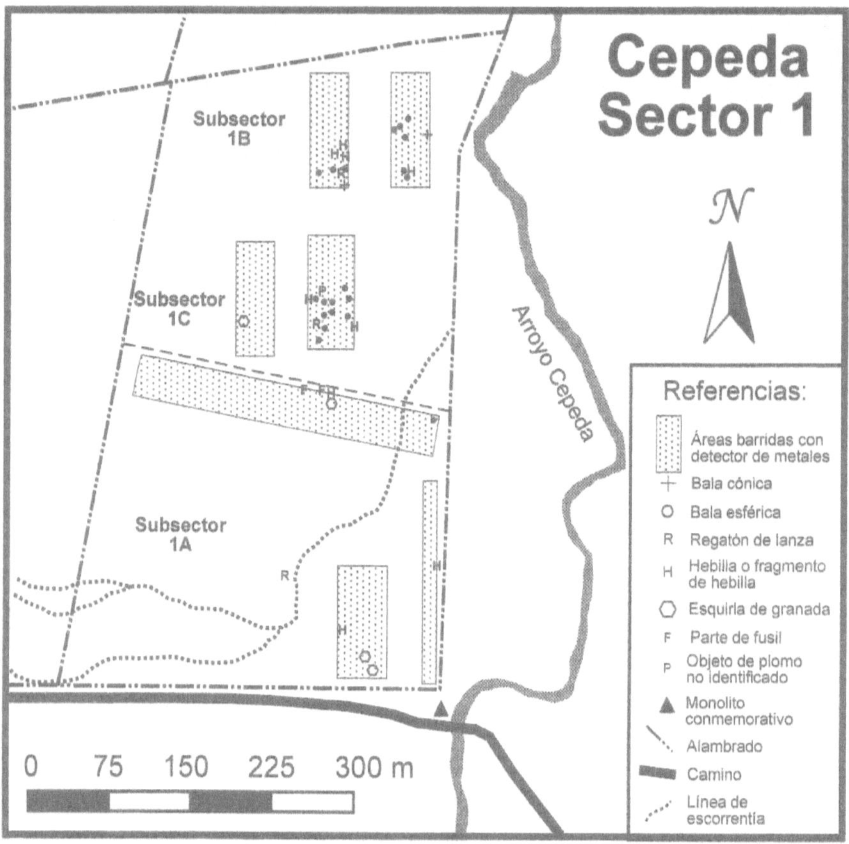

Figura 4. Sector 1, mostrando áreas investigadas y distribución de hallazgos relacionado con la batalla

El campo se ha utilizado en años recientes sólo para la actividad ganadera y está dividido en su parte central por un boyero. Para nuestras investigaciones lo subdividimos arbitrariamente en tres subsectores: A o parte sur del campo al sur del boyero; B o parte norte del lote; y C o parte central del campo

(Figura 4). La prospección con detectores de metales cubrió una superficie de 9.900 m², lo que representa alrededor de un 6% del área total del Sector 1.[7]

El subsector 1A destaca por la menor cantidad de hallazgos, algo que podría en parte atribuirse a la perturbación por intervenciones previas de aficionados. Sin embargo, el hallazgo de objetos de gran tamaño indica que si se han producido intervenciones previas, no han sido lo suficientemente sistemáticas como para alterar por completo el registro arqueológico. En conjunto, este subsector ha brindado hasta el momento: tres esquirlas de granada de obús, un regatón de lanza, una munición esférica de plomo, dos hebillas pequeñas, un muelle de percutor o "pie de gato", un portabaqueta de fusil no determinado, así como varios elementos más que si bien podrían corresponder a partes de armas, su estado de corrosión y fragmentación hace difícil su clasificación sin un proceso de restauración previo.

El subsector 1B, por su parte, ha demostrado ser uno de los más ricos arqueológicamente, habiéndose recuperado una gran cantidad de materiales posiblemente relacionados con la batalla. En efecto, en ocho transectas realizadas, se recuperaron nueve municiones de plomo esféricas de plomo, dos proyectiles ojivales, un regatón de lanza, una punta de arma blanca, cuatro hebillas o fragmentos de las mismas y el extremo de un desatascador o "sacatrapos" (ver más abajo). Asimismo, se recuperaron otros materiales que por su estado no pueden ser aún identificados con precisión y que podrían corresponder también a partes de armas u otros elementos relacionados con la batalla.

Finalmente, en el subsector 1C se hallaron diez proyectiles esféricos, un regatón de lanza, cuatro hebillas o fragmentos de las mismas y una esquirla de granada de obús pequeña. Lo más significativo de este subsector es una marcada disminución de materiales hacia el oeste (algo que también se verificó en el subsector 1B).

En todos los subsectores se halló un gran número de fragmentos de alambre, artefactos modernos como clavos, tuercas, tornillos y culotes de cartuchos de escopeta, así como elementos no identificados por su estado de corrosión y/o fragmentación. Futuros procesos de restauración, conservación y análisis permitirán determinar si hay artefactos relacionados con la batalla entre estos materiales.

Varios puntos pueden señalarse en relación a la distribución espacial de los materiales. En primer lugar, parece haber una clara concentración en la parte noreste del campo (subsector 1B), decreciendo marcadamente la densidad tanto hacia el sur como hacia el oeste (aunque esta tendencia deberá confirmarse definitivamente en futuras intervenciones arqueológicas en los sectores aledaños). En segundo lugar, los materiales hallados son variados, incluyen-

---

[7] Discriminada de la siguiente manera: Subsector A, 4500 m²; subsector 1B, 2400 m²; subsector 1C, 3000 m².

do partes de armas (regatones de lanzas, punta de arma blanca, partes de armas de fuego), elementos de uniformes y correajes (hebillas de distintos tamaños y materiales), y proyectiles de armas de fuego individuales y de artillería. En tercer lugar, la distribución de tipos de materiales no es homogénea. En efecto, las municiones de armas portátiles sólo se encuentran en cierta cantidad en la parte noreste del campo (subsectores 1B y 1C).[8] Por su parte, la distribución espacial de las esquirlas de granadas de obús de artillería no se superpone con las anteriores, ubicándose las mismas en la parte sur y central del Sector 1 (subsectores 1A y 1C). Otros materiales, como regatones de lanzas, partes de armas de fuego y hebillas de correajes de uniformes o cabalgaduras, se encuentran distribuidos por todo el sector, aunque en muy bajos números como para marcar tendencias de agrupamiento o dispersión significativas.

Elemento militares representados en el Sector 1

El material hallado en el Sector 1 parece constituir el correlato de la presencia en la zona de unidades de infantería, caballería y artillería de la época de la batalla, y puede vincularse, al menos hipotéticamente, con algunos de los eventos narrados en los partes de la batalla. Se lo describe brevemente a continuación.

Armas de fuego portátiles

Las municiones de plomo esféricas son el tipo de artefacto relacionado con armas portátiles más común en el Sector 1. Estos proyectiles eran utilizados por una gran variedad de armas de avancarga portátiles (fusiles, carabinas, tercerolas, pistolas), empleadas en nuestro país durante gran parte del siglo XIX. Eran en general utilizados por armas de cañón de ánima lisa, tanto de sistema de disparo de chispa como de percusión (conocidas en la época como "fulminantes"), que se caracterizaban por su escaso alcance y precisión. Su alcance efectivo no superaba los 50-100 m, aunque diversos autores sostienen que las tropas a la defensiva abrían fuego sobre los atacantes a distancias de hasta 250 m, buscando frenar o desordenar el avance enemigo (Costamagna 2008:42; Goyret 1965:263). La única ventaja de las armas de percusión residía en disminuir notoriamente el número de disparos fallidos, muy alto en las armas de chispa, aunque esto no redundaba necesariamente en un mayor alcance o precisión.

Existe poca información acerca de las armas que equipaban a ambos contendientes en Cepeda, no pasando de referencias muy generales en la ma-

---

yoría de los trabajos históricos. En un trabajo previo (Leoni *et al.* 2013) señalamos cómo nuestra investigación documental ha contribuido a cambiar esta situación, demostrando que el gobierno de Buenos Aires hizo un gran esfuerzo para equipar a sus tropas con armas de percusión de diversa procedencia. En efecto las *"Relaciones del Parque de Artillería de Buenos Aires"* (Archivo General de la Nación [AGN] 1859), registran la incorporación de por lo menos 3.006 fusiles fulminantes (1.201 franceses; 687 ingleses; el resto no discriminados), 1.500 carabinas fulminantes de procedencia francesa y 1.097.425 cápsulas o cebas fulminantes, durante los cinco meses previos a la batalla, aunque sin brindar mayores precisiones en cuanto al modelo y calibre de dichas armas. También se evidencia la incorporación de fusiles de percusión y cañón rayado, genéricamente denominados "rifles" o "a la Minié" (por la bala de ese nombre que disparaban), aunque tampoco se especifican modelos y calibre (AGN 1859). Estas armas marcan un real avance tecnológico y táctico, al poseer mayor alcance y precisión que las armas de cañón liso, pero el número de ellas incorporadas antes de la batalla (229 fusiles, sin discriminar modelo o procedencia) fue muy pequeño como para haber ejercido un impacto significativo en las acciones militares. Por otro lado, la información disponible para el ejército nacional es mucho más escasa, siendo muy probable que tanto las tropas de línea como las de guardias nacionales de las distintas provincias estuvieran armadas exclusivamente con armas de chispa, de modelos y calibres no determinados (Auza 1971; Leoni *et al.* 2013).

Los proyectiles esféricos hallados en el Sector 1 no muestran deformaciones significativas como las que produce el impacto contra objetos duros o tejidos blandos, presentando sólo achatamientos en los polos en algunos casos (tal vez por el golpe de la baqueta al cargarse) e indentaduras alargadas producto de golpes postdeposicionales. Oscilan en diámetro entre 16,2 y 18,2 mm, con agrupamientos claros en torno a 17,3-17,5 mm y 17,7-18,2 mm. Dos proyectiles tienen un diámetro de 16,5 mm o menor. Estos agrupamientos tienen también su correlato en relación al peso, que oscila ente 27 y 30 g para el primer grupo y ente 31 y 33 gramos para las de mayor tamaño (Figura 5).

Los proyectiles de mayor diámetro pueden corresponder a armas de 19 mm de calibre o similares. En efecto, las vitrinas del Museo de Armas de la Nación (MUAN) muestran que el ejército de Buenos Aires empleó durante el período 1852-1861 varios fusiles, tercerolas y mosquetones de origen británico, alemán y belga de percusión con calibres que oscilan entre 18 y 19 mm.[9] Las

---

[9] Por ejemplo, fusil Suhl y fusil modelo 1832 alemanes de 18 mm, en ambos casos originalmente de chispa convertidos a percusión; fusil belga modelo 1854 de 18,5 mm de calibre, de chispa convertido a percusión; y varios modelos británicos como el mosquetón sistema Paget modelo 1852 de 18 mm y la tercerola modelo 1843 de 18,5 mm, ambas de percusión, así como los fusiles modelo 1842 y 1848 convertidos de chispa a percusión y 19 mm de calibre. Asimismo,

municiones del grupo intermedio (17,3-17,5 mm) pueden corresponder también a una amplia gama de armas. Como en el caso anterior, las vitrinas del MUAN muestran para este período una gran variedad de armas de procedencia alemana, francesa, inglesa, italiana, austriaca y española con calibre en torno a 17,5 mm.[10] Finalmente, los proyectiles más pequeños pueden corresponder a armas de menor calibre, tales como carabinas o pistolas.

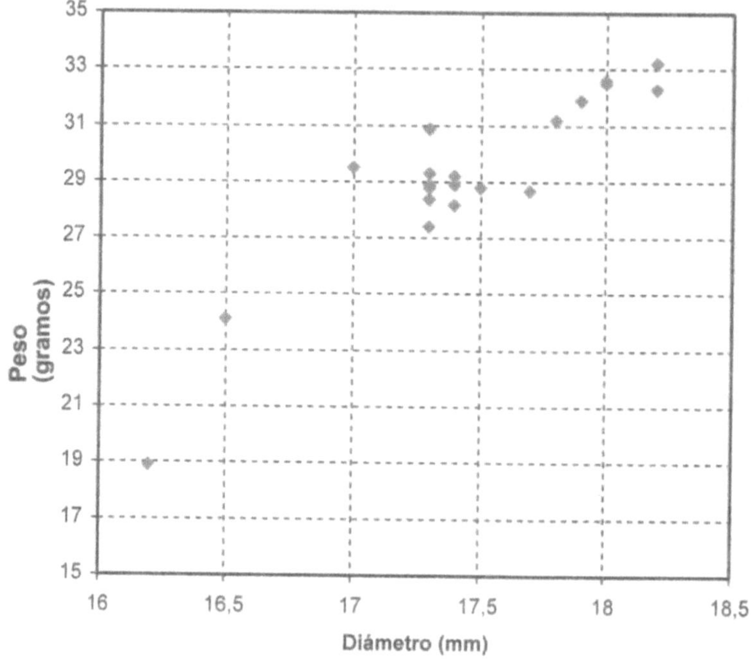

Figura 5. Dispersión de las municiones esféricas del Sector 1
según diámetro y peso

es altamente probable que todavía se emplearan en la época fusiles de procedencia inglesa tipo Tower o Brown Bess y derivados, de 19 mm de calibre.

[10] Tales como la carabina de percusión austriaca modelo 1850/60 de 17,5 mm de calibre; la tercerola modelo 1840 de 17,5 mm y el fusil modelo 1816 de 17,7 alemanes, ambos reconvertidos de chispa a percusión; la carabina modelo 1829, el fusil modelo 1847 y la tercerola modelo 1840 franceses de 17,5 mm de calibre, convertidos de chispa a percusión; la tercerola inglesa modelo 1848 de percusión y calibre 17,5 mm; el fusil italiano modelo 1833 calibre 17,5 mm reconvertido de chispa a percusión; y el fusil español modelo 1853 de 17,5 mm convertido de chispa a percusión. Asimismo, los fusiles de chispa Charleville franceses de varios modelos poseían un calibre de 17,5 mm, así como los fusiles de percusión franceses producidos después de 1840.

Sin embargo, dadas las características de las armas de avancarga, resulta dificultoso correlacionar estrictamente municiones y modelos de armas específicos. En efecto, las balas esféricas de armas de avancarga y cañón liso se caracterizaban por presentar un significativo huelgo o diferencia entre el diámetro del proyectil y el calibre del cañón, que permitía cargar las armas con mayor facilidad aunque afectando las prestaciones de las mismas en términos de alcance y precisión. Dado que este huelgo podía variar entre 1,3 y 2,5 mm (Sivilich 1996:107), prácticamente cualquiera de los proyectiles hallados podría haber sido utilizado con la mayor parte de las armas de mayor calibre mencionadas. En suma, si bien las municiones esféricas halladas pueden asignarse con certeza al período estudiado, la enorme variedad de armas empleadas en esos años, la tolerancia a la variación en el diámetro de las municiones permitida por las armas de avancarga de cañón liso, sumadas a la escasa información documental existente sobre modelos específicos de armas empleadas, hacen muy difícil por el momento ir más allá de esta generalización y atribuir los proyectiles hallados a alguno de los bandos enfrentados.

El hallazgo de dos balas ojivales merece cierta consideración, en tanto podría constituir evidencia del uso de armas más modernas de cañón rayado. Sin embargo, ambas son de diámetro reducido (9,1 y 8,7 mm respectivamente). La primera de ellas es sólida y su diámetro de aproximadamente 9 mm la identifica como una munición moderna, no relacionada con la batalla. La segunda tiene base hueca, una ranura anular y punta redondeada, que le otorgan una apariencia compatible con proyectiles de ese momento del siglo XIX. Sin embargo, su bajo calibre (8,7 mm de diámetro) es mucho menor al de las armas en uso en esos momentos y por lo tanto debemos provisionalmente considerarla como no relacionada con la batalla.

Entre los hallazgos en el Sector 1 figuran también algunas partes de armas de fuego. Éstas incluyen un muelle que permitía el movimiento del percutor de un arma de percusión o del "pie de gato" de un arma de chispa, un portabaqueta de fusil de modelo no determinado y parte de un "sacatrapos". Este último "...sirve para estraer la carga cuando no se quiere ó no puede hacer fuego, lleva en el centro una punta donde está abierta una rosca destinada á penetrar en la bala, y sobre la circunferencia dos puntas enroscadas en hélice para sacar el papel" (Chilavert 1849:49-50). Estos materiales podrían corresponder a armas inutilizadas en el transcurso del combate o después del mismo.

Artillería

Las evidencias de acción de artillería en el Sector 1 se concentran en la parte central y sur del mismo (subsectores 1A y 1C), llamativamente separados espacialmente de las concentraciones de proyectiles de armas portátiles. Se trata de cuatro esquirlas de granada de obús, de 122, 479, 480 y 504 gramos de peso respectivamente, y formas que varían entre rectangular, trapezoidal y triangular. Como se expresa en el manual de artillería escrito por Mitre (1863[1844]:20), la granada consiste en un "...globo hueco de fierro fundido con un taladro por donde se llena la pólvora y se cierra con una espoleta. Tiene hasta ocho pulgadas de diámetro y se arroja con obuses". Como se desprende de los parte de la batalla, ambos ejércitos emplearon obuses (piezas de artillería con tubo más corto que los cañones, cuyo calibre se expresaba en pulgadas) durante la misma. El ejército porteño disponía de por lo menos dos de ellos, de 6 pulgadas (15,2 cm) de calibre, ubicados en el flanco derecho, dando apoyo a los batallones de infantería allí situados (AGM 1921:228). Por su parte, el ejército nacional disponía de dos obuses de calibre no determinado, en las baterías desplegadas en el centro de la formación de ataque (MGMCA 1860:192).

Según historiadores militares argentinos (Goyret 1965:266; Marti Garro 1982:464, 467), el empleo de la artillería en estos tiempos se veía muy limitado por la condición del material (viejo, heterogéneo, de ánima lisa) y por la poca instrucción de oficiales y soldados, aunque se suele reconocer una mejor calidad general del ejército porteño en ambos aspectos. Se suele resaltar que el empleo de la artillería no se coordinaba adecuadamente con el de las otras armas (caballería e infantería), dificultándose su accionar una vez que comenzaban las acciones, dado que los movimientos de tropas dificultaban el tiro y la observación. El alcance de tiro de los obuses era en general menor que el de los cañones, siendo para un obús de 6 pulgadas de 370 m con carga mayor de pólvora y de 245 m con carga menor (Marti Garro 1982:462), aunque podía aumentar por el efecto de rebote intencionalmente buscado (Mitre 1863[1844]: 53). Según Mitre (1863[1844]:54), la explosión de una granada "...dispersa sus cascos á más de 400 varas en circunferencia", lo que implicaría que no puede descartarse que esquirlas tan dispersas como las halladas en el Sector 1 resulten en realidad producto de un solo disparo.

Armas blancas y uniformes/correajes

La evidencia de armas blancas en el Sector 1 es escasa, representada sólo por tres regatones de lanza de caballería y una punta de arma blanca no identificada. El regatón "...sirve de guarnición á la extremidad del asta, y de contrapeso á la moharra" (Chilavert 1849:17), pudiendo empleárselo también con fines ofensivos. Los hallados son de hierro y su forma varía, siendo las puntas cónicas o piramidales, y variando también el encastre con el asta. Su presencia en el campo puede deberse a la rotura de las lanzas de que formaban parte, hecho frecuente en combate, tal como lo recuerda el gaucho Héctor José del Barco, veterano soldado del ejército de Urquiza:

> "El combate de Cepeda, donde nos entreveramos los entrerrianos
> de Urquiza (…) con las fuerzas del general Mitre, eso si que fué te-
> rrible. Victorioso nuestro ejército, la primera en huir fué la caba-
> llería del enemigo, perseguida por los entrerrianos con las chuzas y
> lanzas enarboladas. Cuando llegamos a las carpas y líneas contra-
> rias ya no se peleaba a lanza, porque se habían roto. Y daba gusto
> ver a esos entrerrianos pelear a facón limpio. Pero si hicieron es-
> trago, dejando el tendal de lanceados y acuchillados." (Diario El
> Orden, Santa Fe, 05/10/1928)

Por su parte, la punta de arma blanca corresponde a una hoja plana de unos 2,8 cm de ancho, con lados rectos que se aguzan hacia el extremo. Podría corresponder a una moharra de lanza (aunque parece demasiado pequeña para ello), a una espada o sable, a una bayoneta o incluso a algún tipo de cuchillo. Su presencia en el campo se explicaría también por haberse roto.

Las hebillas y fragmentos de las mismas pueden corresponder tanto a correajes y cinturones de las tropas, como de las cabalgaduras. Destacan en general por su pequeño tamaño y parecen en su mayor parte confeccionadas en hierro. Si se trata efectivamente de implementos militares, su presencia en el campo se explicaría por la rotura, pérdida o abandono de los correajes de que formaban parte.

Interpretación del registro arqueológico del Sector 1

Como se vio, los materiales arqueológicos hallados en el Sector 1 son variados y pueden reflejar la presencia de unidades de infantería, caballería y artillería, aunque no puede discernirse con precisión de qué bando, ni mucho menos unidades específicas dentro de ellos. La distribución diferencial de pro-yectiles de armas portátiles y de artillería, sin embargo, posee un valor potencial para comenzar a determinar algún tipo de acción o posición de las tropas invo-lucradas, aunque por sí sola resulta insuficiente para alcanzar interpretaciones plausibles. El cruce con la información procedente de los documentos históri-cos resulta en este punto indispensable para trascender las limitaciones arriba discutidas e intentar aproximar a una interpretación más amplia.

Los partes de la batalla hacen mención de los hechos ocurridos junto a la margen izquierda del arroyo Cepeda, aunque con muy poca precisión geo-gráfica y sin coincidir claramente. Los partes nacionales indican que hacia las cinco y media de la tarde Urquiza ordenó iniciar el ataque y que "…el enemigo inició el fuego de sus cañones mientras nuestras bravas infanterías y brigadas de artillería marchaban imperturbables sobre el enemigo" (MGMCA 1860:190), con la caballería en ambos flancos. El centro del dispositivo atacante nacional, compuesto por seis columnas de batallón y cuatro baterías de artillería intercaladas "…emprendió un reñido combate bien nutrido de fuego de artillería e infantería, en cuyas armas el enemigo era superior en número" (MGMCA 1860:190), pero "…como escaseaban las municiones de nuestras baterías, tuvieron que hacer alto" (MGMCA 1860:193). En este punto los partes nacionales indican que un exitoso movimiento sobre el flanco izquierdo porteño, comandado por el mismo Urquiza, terminó con el desbande de la caballería e infantería porteñas situados en esa parte, definiendo la batalla. En el otro flanco, sin embargo, continuaba el combate:

> "…el enemigo entonces reforzó su costado derecho con todo el grueso de la fuerza que le quedaba, que fue resistida por el batallón núm. 1 de línea y su batería, que sostuvo un fuego mortífero hasta las siete y media, hora en que cesó el fuego general de las líneas: siendo apoyado el batallón con mucha eficacia y bravura por la división escolta mandada por el coronel Caraballo, que perdió en este ataque un oficial y nueve soldados fuera de combate" (MGMCA 1860:193).

La versión nacional concluye diciendo que el mencionado batallón de infantería se mantuvo en el campo del combate y que el resto de la artillería e infantería se reunieron en el centro del campo de batalla (MGMCA 1860:193).

La versión de Mitre, por su parte, presenta una narración mucho más detallada de los combates en esta parte del campo de batalla, crucial en tanto es en este punto donde afirma haber obtenido un gran triunfo sobre las fuerzas de la Confederación. Contrariamente a lo arriba señalado, Mitre afirma, en su primer y más breve parte, que "…al ponerse el sol, los batallones que atacaban nuestra derecha eran atacados vigorosamente á la bayoneta, después de haber sido cañoneados, huyendo desbandados, dejando el campo sembrado de cadáveres" (Carrasco y Carrasco 1897:427). En el segundo parte, Mitre describe en mucho mayor detalle los sucesos ocurridos. Según esta versión, la derecha porteña fue atacada por tres batallones de infantería ("los mejores batallones del enemigo" [AGM 1921:231]) y 14 piezas de artillería: "Entonces su artillería rompió el fuego con bastante vigor, á distancia de dos tercios de tiro de cañón, causando en nuestras filas algunas pérdidas, aunque no considerables" (AGM 1921:231). Pero el ataque de la infantería confederada fue frenado por el fuego de la batería porteña del centro "…a dos tercios de tiro de fusil de nuestra línea" (AGM 1921:231), a la que se sumaron los disparos de los batallones de infantería 1° de Línea, 1°/4 y 1°/3 de la Guardia Nacional[11] y de la batería que los acompañaba (que incluía dos obuses). El ataque nacional fue apoyado por

---

[11] 1° Batallón del 4to Regimiento de Guardias Nacionales y 1° Batallón del 3er Regimiento de Guardias Nacionales de la Provincia de Buenos Aires.

una columna de caballería de unos 800 hombres, que "…apoyando su izquierda sobre el Arroyo de Cepeda y cubierta por las sinuosidades de la costa continuaba vigorizando el avance de sus columnas de ataque" (AGM 1921:231). Según Mitre, las columnas de infantería nacional comenzaron a vacilar ante el fuego de cañón y fusil:

> "Visto esto, y que las mencionadas columnas de ataque vacilaban, á consecuencia de algunas balas y granadas que penetraron en ellas, dispuse que el batallón Morales cargase á la bayoneta, mientras el batallón número 1.°, al mando del comandante Rivero los flanqueaba, ganando terreno con fuegos oblicuos" (AGM 1921:232).

Como resultado de esto, se produce un cambio de frente, con "…una nueva línea establecida sobre la que pocos momentos antes ocupaba el enemigo, el cual huyó disperso en todas direcciones" (AGM 1921:232) (Figura 2). Al mismo tiempo, la columna de caballería de 800 hombres que avanzaba junto al arroyo es repelida por 60 hombres de caballería porteña al mando del General Venancio Flores junto con dos compañías de guerrillas del batallón 3° de Línea, apoyadas por la artillería porteña que "…echaba algunas granadas en sus reservas" (AGM 1921:232). En ese punto Mitre declara quedar como "…dueños absolutos del costado derecho" (AGM 1921:232), aunque en su izquierda se producía la derrota y desbande de tres batallones de infantería y una batería de artillería a manos de las fuerzas de Urquiza. Según Mitre, el triunfo obtenido en su derecha le permite trasladar fuerzas a la izquierda para equilibrar la situación hacia el anochecer, momento en que cesa completamente el fuego y decide proclamarse vencedor, haciendo que las bandas de los batallones entonaran el Himno Nacional, "…tocando dianas las cornetas, y prorrumpiendo los soldados en vivas entusiastas a Buenos Aires y a su libertad" (AGM 1921:235).

Llegados a este punto intentaremos relacionar los restos arqueológicos identificados en el Sector 1 con los relatos de la batalla. Al no haber en los partes referencias geográficas más precisas, ni en los materiales arqueológicos aspectos diagnósticos que permitan identificar con precisión a los combatientes de ambos bandos, nos limitamos a plantear algunos escenarios interpretativos de carácter preliminar (Figura 6). Enfatizamos que constituyen aproximaciones hipotéticas, sujetas a revisión en función de nuevos hallazgos, y que buscan fundamentalmente relacionar el registro arqueológico del Sector 1 con eventos puntuales de la batalla. No profundizamos aquí en la evaluación en detalle de la intervención de procesos postdeposicionales en la conformación de las distribuciones observadas, aspecto de central importancia que trataremos en futuros trabajos.

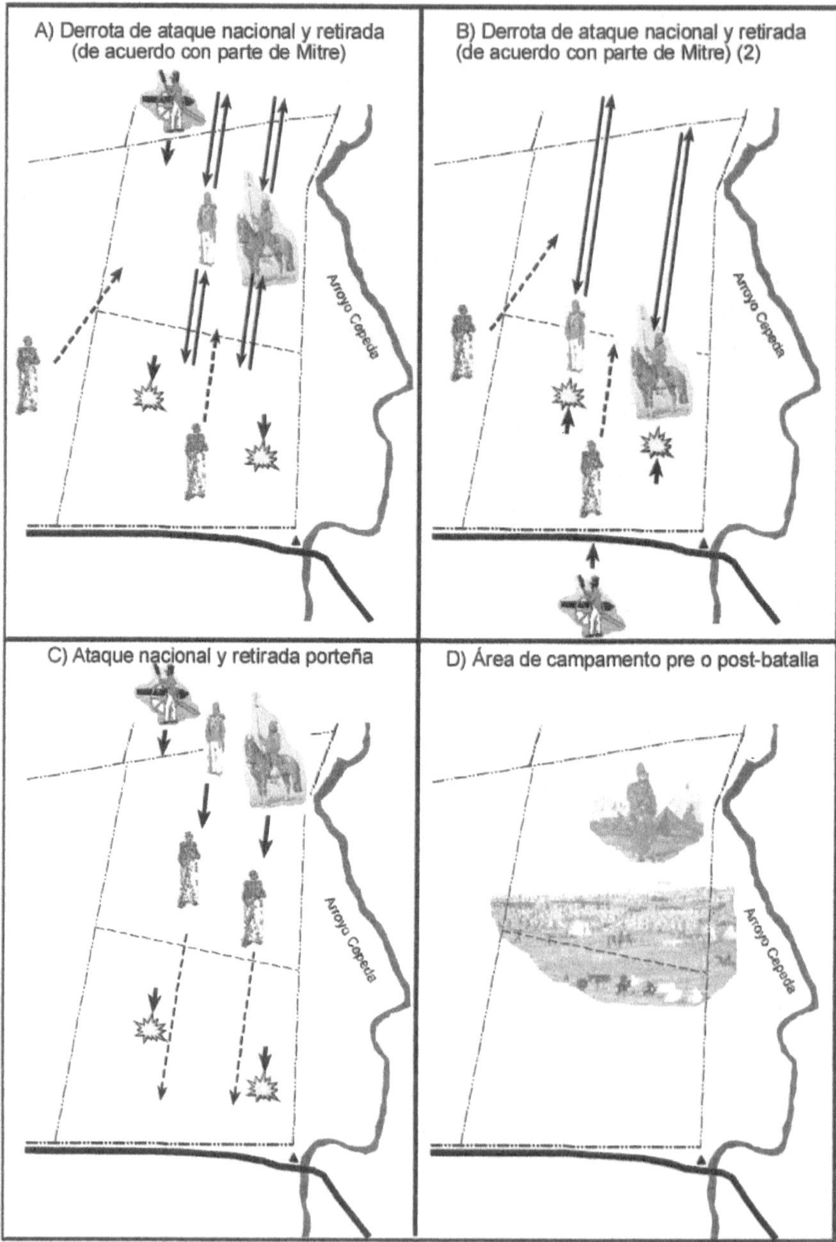

Figura 6. Representación gráfica esquemática de los escenarios interpretativos propuestos en el texto

1) Una primera posibilidad es que las esquirlas halladas sean producto del fuego de artillería nacional, batiendo la posición ocupada por la infantería porteña. En este escenario, las concentraciones de proyectiles esféricos de armas portátiles localizadas en la parte noreste del Sector 1 procederían del fuego de la infantería porteña, ubicada tal vez en la parte sur del Sector 1 (Figura 6a). La dispersión de las municiones, en un rango de unos 200 m, podría indicar el movimiento del blanco (una o varias columnas de infantería y/o caballería), tanto en sentido de avance como en la supuesta retirada descrita por Mitre. La ausencia de proyectiles en la zona ocupada por las tropas porteñas podría explicarse en términos de las tácticas empleadas en la época, que determinaban que el avance y la posterior carga a la bayoneta debían realizarse sin detenerse para disparar (Goyret 1965:263).[12]

Por otro lado, la concentración de proyectiles podría haber tenido como blanco a la columna de caballería mencionada por Mitre, que avanzaba junto a la margen izquierda del arroyo Cepeda. La ausencia de municiones en la zona sur del Sector 1 quedaría explicada en este caso por el tipo de armamento empleado mayoritariamente por la caballería federal, consistente sobre todo en armas blancas. Los regatones de lanza y partes de armas de fuego halladas en los subsectores 1A y 1C podrían reflejar los destrozos causados por el fuego porteño sobre esta columna de caballería.

2) Una segunda posibilidad es que las esquirlas halladas sean producto de los disparos de los obuses de la batería porteña de la derecha, que entonces se habría encontrado situada al sur del actual camino (Figura 6b). El subsector 1A marcaría la posición de la infantería y caballerías confederadas, siendo las partes de armas identificadas en el Sector 1A resultado de los efectos de la artillería sobre ellas. Pero no se explicaría por qué no hay otro tipo de proyectiles de artillería (balas macizas, metralla), considerando que esta batería tenía también dos cañones de 4 libras, que empleaban esos tipos de proyectiles. En este escenario, las concentraciones de proyectiles de armas de fuego portátiles en la parte noreste del Sector 1 podrían corresponder a la carga y fuegos oblicuos resultantes del contraataque de infantería ordenado por Mitre, dirigidos hacia las posiciones ocupadas por las tropas nacionales en retirada, perseguidas por la infantería porteña. Dada la amplia dispersión de las balas esféricas, algunas de ellas podrían corresponder también al fuego de respuesta de las tropas nacionales en retirada.

3) Un tercer escenario interpretativo es que las municiones de fusil hayan procedido del fuego de las tropas nacionales atacantes, por tanto indica-

---

[12] "Los batallones avanzaban sin casi aprovechar las cubiertas o accidentes del terreno, sin hacer fuego y cubriendo rápidamente los claros que dejaba el fuego enemigo…¡Lo fundamental era no detenerse! A unos 100 m de la posición enemiga, al toque de "calacuerda", con la bayoneta calada y al "paso de ataque" se iniciaba el asalto" (Goyret 1965:263).

rían la posición ocupada por las fuerzas porteñas que lo recibían (Figura 6c). La presencia de esquirlas, y partes de armas, más al sur podría reflejar la retirada de la infantería porteña y su persecución por el fuego de artillería nacional. Vale aclarar que si bien este escenario es perfectamente plausible en términos lógicos, no se ajustaría a las descripciones presentes en los partes porteños. Sin embargo, un principio clave de la arqueología de campos de batalla es no presuponer que el registro escrito es el correcto y al cual debe ajustarse la evidencia material. Por lo tanto, lo planteamos como una alternativa, a ser confirmada o refutada, tal como los demás escenarios.

4) Un cuarto escenario podría explicar los materiales hallados sin recurrir a acciones de combate, resultando las concentraciones de proyectiles (y hebillas y partes de armas de fuego) en el Sector 1 de la presencia de uno o más campamentos antes y/o después de la batalla (Figura 6d). Esta proposición encontraría cierto apoyo en la gran cantidad de proyectiles hallados sin deformaciones por impacto. Según Daniel Sivilich (2005:8), el hallazgo de balas esféricas no disparadas en cantidades importantes es común en campamentos donde las municiones eran fundidas o donde se armaban los cartuchos que las contenían. Sin embargo, sería esperable, de haber existido un campamento, la presencia de otros materiales (vidrios, lozas, etc.), los cuales no han sido hallados hasta el momento, por lo menos en la superficie del Sector 1.[13] Por otra parte, las esquirlas no encontrarían un lugar claro en este escenario, aunque podrían explicarse como resultado de acciones de la batalla no vinculadas con el presunto campamento.

Consideraciones finales

Hemos presentado en este trabajo un recuento de las investigaciones desarrolladas hasta el momento en el campo de batalla de Cepeda, concentrándonos en un sector específico, el más estudiado hasta el momento. Hemos intentado presentar los avances realizados en la investigación documental, en el trabajo de campo y en el análisis de los materiales, enfatizando las dificultades que se enfrentan en cada caso. Tratándose de una disciplina relativamente nueva, al menos en nuestro país, muchos de los desafíos que hallamos requieren soluciones novedosas y es por eso que la interpretación aquí presentada posee un final abierto. Pero aún siendo conscientes de las limitaciones que presentan nuestras interpretaciones, consideramos que hemos logrado hacer aportes ori-

---

[13] En este sentido, la ausencia de materiales como lozas y vidrios en la superficie es significativa en tanto trabajos experimentales de arqueología de espacios arados han demostrado que los materiales hallados en superficie de tierras labradas suelen ser representativos (aunque no necesariamente en las mismas proporciones) de los materiales presentes en el resto de la *plowzone*, bajo tierra (Diez Martín 2003:51).

ginales al estudio de esta batalla puntual, así como al desarrollo de la arqueología de campos de batalla en nuestro país.

No pretendemos que los escenarios planteados más arriba agoten las posibilidades interpretativas del registro arqueológico del Sector 1. Simplemente representan planteos hipotéticos que servirán de base para la continuación de las investigaciones, intentando buscar evidencias complementarias en función de ellos. Por ejemplo, ampliaremos la prospección con detectores de metales hacia los campos ubicados hacia el norte, sur y oeste del Sector 1, buscando determinar si hay continuidad en la distribución espacial de materiales posiblemente asociados con la batalla, y de haberla, si varían las distribuciones de tipos de materiales específicos (municiones de armas portátiles, proyectiles de artillería, etc.). En función de esto se ajustarán y/o revisarán los escenarios hipotéticos planteados o se formularán nuevos, siempre en relación crítica con los documentos escritos e introduciendo la evaluación de la acción de los diversos procesos postdepositacionales naturales y culturales que puedan haber actuado. Los escenarios aquí presentados sirven también para ilustrar las dificultades que enfrenta la arqueología de campos de batalla a la hora de construir interpretaciones, con la tentación inevitable de intentar explicarlo todo recurriendo al registro escrito. Es por eso que planteamos escenarios interpretativos que no necesariamente se ajusten a las narrativas de los partes de la batalla. Finalmente, esperamos que la profundización de las distintas líneas de investigación permita reconstruir el gran rompecabezas de la batalla y generar una interpretación más completa de este evento histórico.

Agradecimientos

Agradecemos a Mauricio Crescimbeni, Delegado Municipal de Mariano Benítez (Partido de Pergamino) y a Raúl Notta, Director de Cultura de la Municipalidad de Pergamino, por hacer posible esta investigación. Un agradecimiento especial para el Sr. Roberto Barros, por facilitarnos los detectores de metales empleados y a la Universidad Nacional del Noroeste de Buenos Aires por el préstamo de un GPS portátil. A los propietarios del campo Rubíes por permitirnos el acceso al mismo. Al Lic. Gabriel Taruselli por su ayuda en la investigación histórica y a Luis M. Líbera Gill por su colaboración en las distintas fases de la investigación. Cecilia Arias y Bruno Rosignoli de la Escuela de Antropología (UNR) participaron en los trabajos de campo.

Bibliografía

Archivo del General Mitre (AGN) (1921). Tomo XVI. Campaña de Cepeda. Años 1858-1859. Imprenta Sopena, Barcelona.

Archivo General de la Nación (AGN) (1859). Relaciones del Parque de Artillería de Buenos Aires. Sala X. 20-2-5. Buenos Aires. Argentina.

Auza, N.T. (1971). *El ejército en la época de la Confederación. 1852-1861*. Círculo Militar. Buenos Aires.

Best, F. (1983). *Historia de las guerras argentinas. De la independencia, internacionales, civiles y con el indio*. Tomo Segundo. Graficsur. Buenos Aires.

Beverina, J. (1921). *La Guerra del Paraguay*. Tomo IV. Ferrari Hnos. Buenos Aires.

Blades, B.S. (2003). European military sites as ideological landscapes. *Historical Archaeology* 37(3):46-54.

Bonsall, J. (2008). The study of small finds at the 1644 Battle of Cheriton. En T. Pollard e I. Banks (eds.), *Scorched Earth: studies in the archaeology of conflict*, pp. 29-52. Brill. Leiden.

Brear, H. (1995). *Inherit The Alamo: myth and ritual at an American shrine*. University of Texas Press. Austin.

Camogli, P. (2009). *Batallas entre hermanos. Todos los combates de las guerras civiles argentinas*. Aguilar. Buenos Aires.

Cárcano, R.J. (1921). *Del sitio de Buenos Aires al campo de Cepeda (1852-1859)*. Imprenta Coni. Buenos Aires.

Carman, J. (2005). Battlefields as cultural resources. *Post-medieval Archaeology* 39(2):215-223.

Carrasco, E. y Carrasco, G. (1897). *Anales de la ciudad del Rosario de Santa Fe, con datos generales sobre historia argentina, 1527-1865*. Editorial Peuser. Buenos Aires.

Chilavert, M. (1849). Apuntes sobre la artillería que comprenden todo lo relativo á las armas blancas y portátiles. Documento inédito. Archivo General de la Nación. Sala VII. Legajo 235. Colección Adolfo Saldías: documentación sobre Juan Manuel de Rosas 1844-49, pp. 299-359. Buenos Aires.

Costamagna, J.L. (2002). *Los 508 del Batallón San Nicolás en la guerra del Paraguay*. Ediciones Kabhalah. San Nicolás.

Diario El Orden (1928). Con un veterano que estuvo en Cepeda y Pavón combatiendo a las órdenes del Gral. Urquiza. Viernes 5 de octubre de 1928, página 5, Santa Fe. http://www.santafe.gov.ar/hemerotecadigital/diario /12030/?page=1 (acceso octubre de 2013).

Diez Martín, F. (2003). Las alteraciones inducidas por el laboreo agrícola: la influencia del movimiento vertical en los yacimientos Paleolíticos de los Páramos de Montemayor-Corcos (Valladolid y Burgos). *Zephyrus* 56:49-60.

Diez Martín, F. (2009). La arqueología de los espacios arados. Algunas puntualizaciones. *BSAA arqueología* LXXV:23-40.

Dunnell, R.C. (1988). Low-density archaeological records from plowed surfaces: some preliminary considerations. *American Archeology* 7(1):29-38.

Ferrari Oyhanarte, E. (1909). *Cepeda. 23 de octubre de 1859.* Imprenta Coni. Buenos Aires.

Goyret, J.T. (1965). La campaña de Pavón. 1859-1861. En C.A. García Belsunce (coord.), *Pavón y la crisis de la Confederación*, pp. 253-310. Equipos de Investigación Histórica. Buenos Aires.

Instituto Geográfico Militar (IGM) (1958). Hoja 3360-32-2. Manuel Ocampo, Buenos Aires. Escala 1:50.000.

Keegan, J. (1976). *The face of battle.* Penguin Books. New York.

Landa, C. (2013). Arqueología de campos de batalla en Latinoamérica: apenas un comienzo. *Arqueología* 19 (2): 265-286.

Landa, C.; Montanari, E. y Gómez Romero, F. (2011). Arqueología de campos de batalla. "La Verde", primeras aproximaciones (partido de 25 de Mayo, provincia de Buenos Aires). En M. Ramos, A. Tapia, F. Bognanni, M. Fernández, V. Helfer, C. Landa, M. Lanza, E. Montanari, E. Néspolo y V. Pineau (eds.), *Temas y problemas de la arqueología histórica.* Tomo I, pp. 137-144. PROARHEP. Luján.

Leoni, J.B. y Martínez, L.H. (2012). Un abordaje arqueológico de la batalla de Cepeda, 1859. *Teoría y Práctica de la Arqueología Histórica Latinoamericana* I(I):139.150.

Leoni, J.B.; Martínez, L.H. y Porfidia M.A. (2013). Arqueología de la batalla de Cepeda, 1859 (Partido de Pergamino, Prov. de Buenos Aires): metodología, expectativas arqueológicas y primeros resultados. En E. Rodríguez Leirado y D. Schávelzon (eds.), *Actas del V Congreso Nacional de Arqueología Histórica Argentina,* Tomo 2, pp. 571-594. Editorial Académica Española, Saarbrücken.

Linenthal, E.T. (1991). *Sacred grounds: Americans and their battlefields.* University of Illinois Press. Urbana.

Marti Garro, P.E. (1982). *Historia de la artillería argentina.* Comisión del Arma de Artillería "Santa Bárbara". Buenos Aires.

Ministerio de Guerra y Marina de la Confederación Argentina (MGMCA) (1860). *Memoria presentada por el Ministro de Estado en el Departamento de Guerra y Marina al Congreso Legislativo de la Confederación Argentina en su sesión ordinaria de 1860.* Imprenta y Litografía Berthein. Buenos Aires.

Mitre, B. (1863[1844]). *Instrucción práctica para los señores oficiales de artillería.* Segunda edición con supresión de las notas. Imprenta Tipográfica a Vapor. Montevideo.

Quesada Sanz, F. (2008). La "arqueología de los campos de batalla". Notas para un estado de la cuestión y una guía de investigación. *Saldvie* 8:21-35.

Ramos, M.; Bognanni, F.; Lanza, M.; Helfer, V.; González Toralbo, C.; Senesi, R.; Hernández de Lara, O; Pinochet, H. y Clavijo, J. (2011). Arqueología histórica de la batalla de Vuelta de Obligado, provincia de Buenos Aires, Argentina. En M. Ramos y O. Hernández de Lara (eds.), *Arqueología histó-*

rica en *América Latina. Perspectivas desde Argentina y Cuba*, pp. 13-32. PRO-ARHEP. Luján.

Restaíno, R. (2009). *La batalla de Cepeda de 1859*. Editorial El Pan de Aquí. Pergamino.

Rodríguez, A.G. (1968). Dictamen sobre el lugar donde se libraron las batallas de Cepeda el 1° de febrero de 1820 y el 23 de octubre de 1859. *Boletín de la Academia Nacional de la Historia* 41:317-321.

Rottjer, E.I. (1937). *Mitre militar.* Institución Mitre. Buenos Aires.

Ruiz Moreno, I.J. (2008). *Campañas militares argentinas. La política y la guerra. Tomo 3. Rebeliones y crisis internacional (1854-1865)*. Claridad. Buenos Aires.

Sivilich, D.M. (1996). Analyzing musket balls to interpret a Revolutionary War site. *Historical Archaeology* 30(2):101-109.

Sivilich, D.M. (2005). Revolutionary War musket ball typology: An analysis of lead artifacts excavated at Monmouth Battlefield State Park. *Southern Campaigns of the American Revolution* 2(1):7-19.

Scott, D.D.; Fox, R.A.; Connor, M.A y Harmon, D. (1989). *Archaeological perspectives on the battle of the Little Big Horn*. University of Oklahoma Press. Norman.

Smith, S.D; Legg J.B. y Wilson, T.S. (2009). *The archaeology of the Camden battlefield: history, private collections, and field investigations*. South Carolina Institute of Archaeology and Anthropology. Columbia. South Carolina.

Sutherland, T.L. (2005). *Battlefield archaeology: a guide to the archaeology of conflict*. British Archaeological Jobs Resource. http://www.bajr.org/documents/bajrbattleguide.pdf [consulta agosto de 2013].

CAPÍTULO 4

UN ZARPAZO AL OLVIDO DE LA HISTORIA: LA BATALLA DE LA VERDE (1874), PARTIDO DE 25 DE MAYO, BUENOS AIRES, ARGENTINA

Carlos Landa, Facundo Gómez Romero, Emanuel Montanari, Virginia Pineau, Fabián Bognanni, Horacio De Rosa, Florencia Caretti, Jimena Doval, Marcela Pichipil, Azul Blaseotto, Alejandra Raies, Pedro Salminci

War, children, it's just a shot away
It's just a shot away
Gimme Shelter
Álbum: *Let it bleed* (1969)
M. Jagger/K. Richards
The Rolling Stones

Introducción

En este trabajo presentaremos en forma sintética las diversas labores arqueológicas llevadas a cabo en el campo de batalla "La Verde". Dentro del contexto de; —en términos historiográficos— "Revolución mitrista", el 26 de noviembre de 1874 se produjo una batalla en las inmediaciones de la estancia "La Verde" (actual partido de 25 de Mayo, provincia de Buenos Aires). En este evento se enfrentó la vanguardia de las fuerzas gubernamentales de la nación argentina, al mando del Teniente Coronel Inocencio Arias, y las fuerzas revolucionarias "Constitucionalistas" al mando de Bartolomé Mitre (Figura 1).

El estudio arqueológico del sitio se incluye dentro del área disciplinar conocida como Arqueología histórica. Dentro de esta especialidad, se enmarcan las investigaciones pluridisciplinarias sobre eventos bélicos desde hace alrededor de 30 años. Se destacan los primeros estudios llevados a cabo, durante la década del 80, en Little Bighorn (1876) por Richard Fox (1993), las investigaciones realizadas sobre campos de batalla de la Guerra civil norteamericana (Geier y Winter 1994); y la prolífera producción del equipo dirigido por el Dr.

Tony Pollard, que incluye múltiples conflictos bélicos tales como los enfrentamientos entre Zulúes y británicos en 1879, batallas medievales y sendas guerras mundiales (Pollard y Banks 2005, entre otros). Por su parte en Latinoamérica, los estudios arqueológicos de campos de batalla, si bien no son abundantes, vienen realizándose desde hace casi dos décadas. En Argentina resaltan los trabajos pioneros del Dr. Mariano Ramos en el sitio de la batalla de Vuelta de Obligado (1845), los cuales se llevan a cabo ininterrumpidamente desde el año 2000. En los últimos años, el equipo dirigido por el Dr. Juan B. Leoni investiga los escenarios bélicos en donde se desarrollaron las batallas de Cepeda (1859) y Pavón (1861) (como puede apreciarse en este volumen).

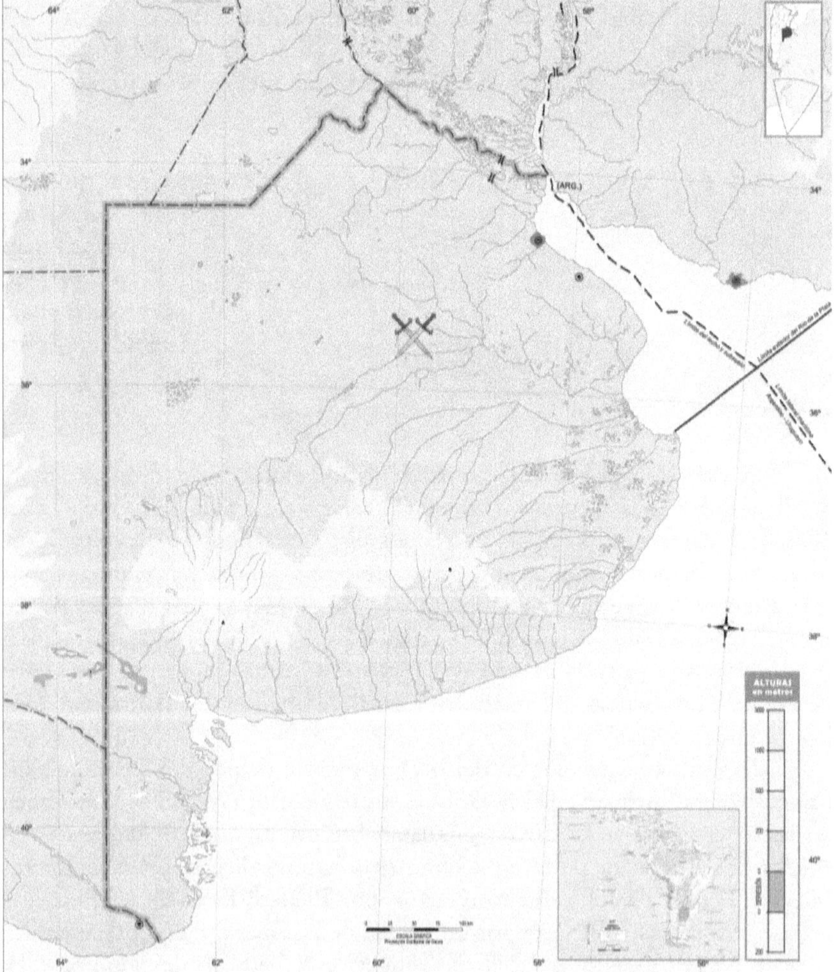

Figura 1. Ubicación del sitio campo de batalla "La Verde"

Como se pudo apreciar con mayor grado de detalle en el apartado editorial de este libro, el aumento significativo de este tipo de estudios ha suscitado entre diversos estudiosos la necesidad de incluirlos dentro de marcos epistemológicos más amplios. Así se establecieron tres definiciones con pretensión de constituirse en áreas o subáreas de conocimiento: Arqueología del conflicto, Arqueología de la violencia y Arqueología militar (ver Landa 2013, para mayor información sobre el alcance y los vínculos entre estos campos).

Los campos de batalla constituyen casos de extrema particularidad para la Arqueología, dado que se trata de eventos de una escala temporal de corta duración (horas o días generalmente), pero que sin embargo pueden adscribirse a escalas espaciales macro. En nuestro caso, el estudio arqueológico del campo de batalla de La Verde ejemplifica lo anteriormente manifestado, y ha posibilitando la generación de nuevas líneas de conocimiento en torno a un evento considerado menor por la Historia.

A continuación desarrollaremos el contexto histórico en el que se originó el citado conflicto bélico. Luego sintetizaremos los resultados obtenidos en las campañas realizadas entre 2008 y 2012, abordando la metodología de estudio y las diversas líneas de investigación. En una primera instancia, se sintetizarán los resultados de los estudios arqueo-metalúrgicos sobre vainas y proyectiles de plomo. En segunda lugar, se describirán los datos obtenidos a partir del análisis espacial que se realizó mediante la interrelación de cartografía, fuentes históricas y hallazgos arqueológicos, utilizando los programas *Map annalyst 1.3.6.* (Bernhard y Weber 2013) y *Arcgis 3.2.* (ESRI. 1999) Finalmente, se presentará el trabajo realizado a través del dibujo y la historieta, una nueva perspectiva de estudio que permite el registro documental tanto de la batalla como de la labor de investigación.

La batalla de La Verde: contexto histórico

La batalla de La Verde, ocurrida el 26 de noviembre de 1874, se produjo en las inmediaciones de la estancia "La Verde" (35°49'57,95" Lat. S, 60°43'19,21" Long. O), ubicada en el medio de una gran región conocida como la llanura pampeana. Este episodio bélico, como se fue anticipado más arriba, sucedió en el marco de la denominada Revolución mitrista. Esta revolución se originó a raíz del resultado de la elección presidencial del 12 de abril de 1874, en la que Nicolás Avellaneda se impuso como sucesor de Domingo Faustino Sarmiento. El escrutinio no fue aceptado por Bartolomé Mitre y sus lugartenientes, quienes se levantaron en armas contra el gobierno nacional, luego de levar a miles de fervientes seguidores por toda la provincia de Buenos Aires. Este alzamiento estalló en dos grandes teatros de operaciones: a) en Cuyo y la provincia de Córdoba; y b) la provincia de Buenos Aires (Figura 2).

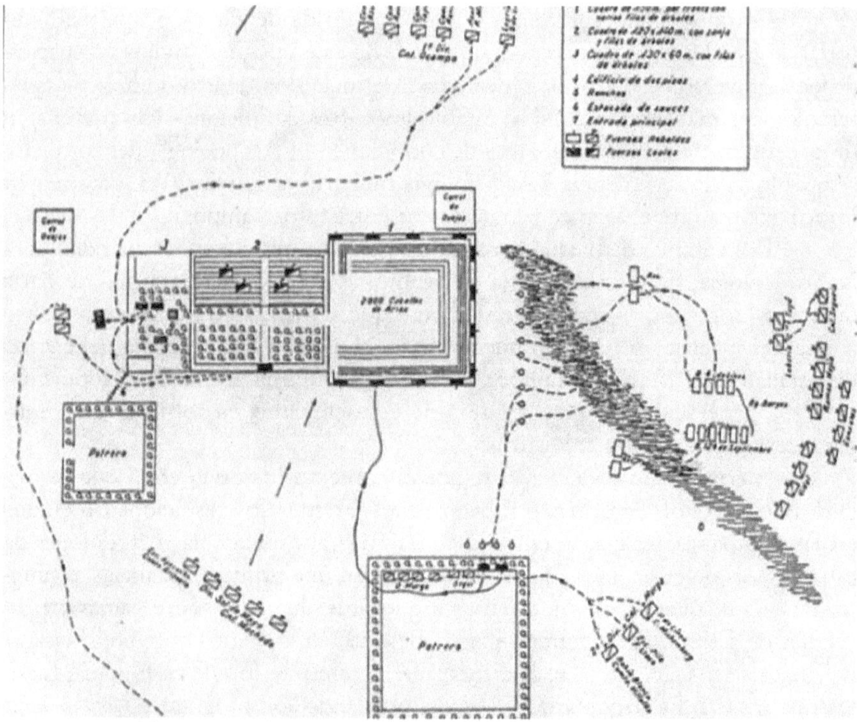

Figura 2. Ubicación de las tropas y el derrotero que tomaron en el transcurso de la llamada Revolución Mitrista (Best 1980)

Bartolomé Mitre había sido presidente durante el período de 1862 a 1868, siendo además militar[1], estudioso, escritor y periodista (fundador del periódico *La Nación*, que actualmente es uno de los de mayor tirada en el país). Las operaciones militares en Buenos Aires se iniciaron con el desembarco de Mitre en la zona del Tuyú, desde donde fue recorriendo la línea de fortines comandados por militares adeptos (entre ellos, Ignacio Rivas, Francisco Borges y Benito Machado). A lo largo del recorrido, fue levando las tropas a su cargo, al gauderio local y a los guerreros indígenas pampas comandados por su jefe Cipriano Catriel, estos últimos tradicionales aliados de los criollos desde la época de Juan Manuel de Rosas (1829-1852). Los soldados levados se encontraban apostados en los fuertes y fortines que defendían las poblaciones criollas contra los ataques indígenas, que vivían fundamentalmente en la actual provincia de La Pampa. Así, Mitre logró conformar un ejército de miles de hombres

---

[1] Entre otros cargos, se desempeñó como General en Jefe de las fuerzas aliadas que combatieron en la denominada Guerra del Paraguay o de la Triple alianza, también llamada Guerra Guazú (1865- 1870), el conflicto armado de mayores dimensiones en la historia de Sudamérica.

(Walther 1964). Al respecto, Teofilo Gomila recordaba que: "Reunido todo el ejército, fuerte de seis á siete mil hombres, con dos batallones de infantería, el cuatro de línea y el 24 de Setiembre quinientas plazas más ó menos. Dos Rejimientos de caballería de línea, el 9 y el 11, varias piezas de artillería…" (Gomila 1910, en De Jong y Satas 2011: 239-240).

Cuando las fuerzas mitristas o el Ejército Constitucional, tal como se autodenominaban, se dirigían al norte de la provincia (con el fin de reunirse con las fuerzas cuyanas), se encontraron con exploradores de la vanguardia del ejército leal al gobierno. Esta vanguardia estaba comandada por el Teniente Coronel José Inocencio Arias, que sorprendido por la cercanía del ejército rebelde procedió a parapetarse con sus hombres en el puesto de la estancia La Verde (Gomila 1910, en De Jong y Satas 2011; Mármol 1876). En este sitio se aprovecharon algunas de las instalaciones rurales, tales como un edificio con terraza y los extensos fosos de los corrales. La batalla en cuestión sucedió entre dicha vanguardia de las fuerzas gubernamentales y el grueso de las tropas revolucionarias. Estas fuerzas distaban de ser equitativas en lo que a hombres y armamento respecta. Arias contaba con 800 efectivos armados en sumatoria de modernos fusiles y carabinas de retrocarga marca *Remington*, importados de los Estados Unidos de Norteamérica (Gomila 1910, en De Jong y Satas 2011; Mármol 1876), frente a 5000 soldados rebeldes. La gran desventaja numérica de Arias fue compensada por: a) la mejor y mayor capacidad de fuego de su infantería; y b) la posición defensiva tomada y el disciplinamiento de sus hombres.

La batalla fue encarnizada; la infantería de Arias realizó fuego continuo en varias hileras (de pie y de rodillas), llegando a detener las cargas de caballería a pie de trinchera. Tras tres horas de lucha, se calcularon entre 300 y 400 víctimas, entre muertos y heridos (MGM 1875). En una carta del año 1902, el Coronel Arias indicaba a B. P. Machado el accionar de su abuelo, el Coronel Benito Machado, en la batalla:

> "el coronel Machado demostró en el combate gran arrojo, cargando sable en mano a media rienda sobre el Batallón Saladillo, que desplegado en batalla y rodilla en tierra hacía fuego de hileras terriblemente mortífero, llegando así hasta unos doscientos metros de mis posiciones, donde echó pie a tierra y continuó avanzando hasta unos cincuenta metros más, pero redoblado el fuego de mi infantería se vio obligado a emprender la retirada dejando el campo cubierto de muertos y heridos" (carta citada en Del Valle 1926:134) (Figura 3).

Los trabajos arqueológicos

El primer acercamiento al terreno donde sucedió la batalla de La Verde fue efectuado en el otoño de 2007, previo permiso de acceso de los dueños actuales de los terrenos, señores Sánchez Álzaga. En aquella ocasión se pudo certificar la existencia del monolito conmemorativo del centenario de la contienda, construido por el Ejército Argentino en 1974 (Figura 4).

Figura 3. Grabado de la época en la que se aprecia la disposición de las tropas de infantería y caballería atacantes (Scenna 1981)

La segunda prospección en el terreno posibilitó la demarcación de zonas de potencialidad arqueológica, a partir de los hallazgos superficiales (e.g. proyectiles de plomo y botones militares, entre otros) efectuados por habitantes del lugar.

La amplitud de la escala espacial dificulta definir con certeza los límites de la batalla. Al respecto, Quesada Sanz expresa: "La extensión de los campos de batalla es otro serio problema, ya que pueden oscilar entre un espacio reducido, poco mayor que un campo de fútbol —muy difícil de localizar por esta misma circunstancia—, o un inmenso espacio de diez kilómetros por cuatro. Un campo de batalla medio de la antiguedad abarcaría típicamente un espacio de 30 a 150 has, mayor en varios órdenes de magnitud incluso a un poblado o ciudad de gran tamaño" (Quesada Sanz 2008: 26). La situación es aún más problemática si, para el campo de batalla en cuestión, la información escrita es escueta o contradictoria, y en el terreno no se percibe algún tipo de estructura construida *ad-hoc*, como es el caso de las foseados y trincheras. En nuestro caso, los límites estimados de la contienda son imprecisos (aproximadamente unas 130 has), ya que el parte de batalla menciona movimientos de masas de caballería e infantería a gran escala y en diversos frentes de ataque contra la posición fija de Arias (MGM 1875). A lo anterior deben agregarse los problemas de visibilidad asociados a la formación de nuevos suelos y la historia deposicional del propio campo de batalla. Al respecto, el parte de batalla menciona la existencia de médanos de arena, geoforma actualmente visible en los terrenos adyacentes al escenario de la contienda, pero que no son visibles en el predio actual, que por otra parte se encuentra bastante alterado por diversas modificaciones antrópicas (el laboreo intensivo agrícola del terreno y la construcción de canales de drenaje, entre otros).

Figura 4. Monolito conmemorativo de la batalla de La Verde, lleva la siguiente inscripción: "COMBATE E LA VERDE. 26 DE NOVIEMBRE DE 1874. TENIENTE CORONEL ARIAS CONTRA FUERZAS REVOLUCIONARIAS DEL GENERAL MITRE MANDADAS POR EL CORONEL BORGES. VENCIO EL TENIENTE CORONEL ARIAS Y MUERE EN COMBATE EL CORONEL BORGES"

Metodología del trabajo de campo

El estudio de un campo de batalla es susceptible de ser encarado y analizado como cualquier otro yacimiento arqueológico. A fin de poder abordar un sitio de escala espacial significativa decidimos, basándonos en la información vertida en el parte de batalla, dividir el terreno en varios sectores. En primera instancia, se determinó un núcleo (que corresponde a la posición fija de las tropas nacionales sitiadas). Desde este núcleo (aquí denominado sector V), se especificaron a su vez cuatro sectores que lo rodean (Figura 5).

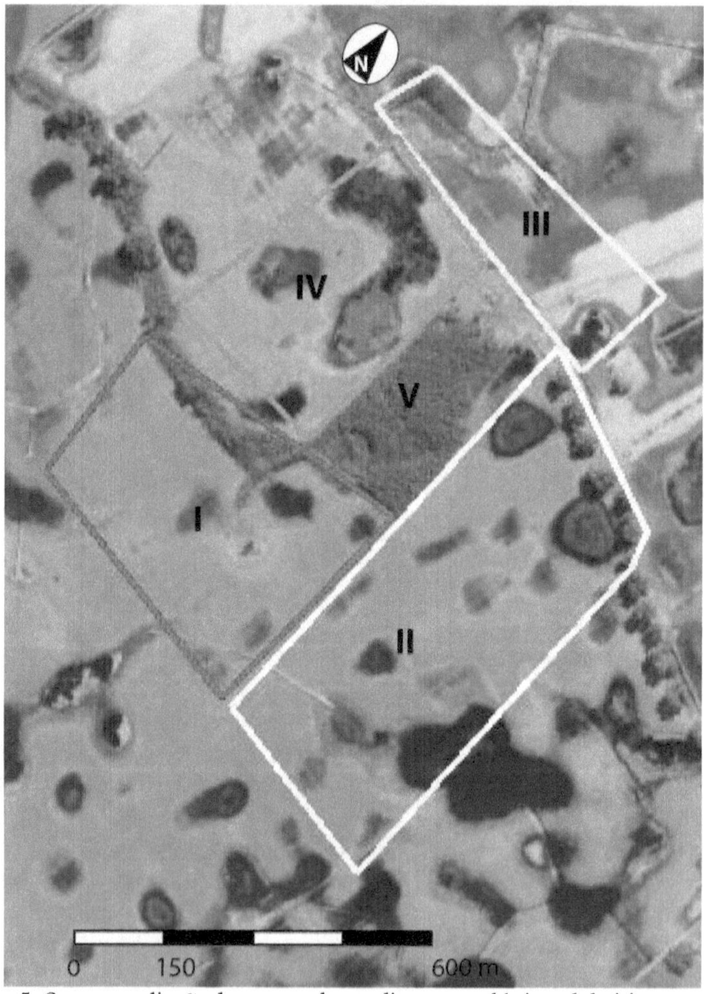

Figura 5. Sectores diseñados para el estudio arqueológico del sitio campo de batalla La Verde

El sector V, de unos 53.800 m^2., constituye un monte muy tupido, específicamente de acacia negra y laurel; se encuentra cercado por alambre y en su extremo norte se hallan dos estructuras que funcionaron como puestos rurales. Este sector nunca fue arado y hasta el momento es el único que no ha sido prospectado sistemáticamente. Por su parte, el sector I se ubica al sur del núcleo o sector V y cubre 157.500 m^2. Se trata de una zona arada, con presencia de bajos y una ceja de monte orientada al oeste; en este sector se encuentra el monolito antes citado. El sector II se ubica al este del sector V y tiene una extensión de 320.000 m^2. Se caracteriza por haber estado sometido a procesos de arado; al norte presenta dos áreas inundadas, y al sur, un jagüel y un canal de drenaje. El sector III se ubica al norte del sector V y tiene 82.500 m^2. Presenta un camino rural que conduce a la entrada de los puestos (atacados durante la batalla); la mayor parte de su superficie se encuentra arada y hacia el noroeste se evidencia un canal de drenaje. Por último se encuentra el sector IV, que actualmente no se encuentra arado, se ubica al oeste del sector V (la zona más baja del sitio) y está dimensionado en 120.000 m^2. Sobre la base de ello, se procedió a relevar el área en su totalidad y generar mapas topográficos (éstos se configuran como representaciones de la superficie en la que se registran las características del terreno y su topografía, como así también la presencia de montes, aguadas y médanos, entre otras variables).

En cuanto a las herramientas metodológicas utilizadas para llevar a cabo el trabajo de prospección debemos destacar el uso de detectores de metales (marca *Garret*, modelo 1500, y marca *Minelab*, modelo X-Terra 70). Tanto la bibliografía como la magnitud del terreno y el tipo de materialidad diagnostica, hacen del detector de metales la herramienta idónea para la investigación en terreno.

Los trabajos reunidos en un volumen que refiere a la utilización de detectores de metales por parte de arqueólogos (*Proceedings of the Advanced Metal Detecting for the Archaeologist Conference*, editado por Powis en 2012, Tenesaw University) destacan el potencial asociados a la utilización de estas herramientas en yacimientos arqueológico-históricos, en particular en sitios militares como los campos de batalla (por ejemplo a la hora de delimitar sitios de gran extensión mediante el método de transectas y pruebas de pala). Autores tales como Epenshade (2012) y Scott McFeaters (2011), consideran que es hora de dejar de lado los prejuicios que todavía subsisten —sobre todo en arqueólogos prehistóricos— con respecto a la utilización de detectores de metales en investigación. Estas herramientas, que poseen sus ventajas y desventajas como muchas otras, suele ser denostada por quienes asocian al detector de metales con el accionar del huaquero o expoliador. Este prejuicio muchas veces conlleva la no utilización de esta herramienta, y por ende la imposibilidad de obtener resultados arqueológicos satisfactorios en cierto tipo de yacimientos. Este aspecto ya había sido expresado en un artículo emblemático publicado por Conner y Scott (1998) en *Historical Archaeology*, titulado: "Metal detectors use in Archaeology: an introduction".

En este sentido, las prospecciones en los sectores mencionados dieron como resultado los primeros hallazgos del conflicto bélico: vainas de cartuchos de fusiles y proyectiles de plomo de diversos tipos de armas. Sobre estas áreas se plantearon transectas (i.e. unidades de recolección de datos en el terreno) como parte de una metodología pertinente para abordar de forma sistemática la gran superficie de terreno a ser relevada (679.000 m^2). Se establecieron transectas cada 15 metros, de modo tal que se abarcó la superficie total de cada sector de trabajo. Cada una de éstas fue prospectada por dos operadores mediante el uso del detector de metales, relevando cada uno de los artefactos superficiales y subsuperficiales. Los hallazgos se ubicaron mediante la toma de medidas tridimensionales y de sus coordenadas geográficas (con GPS), lo que permitió reconstruir su posición en el terreno durante el trabajo de gabinete. Consideramos que el arado es un agente importante en la fragmentación y desplazamiento de los restos arqueológicos que no destruye totalmente el agrupamiento de materiales y genera desplazamientos menores a los 6 metros desde su posición inicial (Lewarch y O'Brien 1981; Yorston *et al.* 1990; Clark y Schofield 1991; Dunnell y Simek 1995; Gómes Romero 1999). Por lo tanto se tuvo en consideración el grado de fiabilidad de los hallazgos recuperados en terrenos cultivados, en función del análisis sobre el comportamiento del registro arqueológico en este tipo de contextos (Gómez Romero 1999), a saber: a) desplazamiento lateral (escaso: 5 m en más de 20 episodios de arado), que posteriormente se atenúa alcanzando un movimiento promediado; b) desplazamiento horizontal (en forma de elipse); y c) rotura de implementos (considerable en artefactos de 3 cm o más; en artefactos de menores dimensiones el arado los rasguña pero no los rompe).

Expectativas y resultados

A diferencia de los casos estudiados de Vuelta de Obligado (1845) —un combate de tipo anfibio con desembarco de tropas— (Ramos *et al.* 2011) y Cépeda (1859) —un amplio espacio en donde realizaron diversas maniobras ambos contendientes— (Leoni y Martínez 2011), La batalla de "La Verde" puede ser considerada como una "batalla de sitio", pues una de las partes tomo posición fija para su defensa. De acuerdo a la información documental recabada en torno a los armamentos utilizados y dada las características de este evento bélico, se esperaba que el episodio de este combate hubiera generado: a) una mayor dispersión radial de proyectiles de retrocarga, que poseen mayor alcance y fueron disparados desde posiciones fijas hacia posiciones móviles; y b) una mayor concentración de proyectiles esféricos de plomo en la actual zona forestada, que se corresponde con la posición defensiva elegida por el Teniente Coronel Arias.

Los artefactos hallados durante las campañas llevadas a cabo en el sitio (2008-2012) que se relacionan con la batalla, suman un total de 161. Entre éstos destacan proyectiles de plomo (impactados y sin impactar), vainas de proyectil *Rémington* y *Martini-Henry* (servidas y sin servir), proyectiles esféricos de avancarga, botones militares de distinta procedencia y tamaño, un fragmento de bayoneta, un número metálico de kepí (Figura 6) y materiales no bélicos tales como clavos de hierro de sección rectangular (cuya adscripción al evento bélico no es certera). Por otra parte, se han detectado numerosos materiales modernos tales como alambres, clavos y chapas, entre otros (todos ellos fueron registrados y conservados). También cabe mencionar que existen otros fragmentos ferrosos aún no determinados, que se encuentran bajo análisis en el laboratorio del Grupo de Arqueometalurgia (Facultad de Ingeniería, Universidad de Buenos Aires) y de los cuales se espera caracterizar su morfología y conocer su funcionalidad.

Estudios arqueometalúrgicos

La utilización de vainas de metal con carga explosiva, en reemplazo de los cartuchos de papel utilizados en las armas de fuego de avancarga, significaron un cambio importante en la tecnología bélica decimonónica. En Argentina, este nuevo sistema se utilizó en los fusiles y carabinas *Remington* introducidos a comienzos de la década de 1870, que reemplazaron paulatinamente a los fusiles de avancarga a percusión y a los de chispa. En este apartado se presentan los estudios de un conjunto de vainas de latón de fusiles *Remington* provenientes del sitio. El estudio arqueometalúrgico permitió obtener información que en algunos casos ha permitido ampliar aquella consignada en los registros históricos existentes.

Figura 6. Algunos de los materiales relacionados con la batalla, hallados durante la labor arqueológica en el sitio

En primer lugar, se realizó una clasificación morfológica por inspección visual. A continuación, se efectuó el estudio microestructural, mediante el análisis metalográfico de diferentes cortes de las piezas. Se obtuvieron además imágenes por microscopía electrónica de barrido (SEM) y se determinó la composición química en ciertas zonas por espectrometría de rayos X dispersiva en energía (EDS). Los resultados obtenidos permitieron identificar diferencias morfológicas en los modos constructivos y analizar formas de corrosión que afectaron al material, en particular la corrosión bajo tensión (en adelante CBT).

Las clasificaciones de vainas de armas de retrocarga se han realizado teniendo en cuenta diversas variables: materiales utilizados, tipo de ignición, calibre, uso y forma del cuerpo y del culote (ver Pichipil *et al.* 2012). En relación con este trabajo interesa destacar las clasificaciones basadas en el tipo de ignición y la estructura y forma del culote. En general, las vainas presentan una superficie corroída y cubierta con productos de corrosión de color amarronado; poseen el cuerpo y la cabeza (o culote) unidos, aunque en algunos casos sólo se hallaron restos de la cabeza (Pichipil *et al* 2012).

En el caso del culote de la vaina, se pudo determinar la presencia de dos tipos de morfologías, diferenciada una de otra por la presencia de uno o dos círculos concéntricos. Esta distinción es característica del diseño de fabricación empleado por cada fabricante. Por otro lado, también se observaron contrastes basados en el tipo de ignición, la estructura y forma del culote. La mayoría de las armas de retrocarga poseen fulminantes que se activan por percusión; en la bibliografía se distinguen dos tipos: el sistema *Boxer* y el sistema *Berdan* (Pichipil *et al.* 2012). Internamente, las vainas del tipo Boxer poseen un solo orificio central, mientras que las *Berdan* poseen dos, tres o hasta cuatro orificios más pequeños, denominados oídos. La característica principal de las primeras es la presencia de un yunque incorporado en la cápsula del fulminante, mientras que en las *Berdan* dicha pieza era parte integrante de la vaina propiamente dicha (Figura 7).

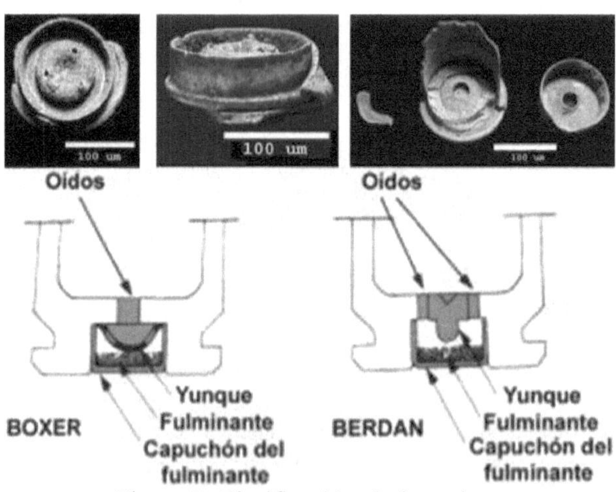

Figura 7. Clasificación de las vainas
según las características internas del culote

Por otro lado, una segunda clasificación que se realizó teniendo en cuenta la morfología (externa) de los culotes, las define como *Folded-Head, Balloon-*

Head y *Solid-Head* (Pichipil *et al.* 2012). Las vainas halladas en el sitio corresponden, según la inserción del fulminante, a los tipos *Berdan* y *Boxer*. En cuanto a la forma de la base o culote, son todas *Folded-Head*, con un capuchón interno que servía para reforzar el culote. Las vainas, además de presentar el capuchón interno, poseen un anillo de cartón entre éste y la base. La combinación de ambos servía como sello y refuerzo, que impedía que la presión de los gases generara fracturas y fugas en la zona plegada que resultaba ser la más débil.

El análisis del cuerpo de las vainas y su capuchón interno —empleado como refuerzo— por medio de EDS, reveló que las piezas estaban construidas a partir de latones alfa (α) de composición cobre (Cu) 70,8 % y zinc (Zn) 29,2 % (típicamente latón 70-30). En algunas zonas de las vainas, la microestructura del material presenta evidencias de una alta deformación, con maclas distorsionadas y bandas de deslizamiento; en otras, en cambio, exhibe granos equiaxiales sin deformar y maclas de crecimiento.

Procesos de degradación observados

En los materiales analizados se observaron fisuras y tres formas de degradación: dealeado (descincificación), CBT y corrosión intergranular (CI). Las aleaciones Cu-Zn que contienen más de un 15% de Zn están sujetas a un tipo de proceso de dealeado llamado descincificación, en el que el elemento menos noble de la aleación se disuelve en forma preferente, dejando una estructura residual alterada. Dos teorías son las más importantes para explicar el proceso de descincificado: según la primera, se produce una disolución preferencial del Zn, al tiempo que una capa porosa de Cu permanece en la superficie del metal; la otra, en cambio, apunta a que ambos metales se disuelven en el medio y posteriormente se produce una redepositación del Cu (ver Pichipil *et al* 2012). Este fenómeno puede presentarse en forma de capas extendidas, que abarcan toda la superficie expuesta (dealeado generalizado) o en forma localizada (dealeado tipo tapón), que da como resultado tapones del metal residual. En las muestras analizadas se presentaron dos formas morfológicas de dealeado, ambas correspondientes a un descincificado tipo tapón, en el que el ataque tiene una gran profundidad relativa en dirección perpendicular a la superficie y se encuentra rodeado de una zona sin corroer o levemente afectada (Figura 8).

Las fisuras observadas en materiales que sufrieron este tipo de corrosión pueden ser de dos tipos: transgranulares e intergranulares. En nuestro caso, las fisuras fueron de tipo intergranular; en el cuerpo están ubicadas en forma longitudinal y son de tipo circunferencial en las zonas próximas al reborde de la base. Éstas aparecen asociadas con zonas de alto grado de deformación plástica. En estas áreas, la existencia de tensiones residuales de fabricación y el contacto con el ión amonio pudieron haber generado la CBT. Tal ión quizás provenga de la descomposición de materia orgánica nitrogenada en el lugar donde se almacenaba la munición y/o en el contexto sedimentario donde fueron halladas. La presencia de productos de corrosión en las adyacencias de las fisuras, la ubicación y orientación de éstas en el reborde de la cabeza (de afuera hacia adentro), así como las referencias históricas de accidentes producidos durante su uso, por ejemplo "...el haberse descompuesto treinta y un fusiles por la mala calidad de los cartuchos, cuyos cascos quedan obstruyéndose en el cañón a causa de desprenderse la base" (Olascoaga 1974: 327), son indicios de que estas fisuras se originaron en tiempos de uso de la munición y que algunas fueron las causantes de los eventos reportados (Pichipil *et al* 2012).

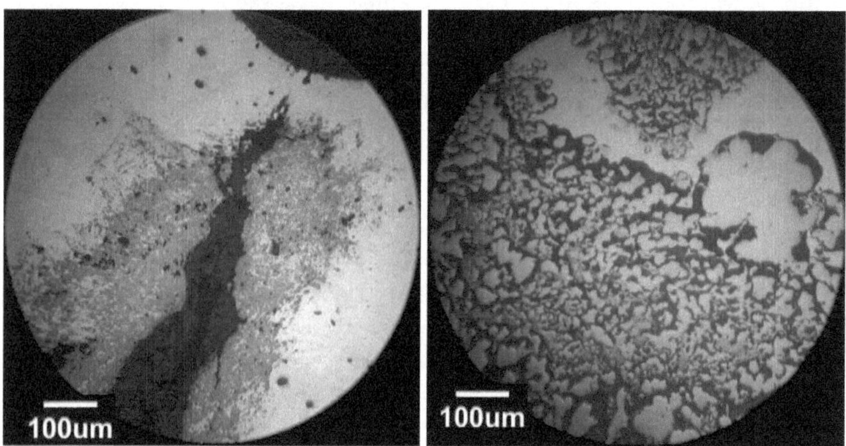

Figura 8. Imágenes obtenidas por microscopía óptica de dos zonas en el cuerpo de la vaina: a) fisura con bordes descincificados y productos de corrosión grises; b) zonas descincificadas de mayor tamaño y en apariencia más homogéneas

Análisis espacial de la batalla: integración de las fuentes documentales y los restos arqueológicos

Con el fin de comprender la dinámica de la batalla (e.g. ubicación de las tropas de ambos bandos, rasgos estructurales y características del paisaje) se llevó a cabo una comparación de la información obtenida en diversas fuentes documentales (escritos de participantes de la batalla y cartografía histórica) con las imágenes satelitales del terreno. De esta forma fue posible establecer un análisis crítico de los planos y sus autores (en relación con el bando de pertenencia) y, a su vez, posibilitó conformar estrategias de prospección y/o excavación para futuros trabajos de campo (Bognanni *et al* 2013). Para la realización de estos análisis se utilizó el programa *Map Analyst* 1.3.6 (Bernhard y Weber 2013), que posibilita la extrapolación de información entre mapas antiguos y modernos, y viceversa, permitiendo que la geo-referenciación de ciertos rasgos o elementos que se encuentran representados en los distintos croquis de la batalla sean "transportados" a las imágenes modernas para determinar con mayor exactitud su ubicación espacial (obtenidas del Google Earth: satélite GeoEye). Para el análisis de la distribución espacial de los elementos hallados se utilizó otro programa de uso libre: el *ArcView* 3.2. (ESRI. 1999).

Entre los documentos escritos analizados, cabe destacar la utilización de tres mapas que representan las disposiciones de los dos cuerpos armados: 1) mapa del Teniente Coronel José Inocencio Arias del año 1875 (MGM 1875); 2) mapa realizado por Florencio Mármol en el año 1876 (Mármol 1876); y 3) mapa sin referencia del Archivo Histórico de 25 de Mayo, Biblioteca Municipal Juan Francisco Ibarra, situado temporalmente entre fines del siglo XIX y mediados del XX. Además, se tendrá en cuenta el relato de Teófilo Gomila, partícipe de la batalla como ayudante de campo del General Rivas —bando mitrista (Gomila 1910, en De Jong y Satas 2011).

El plano del Coronel Inocencio Arias (1875) es el más esquemático de los tres mapas. En este croquis se detallan las ubicaciones de los cuerpos de caballería e infantería al mando del Coronel Benito Machado, Comandante Leyría, Comandante Michemberg y Sebastián Casares, conjuntamente con las reservas del General Bartolomé Mitre y demás guerrillas. Estas fuerzas se dispusieron en forma de "U", rodeando todos los flancos del corral que sirvió de apostadero y defensa del Ejército Nacional (bando leal), con excepción del sector noreste, donde se encontraba la entrada a la estructura. A partir de la utilización del programa *Map Analyst*, se realizó la extrapolación de las disposiciones de las fuerzas revolucionarias sobre una imagen satelital (Figura 9).

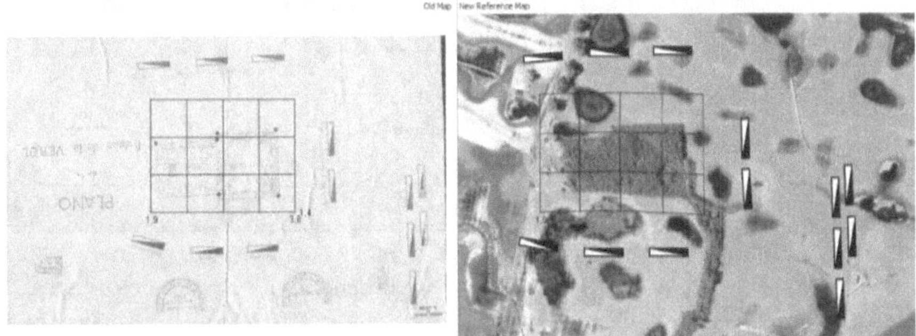

Figura 9. Extrapolación de la información del mapa del Coronel Arias sobre una imagen satelital del *Google Earth* (2012). Nota: los puntos rojos son los seis parámetros reconocibles del corral en ambas imágenes, mientras que los rectángulos representan la ubicación espacial de los cuerpos militares sitiadores

A partir del análisis del resultado fue posible determinar que la grilla o malla de distorsión se encuentra prácticamente sin desplazamiento, lo que significa que los puntos tomados como referencia tienen una coherencia espacial equivalente en ambas imágenes (mapa histórico e imagen satelital). De esta manera se estableció, en base a lo representado por Arias, que las fuerzas sitiadoras se encontraban a una distancia de entre los 140 m y 210 m del corral, mientras que las reservas de Mitre se ubicaron más lejos, al menos a 440 m.

Figura 10. Extrapolación de la información del mapa de Florencio Mármol sobre una imagen satelital del *Google Earth* (2012). Referencias: 1. Corrales de ovejas. 2. Dos mil caballos de las fuerzas de Arias. 3. Potreros. 4. Compañías en guerrillas (fuerzas de Mitre). 5. Corral para caballos hechos en palo a pique. 6. Edificio de material de dos pisos. 7. Pozo. 8. Ranchos. 9. Jagüeles. 10. Fuerzas sitiadas de Arias

Con el mapa de Florencio Mármol (1876) se siguieron los mismos pasos metodológicos que en el caso anterior, aunque un par de los seis parámetros tomados son distintos (Figura 10). La disposición de las fuerzas sitiadoras es similar a la que se aprecia en el mapa de Arias; sin embargo, en este caso se presentan mayores detalles. La ubicación de los jagüeles y pozos es muy importante desde un punto de vista arqueológico, ya que son lugares con un alto potencial de hallazgos vinculados a la batalla. La localización efectiva del potrero mayor (a unos 200 m del establecimiento sitiado, y donde se ubicó la 2° División al mando del Coronel Murga), junto con el corral principal (donde se hallaban las fuerzas de Arias) pueden evidenciar uno de los núcleos de la batalla (*sensu* Ramos *et al.* 2010, 2011), es decir uno de los lugares de mayor intensidad de fuego cruzado. Al analizar este croquis, se observó que las fuerzas del ejército revolucionario que se encontraban más cerca se ubicaron entre los 220 m y 260 m, mientras que las reservas de Mitre se ubicaban en el rango de los 300 m y los 520 m de distancia. La compañía de guerrillas ubicada al sudoeste del establecimiento sitiado se localizaba apenas a unos 60 m de distancia, por lo que debió ser el cuerpo militar más cercano y expuesto a los disparos del ejército gubernamental.

En el mapa denominado 25 de Mayo (ca. fines del siglo XIX y mediados del XX) se presenta una disposición de las fuerzas revolucionarias similar a la de los casos anteriores, aunque posee menor detalle con respecto a los corrales y jagüeles (Figura 11). Si bien coincide con el mapa de Mármol acerca de los dos mil caballos que probablemente se encontraban en el establecimiento sitiado por las fuerzas de Mitre, existe una discrepancia notoria con relación a la ubicación del corral de las ovejas que estaba en cercanías. También existe concordancia acerca de la ubicación de las fuerzas del Coronel Murga en la estructura denominada "potrero" por Mármol. En este tercer mapa, las fuerzas sitiadoras se encuentran ubicadas bastante más cerca que en los casos anteriores. Por ejemplo, la Caballería Guerrillas de Casares, que estaba al sudeste del establecimiento donde se parapetaba el Ejército Nacional, se encontraba apenas a unos 60 m de distancia, mientras que las fuerzas al mando de Borges y las reservas de Mitre se encontraban entre los 170 m y 360 m del establecimiento.

Un dato interesante a tener en cuenta es que tanto el mapa de Mármol como el de 25 de Mayo tienen la orientación del norte geográfico de forma invertida, es decir que el norte representado corresponde en realidad, al sur. Este error de posicionamiento evidencia que o bien uno de los planos está basado en el otro, o bien ambos fueron realizados a partir de un croquis anterior, dato hasta el momento desconocido. Lamentablemente el mapa realizado por el Coronel Arias, líder del ejército atrincherado en las instalaciones del campo de La Verde, es el más esquemático y no posee la referencia del norte o una rosa de los vientos que permita establecer las orientaciones de los batallones y las distintas construcciones. Tampoco presenta una escala que posibilite un mayor análisis del uso del espacio en el momento de la batalla. Los diferentes mapas que representan la disposición de los dos cuerpos armados no se corresponden en cuanto a la escala. El mapa del Coronel Arias no posee ningún tipo de escala de referencia (numérica o gráfica), aunque la existencia de cierta correlación entre algunos puntos de referencias permite, en parte, sortear este inconveniente. En cambio, los mapas de Mármol y el denominado 25 de Mayo sí la tienen. Sin embargo, la diferencia entre éstos es notoria con relación a las dimensiones del corral en donde se apostaron las fuerzas de Arias. Teniendo en cuenta que una vara castellana equivale a 0,836 m, la diferencia del largo total del corral es de unos 31,3 m, mientras que la del ancho del recinto mayor es de unos 17,2 m, siempre a favor del mapa de Mármol. La diferencia de tamaños puede estar dada por, al menos, dos cuestiones: 1) error en la medición durante el levantamiento de uno o ambos croquis; y 2) utilización de diferentes parámetros de varas. En principio, cada vara equivalía a tres pies, pero esta unidad era, en la práctica, una medida estimativa; por esto es que surgieron en España diferentes clases de varas, tales como la aragonesa, la mexicana, la castellana (utilizada en nuestro caso), las cuales poseen discrepancias entre sí.

Figura 11. Extrapolación de la información del mapa denominado 25 de Mayo sobre una imagen satelital del *Google Earth* (2012). Referencias: 1. Dos mil caballos en tierra labrada. 2. Corral de ovejas. 3. Batallón 24 de Septiembre al mando del Coronel Murga (trescientos hombres de infantería con *Remington*). Los rectángulos blancos representan a las fuerzas del Ejército Nacional, mientras que los rectángulos blancos y negros son las fuerzas rebeldes

Debido a las notorias diferencias de escala establecidas es interesante comparar, al menos de forma estimativa, los distintos planos. Para llevar a cabo esta tarea es necesario tomar al menos un elemento constitutivo que sea identificable en los tres mapas: en nuestro caso, se consideró la instalación rural que sirvió de parapeto para las fuerzas de Arias (los corrales con sus extensos fosos y las edificaciones que se encontraban en su interior) y que fue, sin lugar a dudas, el gran núcleo de los combates. En la Figura 12 se establece la relación espacial estimada a partir de estos tres mapas. La correspondencia en la ubicación de las fuerzas rebeldes es notoria, a pesar de los ya mencionados desfasajes espaciales.

Figura 12. Ubicación y superposición de cuerpos y unidades, según los tres mapas analizados

Como se planteó más arriba, el núcleo principal del combate debería encontrarse en el corral que sirvió para atrincheramiento de las fuerzas de Arias, el cual recibió el fuego de forma centrípeta desde los flancos sudeste, sudoeste y noroeste. Sin embargo, no debemos olvidarnos de la defensa del Ejército Nacional, que estableció un fuego centrífugo hacia esas mismas posiciones. Un elemento interesante, que se desprende del análisis del uso del espacio por parte de las fuerzas de Mitre, es que la entrada del establecimiento principal (estructura sitiada) no fue cercada por la infantería rebelde (principalmente evidenciado en los mapas de Arias y 25 de Mayo, ya que en el de Mármol se representan algunos movimientos de las fuerzas sitiadoras en este punto). Posiblemente esto se deba a que allí se encontraba un edificio de material de dos pisos con terraza (de acuerdo a las referencias del mapa de Mármol), lo que habría posibilitado que las fuerzas sitiadas tuvieran una distancia de fuego considerablemente mayor a las logradas por las fuerzas bloqueantes. Por otra parte, como destacamos anteriormente, deben tenerse presentes las fallas de las vainas *Rémington* C 43 que fueron registradas en diversos documentos históricos de fines del siglo XIX, que también pudieron tener lugar durante el desarrollo de la batalla de "La Verde".

Dinámica del combate: análisis de la distribución de hallazgos

A fin de comprender la dinámica del combate de La Verde, se planteó una zona *buffer* de 500 m de distancia (anillos concéntricos con una equidistancia de 100 m entre sí) desde el emplazamiento sitiado. Hasta el momento, en el sector I (sur) no se han hallado restos de la batalla dentro del rango de los 300 m. Por otro lados, a unos 350 m al sudoeste de la estructura se hallaron 33 vainas de *Remington* y *Martini-Henry*, justamente en el lugar en donde se encontraba el batallón 24 de Septiembre y, un poco más atrás, el general Mitre y las reservas. Al respecto, Teófilo Gomila describe la muerte de un hombre que se hallaba en ese lugar:

> "Este joven estaba situado perfectamente detrás del General Mitre, cuyo cuerpo lo cubría dejando apenas descubierto la tetilla izquierda, donde penetró la bala fatal, que con seguridad no era dirigida a él y sí al grupo de Generales y gefes de Estado Mayor, que con toda imprudencia y faltando á sus deberes, se habían colocado á menos de 300 metros, haciendo gala de un valor que no deben tener ya los generales cuya misión en el Ejército es dirigir el combate sin exponerse á los fuegos" (Gomila 1910, en De Jong y Satas 2011: 275).

Consideramos que el hallazgo de esta concentración de vainas evidencia la ubicación del batallón 24 de Septiembre. Entre los 300 y 500 m hacia el oeste (Sector IV) de la estructura sitiada se localizó otra concentración de hallazgos (en esta área también se halló un proyectil a escasos metros del establecimiento). En este caso, el conjunto es más heterogéneo y está compuesto por sólo una vaina, además de trece proyectiles de arma de retrocarga (una con vaina), clavos y restos ferrosos varios (pernos y lo que parece ser un argollón). El hallazgo de proyectiles y de vainas estaría implicando que desde allí no sólo se emitían disparos, sino que también se recibían, lo que hace de este lugar, como ya se planteó, uno de los núcleos de la batalla. En cambio, en el sector III, ubicado al norte de la estructura, se encontraron (a una distancia de 100 a 250 m) seis proyectiles de arma de retrocarga, pero ninguna vaina. Hay que tener en cuenta que el alcance efectivo del disparo de *Remington* es justamente unos 300 m (Bognanni *et al.* 2013), por lo que se encuentran dentro de los parámetros de fuego estimados. En el sector II únicamente se hallaron 2 proyectiles, a un rango de distancia entre 100 m y 200 m (Figura 13).

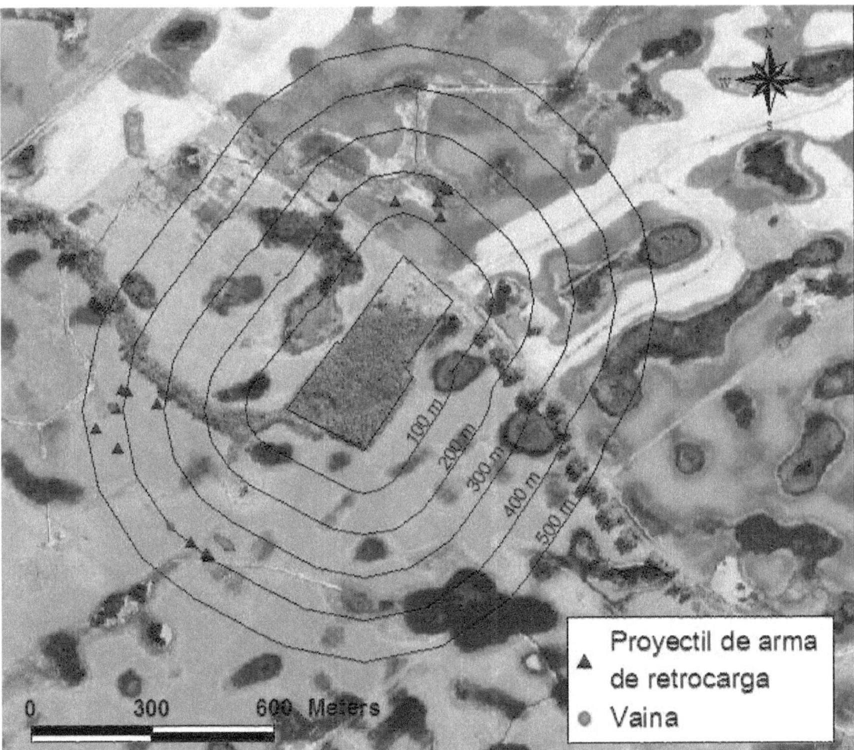

Figura 13. Distribución de vainas y proyectiles localizados dentro de los 500 m de distancia del establecimiento sitiado

Historietizando un campo de batalla y su arqueología

Durante la campaña arqueológica realizada en junio de 2012, se experimentó la convivencia entre el grupo de arqueólogos y una artista plástica que trabaja desde la perspectiva documental (Blaseotto 2010). En este apartado introduciremos sobre lo que podría considerarse una nueva forma de documentar tanto una temática de estudio arqueológica como las labores cotidianas de los investigadores involucrados. La idea inicial fue modificándose durante el transcurso de la interacción con la dibujante en el campo. La mera representación gráfica de los documentos que relatan la batalla de La Verde y su materialidad a cargo de una artista plástica, derivó en la realización de un proyecto pluridisciplinario en donde no sólo se registrarían los datos históricos del evento, sino también la labor metodológica de los arqueólogos y aquellas prácticas cotidianas resultado de los largos días de convivencia.

El dibujo, entendido como registro documental de múltiples acontecimientos, puede constituir una herramienta comunicativa poderosa a la hora de transmitir los derroteros y resultados de una peculiar investigación arqueológica. Un aspecto poco explorado en la historieta, como es el registro documental y el tono de no-ficción, plantea desafíos interesantes tanto para el género como para diversas disciplinas sociales (e.g. Sociología, Antropología, Historia y Arqueología). La historietización del trabajo arqueológico, en particular, implica la confluencia de dos caminos: el del sujeto protagonista y el del lector, así como el de los objetos enterrados y las acciones humanas dispuestas para su develamiento (Blaseotto 2013). Visualizar diversos y distintos procesos, condensar personajes, paisajes y actores en una narración gráfica es historietizar dichos procesos. A través del concepto historietizar se designa la acción de poner en historieta, hacer de un proceso de la vida real una historieta (Blaseotto 2013). Por lo tanto, poner el cuerpo es ser parte del acontecimiento. No se asiste a la escena como testigo externo a ella sino como participante, creando otra forma al mismo tiempo que se la vive (Figura 14).

Figura 14. Escenas historietizadas de la cotidianidad de la labor arqueológica.
Artista plástica: Azul Blaseotto

En el hecho de historietizar una antigua batalla confluyen las siguientes huellas humanas: las de los sujetos pretéritos que la protagonizaron, las de quienes restituyen ese hecho desde el presente y la de quien relata tanto el hecho histórico como su restitución presente (i.e. el historietista). El proceso de historietización de la batalla de La Verde propone a sus autores y lectores un objetivo y puesta en página distintos a lo tradicionalmente establecido en la historieta entendida como entretenimiento. Allí se narran hechos históricos, pero transparentando cómo se establece científicamente su historicidad, y quienes lo hacen. Este proceso supone una doble labor interconectada: por un lado, narrar una historia acerca de un pasado violento; por el otro, diseccionar el trabajo arqueológico llevado a cabo por un equipo de investigación. Ambas vertientes pueden conducir a visibilizar un episodio que atraviesa la conceptualización lineal que Occidente posee sobre el tiempo. Si bien esta interacción pluridisciplinaria se encuentra en su fase inicial, pueden apreciarse algunos resultados en los registros documentales desarrollados por Azul Blaseotto.

Conclusiones

La batalla de La Verde fue un evento único, representado por actores históricos de un tiempo y un espacio particulares, cuyo encuadre histórico resulta, dada la escasez de datos específicos, bastante fragmentario. Este episodio cuenta además con un elemento de fuerte asidero simbólico en el paisaje actual de la región (localización y emplazamiento de un monolito conmemorativo), así como también una discursividad oral proveniente de los trabajadores rurales y los diversos habitantes de la estancia y de los establecimientos vecinos. Este discurso condensa toda una narrativa que posee ciertos visos de realidad y otros de mito, pero que valoriza el trabajo del arqueólogo como elemento vinculante entre aquel pasado desconocido y este presente de incertidumbres respecto de lo sucedido en el evento histórico per-se. Partiendo de esta premisa y considerando todos estos años de investigación, es posible afirmar que desde la Arqueología histórica y su conjunción de múltiples vías de análisis, anteriormente descriptas, fue posible obtener una perspectiva mucho más acabada de este episodio bélico, y contribuir a valorizar lo acaecido allí hace ya 139 años.

A su vez, enfatizando lo más específico, la metodología implementada permitió obtener resultados precisos acerca de las tácticas y estrategias militares desarrolladas por ambos bandos, sobre la base del posicionamiento en el terreno de regimientos concretos, localizados a partir del análisis espacial de los materiales recuperados (esencialmente vainas y plomos). Este esquema más completo que hoy poseemos se fue armando como un rompecabezas, en el que intervinieron las diferentes piezas recuperadas, sus localizaciones y su traslación al sistema de círculos concéntricos posicionados en una imagen satelital. Lo anterior permitió efectuar referencias más concretas relacionadas con la micro-historia del evento particular de la batalla, de semejantes características al análisis arqueológico de la batalla de Little Big Horn (Fox 1988).

En el caso específico de la batalla de La Verde, este procedimiento investigativo permitió generar un abanico de resultados que reflejan con mucho más exactitud la complejidad del fenómeno bajo análisis. Complejidad, por otra parte, difícil de percibir en las escuetas y fragmentarias evidencias de la historia escrita. Este panorama sesgado suele sustentarse en el testimonio de algún testigo (Teófilo Gomila, por ejemplo), que por su propia perspectiva individual presenta un encuadre limitado de aquella realidad (la de su posición), que consistió en evento en el que confluyeron varios regimientos en frentes simultáneos, y que se desarrolló desde los cuatro puntos cardinales de ataque hacia una posición fija. Asimismo, la posición historiográfica se base en la interpretación del parte de batalla de Inocencio Arias, en donde se consignan sólo algunos apuntes (los más fundamentales) de una realidad que fue, como ya se expuso, increíblemente más frondosa y múltiple.

Por otra parte, la utilización de formas de narrar las realidades diferentes a las usuales nos permiten, en este caso, enriquecer el enfoque que poseemos como arqueólogos de nuestro propio proceso de investigación y convivencia en el campo. Tal es el ejemplo mencionado de la historietización de la labor arqueológica. Esta perspectiva, que podríamos definir cuasi *etic*, o como la perspectiva del no participante de la metodología específica de investigación, considera nada más ni nada menos la utilización de un prisma nuevo para observar nuestra tarea de recogida de datos en el terreno. Este prisma no se encuentra en absoluto "contaminado" ni mucho menos influido por las directrices de nuestro campo de estudio y sus usos teórico-metodológicos particulares. Por lo tanto esta nueva e independiente línea argumentativa, desde su óptica particular, puede ser capaz de realizar interesantes contribuciones tanto a la recreación histórica de la dinámica del evento como a la actividad científica de los arqueólogos en sus actividades de campo.

En definitiva, la serie de mecanismos de investigación implementados permitieron desarrollar un estudio pluridisciplinar en el sitio de la batalla de La Verde. Este proyecto confirma y resalta la vigencia e importancia creciente del sub-campo de estudios denominado Arqueología del conflicto, cuyo impacto y alcance actuales resultan altamente significativos en gran parte de Latinoamérica.

Agradecimientos

A la familia Sánchez Álzaga, principalmente a Carlos e Ignacio, por el apoyo constante y la siempre desinteresada y valiosa colaboración que nos brindan en el momento de la labores en el campo. Al evaluador de este trabajo por sus enriquecedoras sugerencias y sus precisas observaciones. A todos los que de una u otra manera colaboraron a lo largo de todos estos años en el trabajo arqueológico que se realizó en La Verde.

Bibliografía

Bernhard, J. y Weber, A. (2013). MapAnalyst. The Map Historian´s Tool for the Analisys of Old maps. http://mapanalyst.org/index.html (Acceso marzo 2014).

Best, F. (1980). *Historia de las Guerras Argentinas*. Peuser. Buenos Aires.

Blaseotto, A. (2010). Incidental critic. Un método para visualizar las historias. *1er Congreso de Historietas y Humor Gráfico en Argentina Viñetas Serias.* www.vinetas-sueltas.com.ar/congreso/pdf/ArtesVisuales/blaseotto.pdf (Acceso agosto 2013).

Blaseotto, A. (2013). *Negocios inmobliarios, clase y naturaleza en colores: cómo construir un museo. Ensayo, fotografías e historietas.* Ed. Un problema+. Buenos Aires.

Bognanni, F., Montanari, E. y Landa, C. (2013). 1874 el año de la revolución. Espacialidad Arqueologica de la batalla de La Verde. *Revista de Arqueologia de la sociedade de arqueologia brasilera* (en prensa).

Clark, J.D. y A.J. Schofield (1991). By experiment and calibration: An integrated approach to archaeology of the ploughsoil. Interpreting artefact scatters. En *Contribution to plowzone archaeology*: pp. 93-105. A.J. Schofield (ed.). Oxford, Oxbow.

Conner, M. y Scott, D. (1998). Metal Detector Use in Archaeology: An Introduction. *Historical Archaeology* 32 (4): 63-82.

De Jong, I y Satas, V. (2011). *Teófilo Gomila. Memorias de Frontera y otros escritos.* Editorial El Elefante Blanco. Buenos Aires.

Del Valle, A. (1926). *Recordando el pasado, campañas por la civilización.* Tomo I. Ed. Placente y Dupuy. Azul, Buenos Aires.

Dunnell, R.C. y Simek, J. (1995). Artifact size and plowzone processes. *Journal of Field Archaeology* 22: 305-319.

Espenshade, C. T. (2012). Yes, But How? Improving the Efficiency of Metal Detector Survey. En *Proceedings of the First Conference on Advanced Metal Detecting for the Archaeologist.* Kennesaw State University. Kennesaw, Georgia, EE.UU.

ESRI. (1999). ArcView GIS 3.2. Environmental Systems Research Institute, Inc. New York. EE.UU.

Fox, R. (1988). *Discerning History Through Archaeology: The Custer Battle.* Tesis de doctorado, Department of Archaeology. University of Calgary. Calgary, Alberta, EE.UU.

Fox, R. (1993). *Archaeology, History and Custer's last battle.* University of Oklahoma Press. Oklahoma, EE.UU.

Geier, C. y Winter, S. (eds.) (1994). *Look to the Earth: Historical Archaeology and the American Civil War.* University of Tennessee Press. Konxville, EE.UU.

Gómez Romero, F. (1999). *Sobre lo arado: el pasado, arqueología histórica en los alrededores del Fortín Miñana (1860- 1869).* Biblos. Azul, Buenos Aires.

Landa, C. (2013). Arqueología de campos de batalla: solo un comienzo. *Arqueología* 19 (2): 265-286.

Landa, C., Montanari, E. y Gómez Romero, F. (2011). El fuego fue certero y bien dirigido (…). Inicio de las investigaciones arqueológicas en el sitio campo de batalla de "La Verde" (Partido de 25 de Mayo, Provincia de Buenos Aires). *Arqueología Histórica en América Latina. Perspectivas desde Argentina y Cuba,* pp. 47-56. M. Ramos y O. Hernández de Lara (eds.). Programa de Arqueología Histórica y Estudios Pluridisciplinarios, Universidad Nacional de Luján. Buenos Aires.

Leoni, J. y Martínez, L. H. (2011). Un abordaje arqueológico de la batalla de Cepeda, 1859. En S*imposio de Arqueología Histórica de Rosario*. Facultad de Humanidades y Artes. Universidad Nacional de Rosario, en prensa.

Lewarch, D. y M.J. O'Brien (1981). The expanding role of surface assemblages in archaeological research. *Advances in Archaeological Method and Theory* 4: 297-342.

Memorias del Ministerio de Guerra y Marina (M.G.M.) (1875). Tomo I, Archivo Museo Mitre. Buenos Aires.

Mármol, F. (1876). *Noticias y documentos sobre la revolución de 1874*. Imprenta de M. Biedma. Buenos Aires.

Olascoaga, M. (1974). *Estudio topográfico de la Pampa y Río Negro*. EUDEBA. Buenos Aires.

Pichipil, M., De Rosa, H., Landa, C. y Montanari, E. (2012). Las vainas de latón de fusiles Remington: testigos de una época. *11° Congreso Binacional de Metalurgia y Materiales SAM/CONAMET*. Rosario, Santa Fe, Argentina.

Pollard, T. y Banks, I. (2005). Why a Journal of Conflict Archaeology and why now? *Journal of Conflict Archaeology* 1: i-vii.

Powis, T. (ed.) (2012). *Proceedings of the Advanced Metal Detecting for the Archaeologist Conference*. Department of Geography and Anthropology, Kennesaw State University. Kennesaw, Georgia, EE.UU.

Quesada Sanz, F. (2008). La Arqueología de campos de batalla. Notas para un estado de la cuestión y una guía de investigación *Saldvie* 8: 21-35.

Ramos, M., Helfer, V., Bognanni, F., González Toralbo, C., Luque, C., Pérez, M. y War, M. (2010). Cultura material y aspectos simbólicos: el caso de la batalla de la Vuelta de Obligado. En *Mamül Mapu: pasado y presente desde la arqueología pampeana*, M. Berón, L. Luna, M. Bonomo, C. Montalvo, C. Aranda y M. Carrera Aizpitarte (eds.), pp. 215-226. Editorial Libros del Espinillo. Ayacucho, Buenos Aires.

Ramos, M., Helfer, V., Gonzáles Toralbo, C., Luque, C. y Senesi, R. (2011). Sitio Vuelta de Obligado: expectativas de análisis espacial respecto de la batalla. En *Temas y problemas de la Arqueología Histórica*, M. Ramos, A. Tapia, F. Bognanni, M. Fernández, V. Helfer, C. Landa, M. Lanza, E. Montanari, E. Néspolo y V. Pineau (eds.), pp. 145-162. Programa de Arqueología

Histórica y Estudios Pluridisciplinarios (PROARHEP), Departamento de Ciencias Sociales, Universidad Nacional de Luján. Buenos Aires.

Scenna, M. A. (1981). 1874: Mitre contra Avellaneda. *Revista Todo es Historia.* N° 167. Buenos Aires.

Scott, D. y McFeaters, A. (2011). The Archaeology of Historic Battlefields: A History and Theoretical Development in Conflict Archaeology. *Journal of Archaeological Research* 19 (1): 103-132.

Walther, J. C. (1964). *La conquista del desierto.* EUDEBA. Buenos Aires.

Yorston, R.M.; V.L. Gaffney y Reynolds, P.J. (1990). Simulation of artefact movement due to cultivation. *Journal of Archaeological Science* 17: 67-83.

CAPÍTULO 5

EL SISTEMA DEFENSIVO
DE JÚCARO A MORÓN Y LA PRAXIS SOCIAL DE SU
PAISAJE DE CONFLICTO EN LA REGIÓN
CENTRAL DE CUBA (1871-1898)

Roberto Álvarez Pereira

Introducción

Las ruinas culturales del pasado, vienen a ser el resultado de diferentes roles sociales asumidos por los actores históricos del mismo que en el proceso de evolución socio-económico desarrollaron disímiles métodos de humanización del espacio. Según Orejas (1995:114), "el espacio es social y la sociedad es espacial", logrando ser el entendimiento del paisaje y su apropiación intelectual uno de los pretextos más antiguos de la actividad humana en la generación de conflictos.

El espacio, su parcelación y delimitación física; es el resultado de la configuración evolutiva del binomio poder-saber que lo han particularizado. Estos procesos producen un fraccionamiento geográfico mediante la explotación de sus recursos, vertebración e incluso su construcción en el plano simbólico y fenomenológico conocida como "territorio" (Tilley 1994). Como resultado de este proceso de control entre las relaciones espaciales surgen las "fronteras", vistas como elemento delimitador o mediador entre los espacios sociales.

Desde esta perspectiva se hace necesario entender que el paisaje sometido por los actores a la artificialización, genera dinámicas de identidad que promueven control y delimitación a diferentes escalas. Estas ordenaciones territoriales se manifiestan inicialmente en la isla de Cuba producto a la vecindad de sus primeros habitantes. Es decir, ya desde épocas precolombinas se generaban los primeros límites entre los territorios, denominándose al espacio resultante como "cacicazgos" (Figura 1).

Con el tiempo se organizan después de la colonización en la geografía cubana durante los siglos XVII-XVIII nuevos patrones de asentamiento que forman a su vez distintos espacios de conflictos como consecuencia de sus errores de demarcación en corrales y haciendas. Como consecuencia de estas confrontaciones queda dividida la soberanía de la isla en dos gobiernos independientes uno de otro por Real Cédula del 8 de octubre de 1607, estableciéndose dos mandos políticos y militares, uno en la región occidental con su capital en La Habana y el otro en la región oriental con la capital en Santiago de Cuba (Pezuela 1863). Esta fragmentación generó dos mitades muy parecidas en cuanto a su escala territorial, creando un punto de contacto entre ambas regiones en el centro del país, donde actualmente se encuentra la provincia de Ciego de Ávila. De esta manera, se configuró la primera frontera de carácter simbólico como consecuencia del "conflicto" entre las primeras formas espaciales que adopta el poder de las administraciones territoriales y sus posesiones.

Figura 1. Croquis hipotético de la situación geográfica aproximada de los Cacicazgos que existieron en la Isla de Cuba en el año de 1512.
Fuente: Rousset (1918)

Pero para lograr entender la importancia y el propósito de este espacio que llegó a fortificarse y a ejercer como una frontera material dentro de las guerras separatistas del siglo XIX en Cuba y específicamente contextualizarlo al conflicto de 1895 – 1898, se hace necesario apoyarse en un modelo analítico de evolución interpretativa asumido por la arqueología, conocido como "arqueología del paisaje", capaz de entender diferentes aspectos relacionados con la organización y explotación del espacio en función de los intereses sociales de sus individuos históricos.

Contextualización histórica

En el archipiélago cubano durante el siglo XIX se imponen o generan divisiones político-administrativas como la del año 1827. En esta ocasión se incrementa un nuevo departamento, el Central, que poseía su capital política en Trinidad y la jurídica en Puerto Príncipe (actual provincia de Camagüey). El origen de este nuevo departamento es muy probable que se debiera a la evolución del punto de contacto entre las administraciones regionales antes mencionadas (la occidental y la oriental).

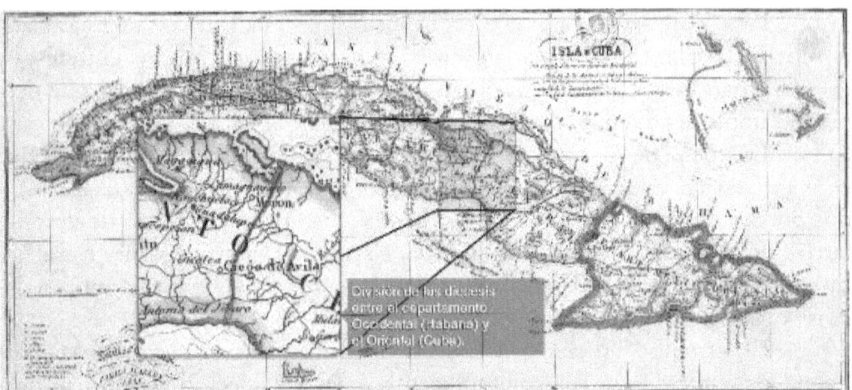

Figura 2. Mapa de la Isla de Cuba, confeccionado por Camilo Alabern en 1853. Detalle de la división de las diócesis de oriente y occidente. Fuente: Biblioteca Nacional de España. Identificador: bica0000041005

Este departamento Central es abolido en el año 1853, decisión que pudiese estar influida por el propio control ejercido por los mandos político y jurídico, ambos fraccionados también dentro del propio departamento por esta diócesis fronteriza entre las regiones occidental y oriental.

Dentro de las 31 jurisdicciones conformadas para esa fecha en toda la isla de Cuba, la de San Juan de los Remedios y Santis-Spíritus, ambas del departamento occidental, albergaban los partidos de Morón en el primero y Ciego de Ávila en el segundo, poblados que se verían envueltos por la macro ocupación militar de esta zona central, sirviendo posteriormente como puntos nodales del sistema fortificado conocido históricamente como "La Trocha militar de Júcaro a Morón". Desde esta temprana época pareciera existir un interés marcado en la interpretación del paisaje con el fin de conformar espacios para implantar divisiones integradas para instruir "Gobiernos Regionales" con autonomía económica y política que permitiesen descentralizar la acción del Estado.

Con tres años de empezada la primera guerra de liberación nacional de la isla de Cuba se promueve como consecuencia de las afectaciones producidas por el carácter irregular de esta, un plan de campaña conocido como Las Trochas, con el objetivo de proteger las Villas y Occidente, donde se encontraba la mayor parte de las propiedades agrícolas del país, cuyos productos se consideraban imprescindibles teniendo en cuenta el costo de la guerra.

Bajo esta necesidad y movidos por alguna que otra pasión política se aprueba el controvertido plan de construir una línea de defensa militar que dividiera la isla de Cuba de Norte a Sur por una de sus partes más angostas, aprovechando el trochado ya hecho para los caminos existentes, de forma tal que impidiera el paso de las columnas insurrectas o por lo menos lo dificultaran hacia la zona privilegiada por la corona.

Para comprender la memoria expositiva de esta estrategia de campaña nombrada Las Trochas es necesario primero ver cómo se relacionan intereses y geografía para servir de pretexto a tan importante sistema de defensa, que después se implementó en diferentes lugares de la isla y el Caribe.

La trocha de Júcaro a Morón desde su consolidación en el año 1871 se convierte en un valor agregado a los diferentes teatros de operaciones asumidos por los capitanes generales en la isla de Cuba, hasta el proceso de desmilitarización al finalizar el conflicto de 1898. Estas continuas sucesiones estratégicas provocaron modificaciones tipológicas que alteraron su forma, poder defensivo y onomástica geográfica.

El término "Trocha"[1] define en Cuba y en otros lugares de América Latina los senderos o trillos realizados en la maleza, es decir derivados del desbroce en la *manigua* o *monte*. También se le denomina así al ancho que posee la vía férrea. Sin embargo, es un topónimo adoptado en esta isla para denominar durante el siglo XIX las líneas militares construidas como consecuencia de los conflictos separatistas. Entiéndase de esta manera por qué este peculiar sistema defensivo, al evolucionar hacia frontera interna, se le sigue conociendo como "Trocha militar de Júcaro a Morón" (Figura 2).

El último y más significativo proyecto de re-fortificación de este sistema defensivo fue encargado por el capitán general Valeriano Weyler y Nicolau, Marques de Tenerife, Conde de Ruby, durante su primer período de gobernación en la isla, a su ayudante personal e ingeniero militar José Gago y Palomo, quien presento su propósito constructivo bajo el título "Estudio de un Proyecto de reconstrucción de la Trocha, Base para la organización de las obras", quedando aprobado en marzo de 1896, con un año hábil para su realización (De Sequera 1999:151).

El Marques de Tenerife no sólo rescató esta estrategia para su campaña, también reutilizó el contexto instituyendo un nuevo sistema de fortificaciones que combinaba diferentes perfiles constructivos, relacionando fortificaciones permanentes y pasajeras con obstáculos naturales y artificiales a fin de crear un diálogo entre las obras que fuese impermeable.

---

[1] Como dato curioso se puede agregar que esta terminología ya era empleada en el centro del terruño avileño para los deslindes en las haciendas comuneras. Un ejemplo es la Trocha concebida por el Conde de Villamar, que fue usada como referencia por el agrimensor Fabio Freire en las mediciones realizadas el 24 y 25 de enero de 1848 (Sánchez y García 2011:6).

Su ejecutor, el ingeniero Gago, había servido con anterioridad bajo el mando del general Weyler en la campaña de Filipinas, donde construyó la Trocha de Tukurán y el poblado fortificado de Parang Parang, entre otras obras de poliorcética empleadas en las guerras irregulares de ese territorio (La Ilustración Artística 1897:378).

Para la línea de Júcaro a Morón, realiza una distribución espacial de elementos, donde todas las obras como condición tenían que estar en comunicación a diferentes niveles entre ellas, mediante medios eléctricos y ópticos, pero además reconstruye el ferrocarril militar que las comunicaba, establece campamentos permanentes y pasajeros, cuarteles, estaciones ferroviarias y fortifica las comarcas nodales del enclave. Este croquis representado por el capitán J. I. Chacón (1883:106) en su tratado *Guerras Irregulares* sostiene una similitud gráfica con la concepción y distribución espacial aplicada posteriormente por el capitán de ingenieros Gago en la Trocha de Júcaro a San Fernando, nombrada así a partir de la extensión desde Morón hasta ese punto al norte del mismo (De Sequera 1999:153) (Figura 3).

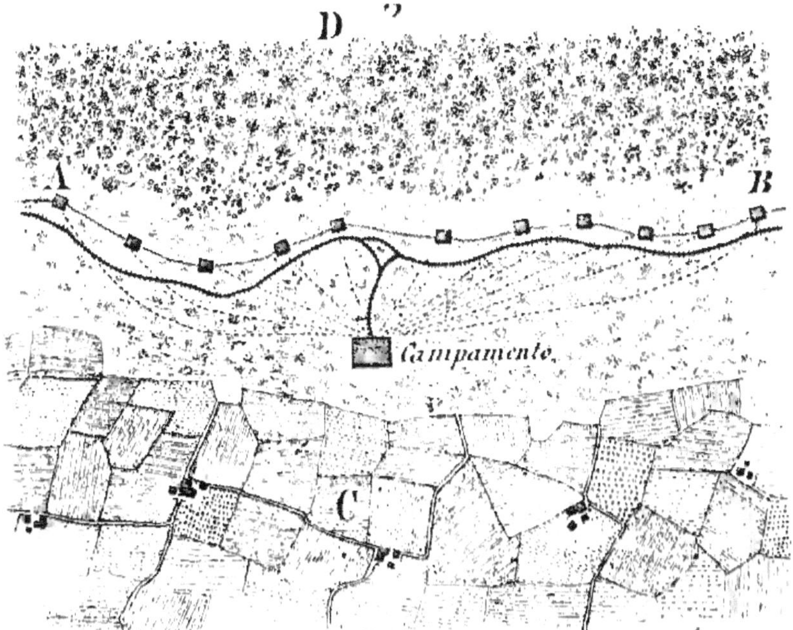

Figura 3. Croquis confeccionado por el capitán J.I. Chacón (1883:106) en su libro *Guerras irregulares*, volumen II, para ejemplificar los lugares más factibles para emplazar los campamentos en las líneas militares

La extensión total de la franja fronteriza superó los 68 kilómetros de largo que figuran como el estándar dentro de la mayoría de las publicaciones que la refieren. Existe una notable diferencia entre la extensión de las fortificaciones *ad hoc* paralelas a la ferrovía y las del sistema fronterizo en general, donde se comprendían obras como las emplazadas en la Isla de Turiguanó al norte de Morón, Laguna de la Leche, las de los poblados que formaban el tercer escalón en la retaguardia y las del primero a vanguardia. Se cree también que algunos proyectos de fortificación alcanzaron los cayos al norte de la isla de Cuba.

Toda esta distribución de obras en el terreno que integraba el sistema defensivo se muestra en los planos de inspección atesorados en el Museo Provincial de Ciego de Ávila Coronel Simón Reyes Hernández, confeccionados por la Comandancia de Ingenieros de la Trocha de Júcaro a San Fernando en el año 1897. En ellos se grafica la cantidad de obras sobre la base de lo construido, numerándose las siguientes: 420 casetas de escucha, 2 campamentos permanentes para cabecera de batallón, 6 campamentos provisionales, 7 cuarteles defensivos, 60 blockaos y 68 fortines o torres.

A cada campamento le correspondían 10 torres y se emplazaban cada 10,5 kilómetros, así como los cuarteles cada 5,5 kilómetros, ocupándose cada uno de estos últimos de 5 de las mencionadas torres. Existían además dos cuarteles cabeceras de batallón en toda la línea, en la zona sur en el kilómetro 15,5 y en la norte en el kilómetro 45,5. Una copia de este plano se puede encontrar también en las memorias publicadas del general Weyler en los anexos del volumen V (1910) sobre su mando en Cuba y en la web Trocha Interactiva (2011).

Existen algunos factores de consideración que me gustaría sumar a esta descripción con el fin de poder otorgar una idea de la concepción general de este sistema fronterizo. A lo largo de toda la línea se transitaba por 20 puentes o alcantarillas[2], existían 3 comarcas fortificadas, además del sistema de comunicación telegráfica, óptica y telefónica, sistema de vigilancia nocturno asistida por proyectores luminosos sistema Drumont y el ferrocarril al oeste en la retaguardia de las torres que ponía en comunicación la costa sur y la norte mediante la Laguna de la Leche al norte de Morón, lugar donde se encontraba la mencionada estación de San Fernando (Weyler, 1910: 667).

Contexto geográfico

Geomorfología de la región

Este enclave se inserta en un relieve que pertenece a la "Región natural de Júcaro a Morón", originada en una zona de fallas geológicas producida co-

---

[2] Las alcantarillas o puentes del ferrocarril fueron explotadas en múltiples ocasiones con el fin de aislar determinadas torres de los suministros a través de esa vía. Una de las acciones más mencionadas en la historiografía cubana fue la voladura de la locomotora "La Cuenca" el 22 de diciembre de 1896, delante de la segunda caseta escucha entre la torre número 2 y 3.

mo consecuencia de importantes procesos colisionantes de finales del Cretácico y hasta el Eoceno Superior (Cruz-Orosa y Blanco 2007). Desde el punto de vista geológico funciona como una frontera natural que marca el límite entre Cuba Centro Occidental (bloque Las Villas) y Cuba Centro Oriental (bloque Camagüey), conociéndose evidencias de su existencia por datos de teledetección y morfometría (Pérez-Pérez 1997; Cruz-Toledo *et al.* 2002, 2005; Cruz-Orosa 2006), datos geológicos de superficie y del subsuelo (Milián 1986; Pushcharovsky 1989; Blanco 1999; Cruz-Orosa 2006) y datos geofísicos (Rodríguez y Prol 1980; Cuevas *et al.* 1989; Rodríguez y Domínguez 1993; Álvarez 2000; Blanco *et al.* 2000; Peña Reyna 2005; Cruz-Orosa 2006) (Figura 4).

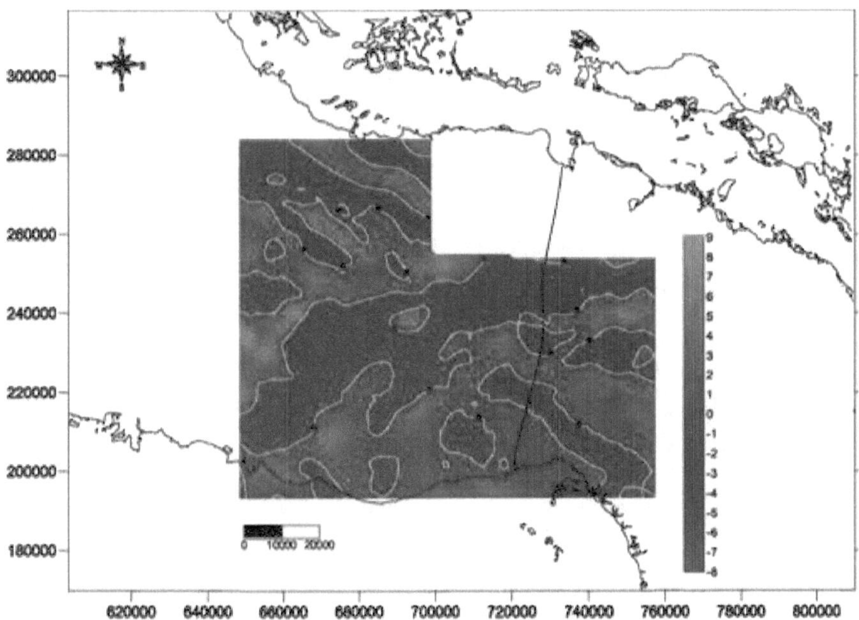

Figura 4: Mapa de anomalías de Bouguer ¨g (mGal) que abarca el área de desarrollo de la zona de fallas La Trocha y la Cuenca Central

La anomalía negativa del campo gravimétrico ubicado al centro del área evidencia el desarrollo de una cuenca sedimentaria que divide Las Villas de Camagüey, asociada genética y estructuralmente a la zona de fallas, en la que se depositaron desde el Cretácico Superior Campaniano-Maastrichtiano rocas sedimentarias, predominantemente facies terrígeno-arcillosas (Sánchez-Arango 1977; Milián 1986, 1987a, 1987b, 1989; Blanco 1999). Estas características conciben un terreno con una superficie en forma de llanura denudativa, con pendientes generalmente inferiores al 1,5 % que disminuye hacia las costas creando sub-llanuras: fluviales y fluviomarinas.

En esta llanura central en la parte Norte, específicamente en las localidades de Punta Alegre, Turiguanó y Cunagua, se observan estructuras anulares formando cúpulas de un relieve de fondo muy llano. Tales estructuras se asocian a procesos de diapirismo de las secuencias evaporíticas depositadas durante la apertura de la cuenca del protocaribe en el Jurásico Superior (Iturralde-Vinent 1997, 1998; Cruz-Orosa y Blanco 2007) (Figura 5).

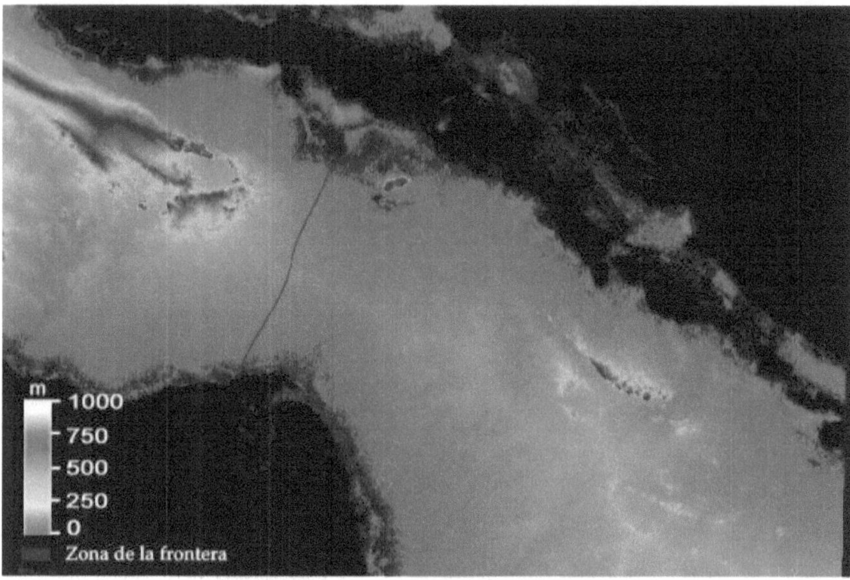

Figura 5. Topografía de la región central de la Isla de Cuba. Imagen tomada por el "Shuttle Radar Topography Mission" (SRTM) a bordo del transbordador espacial Endeavour

Estos suelos por su topografía, su posición fisiográfica y la consistencia de la arcilla se vuelven impermeables, no presentan problemas de erosión y posen un drenaje deficiente, lo que provoca el estancamiento de las aguas superficiales en la época de lluvia (Ministerio de la Agricultura 1984:78).

Específicamente en la zona prospectada se presenta un material basal calcáreo transportado, fundamentalmente de depósitos marinos, de color arcilloso pardo, con estructura fragmentaria, muy plástico y adhesivo. Esto produce como consecuencia buena capacidad de retención de la humedad, regular aireación y buen desarrollo radicular, desfavorable para los cultivos de importancia económica. Esto supone un contexto menos afectado culturalmente y más propicio para la conservación de las estructuras.

Vegetación

La vegetación predominante en el área se compone en su mayor parte por plantas invasivas: Weyler (*Mimosa aspereta*), hierba fina (*Cynodón dactylon*), guinea (*Panicum maximum*), dormidera (*Mimosa pudica*), parana (*Panicum purpurascens*) y yana (*Conocarpus erectus*) (Ministerio de la Agricultura 1984:78).

Metodología y estrategia de la prospección

La metodología utilizada para el diagnóstico arqueológico inició con el establecimiento de los límites históricos-culturales y geográficos-naturales en el ámbito de la actuación. Se conformó el corpus documental y bibliográfico sobre el contexto, que sirvió para confrontar y comparar la documentación histórica acopiada en los archivos y bibliotecas, con la cartografía actual, estudios geológicos, edafológicos, ortofotografías, fotografías aéreas, toponimia y tradiciones orales de las comunidades cercanas.

Procediendo con una inspección del terreno, auxiliado por teledetección, fotografías aéreas y espectrales de algunos de los diferentes momentos históricos del contexto, así como una prospección intensiva de cobertura total de toda la zona de estudio mediante transectas, con énfasis en aquellas zonas ubicadas en las que el nivel de vegetación impedía la visualización de la superficie terrestre, desde la perspectiva mencionada.

De igual manera se llevaron a cabo entrevistas a pobladores locales y se recopiló información sobre la reutilización de suelos para los cultivos y la ganadería, también sobre las fases de ocupación del yacimiento arqueológico, previo a su declaración como Monumento Nacional en el año 2000.

El trabajo de campo se llevó a cabo por ocho prospectores con recorridos superficiales en el terreno, apoyado por las informaciones cartográficas de la época y la memoria oral de los pobladores.

Se optó por realizar los reconocimientos en base a los niveles de accesibilidad, visibilidad y perceptibilidad del yacimiento, utilizando para ello el sistema estratificado de prospección con muestreo, buscándose patrones de alteración de terreno y trazas observadas en las fotografías aéreas y satelitales, concentrándose la pesquisa en ubicar cualquier estructura arqueológica o rasgos culturales visibles que pudiera aflorar por encima de la cota cero. Se aplicó un nivel de intensidad de 4 m entre los prospectores, formando transectas de 1 kilómetro de extensión SE→NO, con radios máximos de 14 m en puntos resultantes, dada la mala visibilidad general del terreno. Esto permitió observar la dispersión de restos de estructuras hasta la distancia de 11,30 m, que se traducen en una posible extensión del yacimiento, los que hemos identificado como sanitarios de campaña y obras de vigilancia constructiva. Observando aéreas de concentración e incluso de presencia/ausencia de determinadas estructuras e inmuebles como es el caso de las "alambradas" remplazadas en esta área por los "Pozos de lobos".

Posteriormente se recurrió a nuevas entrevistas a pobladores locales. Se tomaron los puntos más significativos para georeferenciar los 3 kilómetros del yacimiento, con el fin de ubicar la información espacial documentada y levantar su planimetría a fin de generar en la última etapa una eficaz y comprensible divulgación de los resultados mediante recorridos virtuales, modelos a escala y proyectos interactivos de construcción y deconstrucción del sistema con las nuevas tecnologías.

Resultados de la prospección

Los resultados de los análisis de fotointerpretación arrojaron un grupo de hipótesis sobre determinadas zonas que formaban configuraciones espaciales en la superficie de origen antrópico (túmulos), muy cerca de los restos de emplazamientos militares enmarcados dentro del contexto histórico de este sistema. La evaluación posterior de estos elementos logró constatar la organización real de las obras en el terreno. Esto sirvió para establecer su cronología, coincidiendo con el periodo de redistribución espacial y fortificación instituido por Weyler durante los años 1896-1897. Se observan también, por la vanguardia de la torres en el primer kilómetro a una distancia de 123 m de ellas varias hileras formadas por montículos relacionados espacialmente por su simetría que alcanza 800 m de extensión y 19 m de ancho, cada uno de los montículos posee un radio aproximado de 6 m, con una ordenación espacial de carácter militar conocida como "quincunce", sosteniendo la teoría de que sean "Pozos de Lobos": elemento defensivo del siglo XIX conservados en este sistema defensivo desde 1873, al parecer por las características geomorfologías de la zona. Estas defensas accesorias emplazadas en contextos costeros posteriormente evolucionaron hacia los conocidos "Dientes de Dragón" empleados en la Segunda Guerra Mundial. También se detectaron algunos los terraplenes que comunicaban las obras, trazas de drenaje artificiales y posibles sanitarios exteriores o baños rurales a 11,30 metros de las escuchas (Álvarez y Calvera 2011) (Figura 6, 7, 7a y 7b).

La trocha desde una perspectiva social

Si analizamos las consecuencias de los intentos de descentralización mediante la creación de regiones en la isla, se puede advertir mediante los censos y trazas económicas que en los bloques regionales centro-occidental y centro-oriental se motivaron relaciones de interdependencia que derivaron en conflictos, provocando disparidades regionales, reconfigurando el espacio y organizando paralelamente a la región centralizada[3], regiones marginales[4] y periferias (Figura 8).

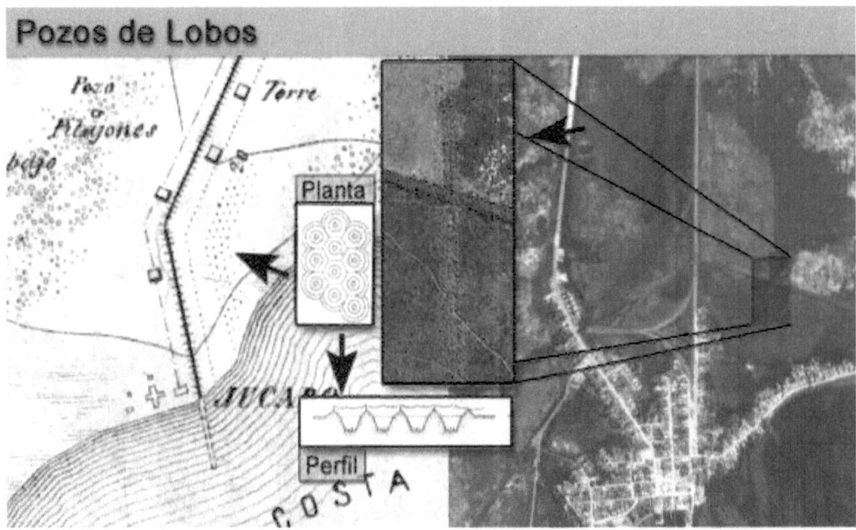

Figura 6. A la izquierda detalle del plano confeccionado por el teniente coronel comandante de ingenieros Lino Sánchez (1873) donde se muestran los pozos de lobos establecidos en las cercanías del poblado de Júcaro. A derecha una Ortofotografía tomada con Google Earth donde se muestran los restos superficiales de las elevaciones de tierra entre los pozos. Fuente: Biblioteca Nacional de España. Fuente: http://digmap1.ist.utl.pt:8080/records/Ign/html/c1cfe324 -207d-4ed1-bcea-4444b95dd34d.html

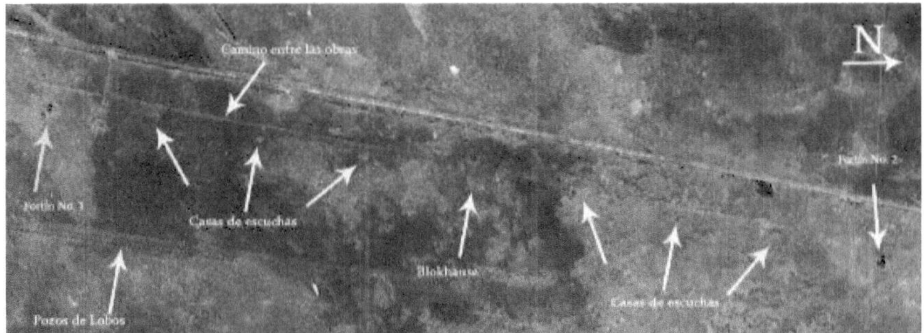

Figura 7. Ortofotografía aérea donde están ubicados los restos encontrados

---

[3] Se considera la región centralizada o jerarquizada a la que poseía mayor importancia económica para la época: la región o departamento occidental.

[4] Se considera la región marginal a un territorio afectado por la declinación de sus aspectos demográficos y socioeconómicos, originándole dependencias del espacio jerarquizado o centralizado.

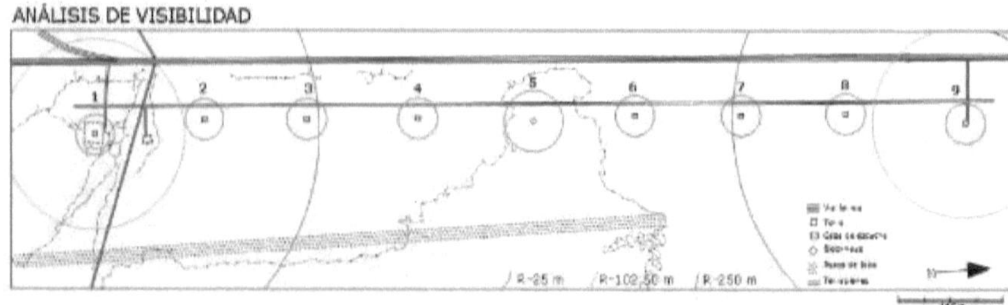

Figura 7a. Representación gráfica del análisis de dependencia visual entre las obras defensivas. Propuesta de radio de visión desde los tres niveles de las torres el primero a 1.60 m (aspilleras), el segundo desde el parapeto superior a 4,10 y el tercero dese la atalaya a 10 m sobre el nivel del terreno

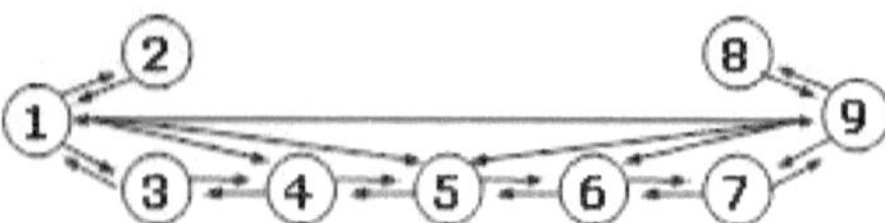

Figura 7b. Diagrama de permeabilidad en el kilómetro número I del sistema fronterizo

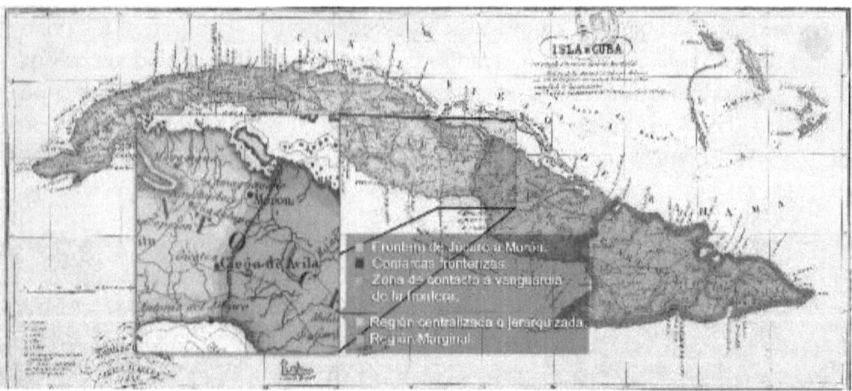

Figura 8. Descripción de las zonas y regiones del contexto

Visto esto desde la perspectiva proyectada por el maestro en armas y hacendado Francisco Gonzales Arenas en el teatro bélico del inaugural conflicto por la independencia de la isla de Cuba, conocido por la historiografía cubana como "La Guerra Grande o de los Diez Años". Instituido bajo el título de "Proyecto de un plan de campaña montaraz sujeto a reglas matemáticas con conocimientos prácticos de las dificultades que presentan las localidades sublevadas…" (Martí 2012:54; Arenas 1869:2) donde propone una estrategia de control territorial, para contener los conflictos en la región más afectada por la conflagración (la oriental), y donde la política de la "Tea Incendiaria" prevalecía (Guerrero Acosta 2003:37), sometiendo la periferia creada entre esta y la región jerarquizada (la occidental) el establecimiento de un sistema fortificado estacionario y de "avance", desde donde según Gonzales Arenas (1869) "nuestras tropas puedan avanzar, arrollar, capturar y limpiar todo cuanto sea movible" (cit. en Martí 2012:55).

Esta táctica de "avance" desde la periferia de la región jerarquizada hacia la zona marginal apoyada por puntos militarizados o fortificados de carácter proactivo ubicados en las áreas de contacto en la vanguardia del sistema fronterizo (Figura 9), presenta una relación sémica con un efecto físico nombrado "resonancia mecánica", que se refiere a la amplitud generada por el movimiento periódico de un sistema, debido a la ampliación de una fuerza pequeña en fase con el mismo (Denou 2008; GDUL 2008). En general, sería un conjunto de fenómenos relacionados con la continuidad de un movimiento.

Si esto lo percibimos desde el teatro propuesto por Gonzales Arenas, los movimientos de avance de las columnas móviles y las contra guerrillas hacia las zonas de contacto en la vanguardia sin el apoyo de los puntos que formaban el primer escalón defensivo, originaría que las incursiones hacia esa zona hubiesen sido muy cortas y sin resultados. Sin embargo al contar con el apoyo de diferentes puntos militarizados en ciertas áreas de la vanguardia, lograban garantizar la continuidad de las operaciones así como la expansión y militarización de nuevos puntos, creando escalones en la región marginal a fin de restringir la insurgencia dentro del territorio que ocupaba.

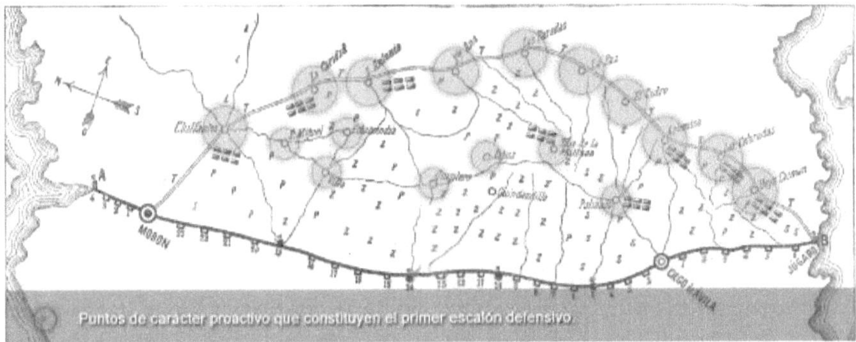

Figura 9. Croquis con la ubicación de los puntos donde se encontraban efectivos para el apoyo de las operaciones en la vanguardia de la frontera (proactivos). (TRIAY 1871)

Geoestratégicamente, una estructura que dividiese la región jerarquizada de la marginal, ejerciendo como una frontera en la periferia entre ambas, evitaría la expansión de las zonas de conflicto de un departamento al otro, limitándolas a un territorio que sería asumido por los procesos de movilidad y avance originados desde la frontera, descritos anteriormente. Por lo que a este fenómeno, desde el punto de vista societal, le llamaremos en lo sucesivo "efecto resonancia" (Figura 10).

Figura 10. Efecto resonancia ejercido desde la frontera

Permeabilidad

Las nuevas corrientes epistemológicas de la etnoarqueología, (Grimson 2011, 2004, 2000; Quijada 2002; Escolar 2000; Cardoso 1976) insisten en la importancia de ver la frontera como un territorio con características y dinámicas propias, capaz de deformar y reformar la identidad y el comportamiento de sus actores. Esto hace necesario no conformarnos con la visión de frontera sólo como línea limítrofe entre dos espacios territoriales para poder entender sus relaciones grupales y configuraciones sistémicas, en este caso sostenidas por un conflicto. Existe toda una extensa bibliografía (Grimson 2011, 2004, 2000; Quijada 2002; Escolar 2000; Cardoso 1976) donde los enfoques constructivistas raqueen en la dimensión "tiempo" para poder razonar sobre los procesos históricos que se dan lugar en ellas.

La descomposición de la identidad es uno de esos procesos, así como su influencia directa en la permeabilidad de la frontera. Según Rik Pinxten (1997) las identidades nacen, cambian y desaparecen, y en su reflexión promueve las élites políticas como uno de sus principales configuradores, asumiendo el tiempo de forma indirecta como moderador de esas ordenaciones actorales.

Como objeto, la Trocha adquirió una verdadera importancia fronteriza, después del momento histórico instituido por las reformas de los años 1896-1897, asumiendo un cambio en su estructura material para fortalecer su propósito dentro del conflicto, lo que asumiremos como una nueva identidad dentro de él.

En el caso específico de este sistema, la agregación social (los actores) encargada de activarla y hacerla funcionar, provoca con el tiempo paradójicamente su permeabilidad. El filósofo griego Heráclito desde su visión metafísica afirmaba que "ningún hombre puede entrar dos veces en el mismo rio" (Kirk 1970: 29), porque ni el hombre ni el agua serán los mismos. Así podríamos ver la Trocha al definirla como un sistema en constante cambio donde cada segundo significaba una nueva configuración en sus dinámicas de identidad. La fragmentación de las dinámicas identitarias planteadas por Pinxten (1997) se cuantificaban en tres niveles: la individual, la grupal y la de comunidad. Esta frontera como sistema integró dependencias visibles que fueron aprovechadas por los insurgentes para transgredirla y al mismo tiempo desfigurar el "efecto resonancia" que se ejecutaba hacia la región marginal.

Como consecuencia de las acciones sobre la frontera, surge una cédula de espionaje insurgente denominada "La Brigada de la Trocha", dirigida por el brigadier del Ejercito Libertador José A. Gómez Cardoso, encargada de realizar labores de alto compromiso estratégico. Estas podían ser de inteligencia, abastecimiento, captación de colaboradores, correo, exploración, guías, en general, apoyo a operaciones militares de guerrilla alrededor de la frontera, donde también operaban las fuerzas del Tercer y Cuarto Cuerpo y del Cuartel General del Ejército Libertador (Izquierdo 2012:187).

Pero no es hasta que el general insurgente de origen dominicano Máximo Gómez Báez cruza la frontera con los núcleos que operaban en la zona de contacto a vanguardia de la Trocha en el departamento Oriental (región marginal), hacia el oeste de esta, es decir su retaguardia, donde estableció la Comandancia del Cuartel General del Ejército Libertador de Cuba, que logra influir directamente en la deformación del efecto resonancia y en la degradación del compromiso peninsular dentro de la frontera[5].

Esta estrategia, que posteriormente quedó recogida por la historiografía cubana como la "Campaña de la Reforma", generó una disparidad en la evolución de la región centralizada, invirtiendo el "efecto resonancia" sobre la región marginal mediante la adición de otra área de contacto bélico en la retaguardia del sistema, teniendo como resultado su rigidez operativa durante diferentes momentos entre los años 1897 y 1898. Según Benigno Souza (1972:212), Gómez en una ocasión estando en operaciones cerca de la Trocha, señala con su mano a esta línea militar y le manifiesta a sus soldados la opinión que le merecía el estado en que se encontraba esta frontera: "Ahí tengo yo a 10,000 españoles prisioneros". El propio general Weyler en sus memorias (1910:540)

---

[5] Esto queda registrado en las narraciones de periodistas y militares de la época donde describen como el actor en la ocupación de ese espacio por largos periodos de tiempo sujeto a la aislación llegaba al punto de dejar de configurarlo para asumir él las nuevas configuraciones, modificando su identidad, llegando a cuestionar la causa y su papel actoral dentro del conflicto.

sobre la guerra en la isla, cita un artículo de febrero de 1897 publicado por el periódico *El Eco de Galicia*. Donde su corresponsal hace alusión a la presencia insurreccional en la región jerarquizada, es decir en su retaguardia, asumiendo la isla dividida en dos departamentos, interponiendo entre ellos a la Trocha mostrando su carácter simbólico como frontera: "Está cercano, muy cercano, el día en que la paz sea un hecho, desde la trocha de Júcaro á Morón hasta el cabo de San Antonio, y no tardará tampoco en el que disfrute de igual beneficio el departamento Oriental" (Weyler 1910: 540).

Los actores

En las estructuras de este sistema, se organizaba una mixtura de identidades propensas a evolucionar los procesos trasfronterizos y lógicas locales, modificando en algunos casos su eficacia bélica.

Entre los puntos nodales de la frontera ejercen un papel importante los "campamentos militares", donde se asienta un componente generador de muchas de las dinámicas de identidad a nivel social (el grupo) que a la vez es un recurso necesario para conservar la impermeabilidad de esta frontera. Los campamentos para reservas móviles que resguardaban la línea, creados desde el año 1877, devinieron en poblados "oficialmente" después de la evacuación española del enclave conservando su onomástica. Lo interesante de esto es que no fue un proceso de ocupación post-evacuación. Ya desde el año 1897 un corresponsal del periódico *La Lucha* en una visita a uno de los campamentos relata que: "...el campamento La Redonda, más que un campamento parece en poblado por las muchas viviendas de particulares que posee, además de los dos grandes barracones donde se alojan las fuerzas de Bailén" (Izquierdo 2012:74). El hecho de asumir la presencia de civiles dentro de los campamentos que integraban el sistema fronterizo, generó múltiples contrastes a través de la configuración cultural que la frontera y estos espacios instituyen entre disímiles grupos que se interrelacionan con gramáticas culturales diferentes, desarrolladores de lógicas compartidas y auto afiliaciones.

Las afiliaciones actorales en el conflicto fueron teniendo un carácter sistémico entre el soldado español y los cubanos, fuesen pobladores rurales o insurgentes. Esto originó un proceso de reconfiguración de las identidades a diferentes escalas, llegando a ceder los primeros su espacio a los segundos para compartir su cotidianidad.

Este ámbito influyó notablemente en la permeabilidad del sistema y en el efecto resonancia que debía instituir, por lo que en un momentos determinado el comandante general de la división de la Trocha, el general Arolas, dio órdenes para que "...se concentren en los pueblos de esta línea militar Júcaro, Ciego de Ávila y Morón las familias que tienen sus viviendas en los campamentos de Las Colonias, Domínguez, La Redonda, Sánchez, Piedra y Jicoteita"

(Izquierdo 2012:98), a fin de que los campamentos ejercieran como verdaderos centros de instrucción militar (Figura 11).

Figuras 11. Ejemplo de poblados rurales emplazados en la misma unidad territorial que los campamentos militares de la trocha conservando actualmente su toponimia. Este patrón de ocupación se reitera también en la sección norte del sistema fronterizo

Existen numerosas narraciones donde los efectivos que ocupaban las estructuras del sistema se afiliaban emocionalmente con los cubanos. Por lo que me gustaría realizar alusión a una afiliación muy interesante que como otras surgieron en medio del conflicto, donde se promueve la evolución de la identidad comparativa hacia una marcada por la cotidianidad, que logra redelinear las funciones actorales. El soldado Juan V. Escalera (1876), en sus memorias sobre la incursión que realizó en la Guerra de Cuba, dedica un capítulo a la relación emocional que establece con Luisa Gonzales, una cubana definida por él como insurrecta. Escalera expresa el diálogo que se promueve entre ambos mediante la mezcla de sus identidades, conociéndose y confesándose compromisos patrióticos y deberes pasionales. De esta manera, se llega a redefinirse el campo de tensión entre ambos como círculo de permanencia, provocándoles una crisis de identidad. El soldado llega a exteriorizar la siguiente frase: "Nunca nos fue tan penoso y sensible acudir a donde nos llamaba nuestro deber de soldado como cuando salimos de aquel poblado en dirección a la trocha" (cit. en Escalera 1876:118).

En la periferia

Los más afectados por la degradación identitaria y cultural se encontraban en la zona de contacto de la periferia, en la región marginal, postuladores de una posición emergente ante estos procesos, víctimas de conflictos e intereses fronterizos, afectados también por el "efecto resonancia" a diferentes escalas. Por otra parte las comarcas fronterizas, asumieron involucrarse activamente en su unificación con el sistema fronterizo provocando la división de la periferia y la región marginal, buscando los beneficios económicos previstos con la ferrovía incluida en el plan de militarización. Pudiéndose citar como muestra de esto la organización de colectas de recaudación de fondos por parte del ayuntamiento y algunos pobladores de Morón a fin de contribuir a la compra de traviesas para la prolongación de la vía férrea desde Morón hasta la Laguna de la Leche (Imparcial 1897), así como el acuerdo de los comerciantes de la ciudad de entregar a cada una de las 11 compañías de ingenieros involucradas en esos trabajos una garrafa de ron diaria y el nombramiento de Hijo Ilustre de la Ciudad de Morón al comandante Gago por sus esfuerzos en la dirección de los trabajos constructivos de la estación de San Fernando en Laguna de la Leche (Guerrero 1897:356) que facilitaría la comunicación de este pueblo con la costa norte, y el comercio por la misma, entre otros ejemplos.

La cultura fronteriza

Según Alejandro Grimsom (2011), para conceptualizar el desarrollo cultural en estos espacios es necesario suponer la existencia, a ambos lados del límite, de patrones homogéneos de creencias, discursos, prácticas e identificaciones.

Las zonas de contacto en la periferia de la frontera, pese a no realizarse un análisis etnográfico a profundidad, no muestran haber tenido una identidad cultural común antes de la Trocha, aunque compartieran algunos aspectos de la cultura.

La Trocha, más que delimitar una cultura inexistente, generó un punto de contacto entre los poblados, asentamientos periféricos y las comarcas asumidas dentro del proyecto, convirtiéndolas en generadores de una cultura fronteriza con tradiciones y costumbres comunes. Esto queda reflejado en el alma mater y el patrimonio de las comarcas en toda su extensión.

Consideraciones finales

Dentro de las diferentes tácticas de control territorial establecidas por el mando militar español en la isla de Cuba durante los conflictos generados en el siglo XIX, el empleo de líneas militares, su evolución contextual y su carácter simbólico como "fronteras internas", es uno de los procesos menos estudiados por la historiografía cubana y de mayor importancia para entender la estructura bélica de los operaciones coloniales en Cuba.

Las prospecciones arqueológicas son entendidas en este trabajo como parte la primera etapa de nuestra investigación, cuyo objetivo principal es documentar y registrar determinada porción de territorio mediante el empleo de un conjunto de técnicas que permitan organizar el posterior trabajo de campo. Sin embargo tras las evaluaciones realizadas y el registro material del contexto como elemento constructivo del proceso de interpretación histórica, se ha generado una reflexión crítica estrictamente arqueológica sobre algunos los fenómenos históricos acontecidos en ella. La ubicación exacta de los yacimientos, su distribución espacial, cronología y tipología, así como la agregación de otros nuevos yacimientos de carácter excepcional como los "Pozos de Lobos" documentados por vez primera dentro de un contexto cubano y las letrinas de campaña, (re)caracterizan este espacio y su evolución poliorcética de línea defensiva a "frontera interna" y "frente de batalla", subvalorado hasta ahora por la historiografía contemporánea.

También hemos podido cuantificar ciertos parámetros relativos a las manifestaciones culturales y estratos sociales en este espacio, en base al registro material y espacial, generando nuevos procesos de interpretación histórica sobre su permeabilidad y cronología. También hemos intentado teorizar auxiliados por los descubrimientos sobre algunas estrategias anti insurgentes llevadas a conclusión en este territorio; como el "efecto resonancia" ejercido desde la frontera a modo de práctica del control soberano, reinstalación política, económica y social en la región marginal. Exponiendo también como la conformación de lógicas compartidas y afiliaciones actorales desarrolladas en la propia vida cotidiana y de vecindad en este sistema alteran el efecto antes mencionado. Produciendo como resultado histórico una configuración ideológica "del" y "desde" el conflicto hacia la propia frontera, mientras se delimitaban las áreas de prioridad y, por tanto, su jerarquía, consolidando la región central demográfica y económicamente. Además a la postre manipulando el conflicto como medio de integración regional.

Nuestra perspectiva en general a largo plazo con el proyecto de intervención arqueológica es contribuir al empleo de la arqueología como herramienta y fuente de comprensión histórica de este yacimiento y su praxis social, desde una reflexión crítica con solides conceptual, diferenciando las alteraciones interpretativas, de las deposicionales y las culturales, para poder comprender mejor algunos fenómenos históricos. Además pretendemos contribuir con los resultados al expediente para insertar los restos materiales de este monumento nacional dentro de la Lista Indicativa del Patrimonio Mundial de la UNESCO. También incentivar la creación de un centro de interpretación, así como un parque arqueológico en sus 3 primeros kilómetros con la finalidad de divulgar el resultado de las actuaciones tanto de prospección como de excavación en este espacio y contribuir también de esta manera a los proyectos de desarrollo económico locales. Asimismo los resultados y procesos de documentación se expondrán no solo en museos y centros especializados, también se pretende intervenir en los espacios públicos y circuitos de arte contemporáneo; como Bienales y Galerías. Trasladando un discursando desde lo conceptual y adoptando posturas críticas con la intención de abolir las distancias entre la historia y el arte, el espacio y tiempo.

De esta forma nos sumamos al rescate y la preservación de este espacio iniciado por el General John R. Brooke —designado por Estados Unidos como Gobernador Militar de la isla de Cuba en el año 1899— el cual emitió una orden el 19 de septiembre de ese mismo año; que permitió a las municipalidades tirar abajo y deshacerse de todas las fortificaciones españolas temporales, regresando a los dueños los materiales confiscados por el mando español para propósitos gubernamentales, haciendo una sola excepción. La orden del General Brooke eximió las fortificaciones y el ferrocarril militar de la Trocha de Júcaro a Morón, a causa de la plenitud extraordinaria de este trabajo, pues presumió que generaciones futuras de cubanos estarían contentas por poder estudiar una reliquia de la guerra contra la que lucharon sus antepasados (Times 1899).

A la sazón de estas conclusiones debemos considerar que pueden sentar las bases sobre las cual se puede continuar investigando en la zona. Estamos conscientes de que los datos documentados por las prospecciones realizadas son limitados y que es necesario acometer otras técnicas de investigación, por lo que ya se han planificado varias campañas destinadas a yacimientos concretos dentro del territorio.

Bibliografía

Alebroc, Adrian Garcia (2014) La Guerra de la Chambelona en la zona de la troche de Júcaro a Morón. *Cuadernos de historia avileña*. VIII:40-48. Ediciones Ávila.

Álvarez, J. L., Cuevas, L. A., Díaz, E., Pérez y Polo, B. (2000). Interpretación Integrada de los Campos Geomagnético y de Anomalías de Bouguer total en el Caribe centro occidental. Memorias del I Congreso Cubano de Geofísica, *Revista Electrónica Memorias de GEOINFO*, p.13.

Álvarez Pereira, R. y Calvera Roses, J. (2011). *Informe de prospección de los tres primero kilómetros del sistema defensivo de Júcaro a Morón*. Inédito. Cuba.

Álvarez Pereira, R. y Calvera Roses, J. (2012). *Informe preliminar de intervención arqueológica del sistema defensivo desde Júcaro a Morón*. Inédito. Cuba.

Blanco, J. A. (1999). *Estratigrafía y paleogeografía de las cuencas superpuestas de Cuba centro-oriental*. Tesis doctoral. ISMM, Moa. Cuba. p. 146.

Blanco, J. A., Batista, J. A., Riverón, B. (2000). Estructura de la cuenca de antepaís en la zona de sutura de la región Esmeralda-Minas, provincia de Camagüey según datos gravimétricos. Libro de resúmenes, Geofísica 2000, *I Congreso Cubano de Geofísica*, Edición Sociedad Cubana de Geología, Cuba, p. 61.

Chacon, J. I. (1883). *Guerras Irregulares*, Tomo II. Imp. Depósito de la Guerra. Madrid.

Cuevas, J. L., Fundora, M., Pacheco, M., Polo, B. (1989). Nuevo mapa de anomalías gravimétricas de Bouguer para la República de Cuba a escala 1:500 000. PP. 114. *I Congreso Cubano de Geología*, La Habana.

Cruz-Orosa, I., (2006). *Análisis tectono-estratigráfico de la zona de fallas La Trocha, Cuba Central.* Tesis de Maestría. ICT, ISMM, Moa. Cuba. 90 p.

Cruz-Orosa, I. y Blanco, J. A. (2007). Análisis estructural a escala regional de la zona de fallas La Trocha. *Revista Minería y Geología.* v.23 n.2. La Habana.

Cruz-Toledo, R., Álvarez-Castro, J., Mejías- Rodríguez, L., (2005). Geomorfología fluvial con un objetivo petrolero. Trabajo presentado en evento, *VI Congreso Cubano de Geología*, La Habana, Cuba. 10 p.

De Sequera Martínez, L. (1999). *Historia de las Unidades de Ingenieros de Ultramar, la campaña de 1898.* Madrid. Imp. L. de Sequera.

Denou, J. G. (2008). *Diccionario Enciclopédico Nuevo Océano Uno.* Madrid, Editorial Océano.

El Imparcial en Cuba (1897). *Cartas de nuestro redactor corresponsal; la trocha de júcaro á morón.* 23 de diciembre de 1897. Madrid.

Gonzáles Arenas, F. (1869). *Proyecto de un plan de campaña montaraz sujeto a reglas matemáticas con conocimientos prácticos de las dificultades que presentan las localidades sublevadas.* Manuscrito.

Grimson, A. (2011). *Los Límites de la cultura. Crítica de las teorías de la identidad.* Buenos Aires, Siglo XXI Editores.

Guerrero, R. (1897). *Crónica de la guerra de Cuba y de la Rebelión de Filipinas*, tomo V. Barcelona, Casa Editorial Maucci.

Guerrero Acosta, J. M. (2003). *El Ejército Español en Ultramar y África (1850-1925). Los soldados olvidados del otro lado del mar.* Madrid, Editorial Acción Press S.A. p. 37.

Iturralde-Vinent, M. A., (1998). Sinopsis de la Constitución Geológica de Cuba. *Acta Geológica Hispánica*, 33, 9-56.

Izquierdo Canosa, R. (2012). *Ciego de Ávila 1895-1898. Guerra, hechos y noticias.* Santiago de Cuba, Editorial Oriente.

Kirk, G. S. (1970). *Los filósofos presocráticos. Historia crítica con selección de textos.* Traducción de Jesús García Fernández. Madrid, Editorial Gredos.

La Ilustración Artística (1897). *Nuestros gravados.* Junio 1897. Barccelona. Núm. 806. Pág. 378.

Martí Martínez, A. P. (2012). *Cicatrices de una Pesadilla Colonial: las trochas militares en las guerras de Cuba (1868 – 1898)*. Valencia, Universitat de València. Tesis (Magister en Historia Contemporánea).

Milián, E., (1986). Estratigrafía del área Catalina, Cuenca Central, basado en datos del subsuelo. *Serie Geológica*. 1. 18-30.

Ministerio de la Agricultura (1984). *Suelos de la Provincia Sancti Spíritus*. Ed. Científico técnico.

Peña-Reyna, A. (2005). *Modelación 3D de datos gravimétricos de la parte norte de la Cuenca Central*. Trabajo de Diploma. ICT, ISMM, Moa. Cuba. p.70.

Pérez-Pérez, C. (1997). Principales estructuras geológicas de Cuba determinadas por medio de la teledetección. En G. Furrazola Bermúdez, K. Núñez Cambra (eds.). *Estudios sobre geología de Cuba*, Instituto de Geología y Paleontología, 69-74. La Habana. Cuba.

Pezuela, J. de la (1863). *Diccionario geográfico, estadístico, histórico de la Isla de Cuba*. Madrid, Imprenta del establecimiento del Mellao.

Pinxten, R. (1997). "Identidad y conflicto: personalidad, socialidad y culturalidad". *Revista CIDOB d'afers internacionals*, 36: 39-57.

Pushcharovsky, Y. (1989). *Tectonics of the Republic of Cuba. Explanatory note to the tectonic map of Cuba scale 1:500 000* (en ruso). Moscow, Ed. Nauka, p. 77.

Rodríguez, M. J. y Prol, L. (1980). *Informe sobre el levantamiento gravimétrico detallado del área Mayajigua-Morón*. Empresa Nacional de Geofísica, Cuba.

Rodríguez, M. y Domínguez, R. (1993). *Informe sobre los resultados del levantamiento gravimétrico en Jatibonico-Pina-Esmeralda*. Empresa Nacional de Geofísica. Cuba.

Rousset, R. V. (1918) *Historial de Cuba*. Primera edición, tomo I. La Habana: Cervantes.

Sánchez, A. E. Cabrera y García, M. Pérez (2011). La hacienda comunera Ciego de Ávila: notas de su primer estudio. *Cuadernos de historia avileña*. VI. Ediciones Ávila. pág. 6.

Sánchez, L. (1873). *Plano de la Trocha del Oeste del Júcaro a Morón*. DIGMAP. ©2008. Cuba. http://digmap1.ist.utl.pt:8080/records/Ign/html/c1cfe324 -207d-4ed1-bcea-4444b95dd34d.html [Consulta: jueves, 04 de abril de 2014].

Souza, B. (1972). *Máximo Gómez, el generalísimo*. La Habana, Editorial Ciencias Sociales.

The New York Times (1899). *Cuban Trocha to be a Relic, Governor General Brooke exemptsit in his order consisting Spanish defenses*. September 20.

Tilley, C. (1994). *A phenomenology of landscape: places, paths and monuments*, Berg edition. *Explorations in Anthropology*, Oxford-Providence.

Triay, J. G. (1871). Cuba española. La trocha militar. *La Ilustración Española y Americana*, 15(28): 477-478.

Trocha Interactiva (2011). Cartoteca de la Trocha Militar de Júcaro a Morón y San Fernando. http://www.trochainteractiva.ciego.cult.cu/cartoteca [Consulta: jueves, 06 de marzo de 2014].

Velasco, J. M. (1880). Creación de colonias Militares en la Isla de Cuba. *Crónica Hispano-Americana*, 8/07/1880. Madrid.

Weyler y Nicolau, V. (1911). *Mi mando en Cuba*. Vols. I, II, III: 10. Febrero 1896 a 31 octubre 1897; historia militar y política de la última guerra separatista durante dicho mando. González Rojas.

Capítulo 6

"El peligro te viene de arriba": Arqueología de una batalla durante la intervención estadounidense en la bahía de Matanzas, Cuba (1898)

Odlanyer Hernández de Lara, Logel Lorenzo Hernández, Boris Rodríguez Tápanes, Silvia Hernández Godoy e Isabel Hernández Campos

> *"Al volver de distante ribera,*
> *con el alma enlutada y sombría,*
> *afanoso busqué mi bandera*
> *¡y otra he visto además de la mía!"*
> Mi bandera (1899)
> Bonifacio Byrne.

Introducción

El fin del siglo XIX cubano se caracterizó por el estallido de la Guerra de Independencia o Guerra del 95 (1895-1898) que habían organizado los tres principales líderes independentistas: José Martí (1853-1895), Antonio Maceo (1845-1896) y Máximo Gómez (1836-1905), luego de la experiencia de la Guerra de los Diez Años (1868-1878) y de la Guerra Chiquita (1879-1880). El cierre de esta etapa estuvo teñido por la intervención militar de los Estados Unidos de América tanto en Cuba como en Puerto Rico —que constituían las últimas colonias españolas en el continente—, a partir de varios factores que comenzaron con la voladura del acorazado *Maine* el 15 de febrero de 1898. Según uno de los documentos del Departamento de Guerra de Estados Unidos del propio año: "So much sympathy had been shown by the citizens of this country for the Cubans and their cause that the Administration soon took a decisive step in the matter" (War Department 1898:3). Luego del bloqueo de las costas del occidente cubano, entre Cárdenas y Bahía Honda, así como el puerto de Cienfuegos, iniciado el 22 de abril, el presidente William

McKinley presentó ante el Congreso la solicitud de declaración de guerra a España, aprobada días después, el 25 de abril de 1898, reconociéndose entonces que el estado de guerra entre ambos países había existido desde el 21 de ese mes (NYT 1898, 26 de abril). España, por su parte, había publicado en la Gaceta Oficial del Gobierno de Madrid con fecha del 24 de abril que las relaciones diplomáticas con EE.UU. estaban rotas y había comenzado el estado de guerra (Mendoza y Vizcaino 1902).

Esta etapa histórica de la isla ha sido, sin lugar a dudas, una de las más estudiadas por la historiografía local, a lo que se suma la producción igualmente amplia de las otras dos naciones involucradas. Muchos de los historiadores hispanos y estadounidenses se han referido a este conflicto como la guerra Hispano-Americana (Gómez Núñez 1900; Mendoza y Vizcaino 1902), en ambos casos desestimando, o al menos minimizando, la participación local en la contienda, o entendiéndola como otra guerra (Foner 1978). En cambio, desde la perspectiva cubana (Placer Cervera 1997; Abreu Cardet 2013) y de algunos autores foráneos (Foner 1978; Sevilla Soler 1996), la contienda ha sido denominada como guerra Hispano-Cubano-Americana, aludiendo de esta forma a la precedencia de los intentos independentistas que se venían sucediendo durante casi toda la segunda parte del siglo XIX[1].

Pero el amplio tratamiento historiográfico de la guerra se ha centrado sobre todo en las batallas principales, especialmente en Santiago de Cuba (Gómez Núñez 1901), aunque se han mencionado las tempranas acciones llevadas a cabo a fines de abril en Cárdenas y Matanzas (Placer Cervera 1993, 1997) que constituyeron los primeros enfrentamientos[2]. En cambio, en esta ocasión, partimos desde una perspectiva arqueológica para abordar el conflicto, que ha sido vagamente explorada con anterioridad. En este trabajo se presentan algunos de los resultados de las investigaciones histórico-arqueológicas llevadas a cabo en torno a la fortaleza militar conocida como Castillo de San Severino, ubicado en la costa occidental de la bahía de Matanzas (Figura 1), relacionadas con el enfrentamiento con la escuadra estadounidense sucedida en la tarde del 27 de abril de 1898. Además, se da cuenta de las prospecciones subacuáticas realizadas en las cercanías de la batería El Morrillo, del otro lado de la rada.

---

[1] El cambio de nombre fue fruto del esfuerzo del historiador cubano Emilio Roig de Leuchering y un grupo de colegas para que el Congreso de la República de Cuba, en mayo de 1945, declarara oficial el nombre de Guerra Hispano-Cubano-Americana (Foner 1978:161).

[2] Sobre este particular algunos autores han manifestado que: "El primer combate formal en aguas de Cuba se efectuó el día 11 [de mayo], en la bahía de Cárdenas y en Cienfuegos..." (Mendoza y Vizcaino 1902:126).

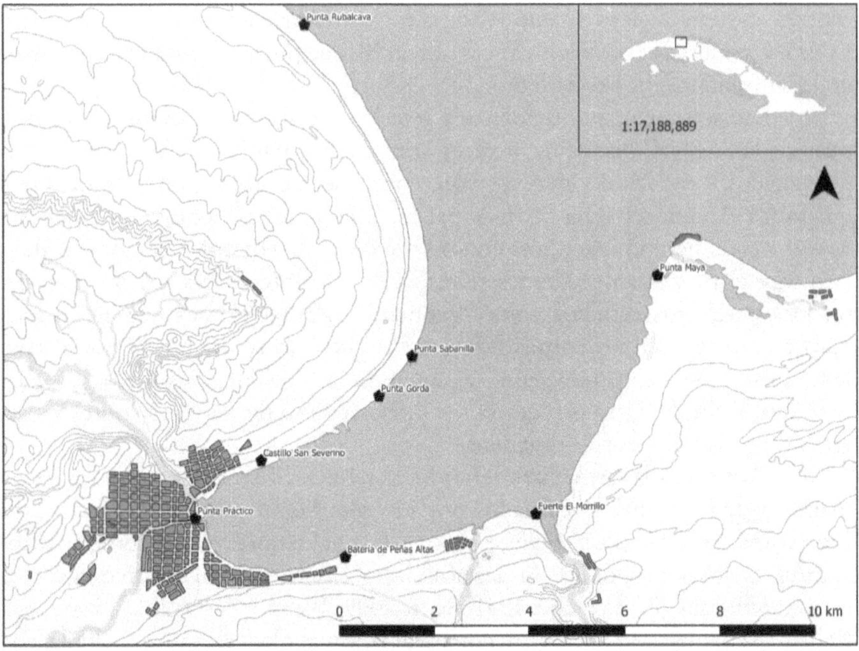

Figura 1. Mapa de la bahía de Matanzas, en el occidente de Cuba, con la ubicación de las fortificaciones y baterías

Arqueología en campos de batalla: algunas cuestiones teórico-metodológicas

La arqueología en campos de batalla ha llamado la atención recientemente de lo que podríamos denominar la élite de la comunidad científica arqueológica. De ahí que se haya planteado incluso como un "nuevo" campo de investigación, lo que implica financiamientos, publicaciones y posiciones científicas o de docencia, por sólo citar algunos beneficios. No obstante, es importante destacar que las limitaciones de las nomenclaturas subdisciplinares —arqueología del conflicto, de campos de batalla, de la guerra o militar— que se crean constantemente, y que han sido discutidas con anterioridad (Quesada Sanz 2008), constriñen en alguna manera el desarrollo de las investigaciones a partir de determinadas especificidades de los contextos arqueológicos. Estas divisiones se basan en las características específicas de algunos sitios, ya sea por la magnitud o la presencia/ausencia de enfrentamientos bélicos concretos (Ramos *et al.* 2011). En nuestra opinión, el estado de conflicto no sólo implica la manifestación explícita de las acciones combativas, ya que estas constituyen la materialización de eventos puntuales (combates, batallas) que se gestan a través de procesos más o menos largos de fricción entre las partes involucradas. Esta distinción no implica una ruptura epistemológica en tanto las construcciones militares se construyen a partir de ese estado de conflicto, a veces potencial, que puede llegar a manifestarse o no en enfrentamientos concretos.

Las separaciones disciplinares referidas establecen un antes y un después de la "nueva" disciplina, a veces construida a partir de afinamientos metodológicos y modas de investigación, consecuencia del imperialismo cultural que sufre América Latina y otros países, presentándose como un *evento momentáneo* en el tiempo que opera como línea divisoria entre dos campos: el de la ciencia y el de sus antecedentes (Krotz 1987). Ello conlleva, en ocasiones, a reconocer algunos estudios como "pioneros" o antecedentes que en su gran mayoría constituyen un corpus informativo que sólo se diferencia por el contexto histórico de su producción, seguramente con distinciones metodológicas, pero que al fin de cuentas muestran el interés de estudio en esos contextos sin establecer nuevas sub-sub-disciplinas.

Casi todas las pesquisas referidas al tema en las últimas décadas hacen mención de los trabajos realizados por Douglas Scott y Richard Fox en Little Big Horn, EE.UU. (Fox 1993), como caso paradigmático, así como a otros autores anglosajones, donde se destacan las publicaciones de los investigadores estadounidenses (Fox y Scott 1991; Scott 2009; Bleed y Scott 2011), escoceses (Pollard y Banks 2008) y, en menor medida, españoles, con una multiplicidad de publicaciones (Quesada Sanz 2008), como bien se ha señalado con anterioridad (Landa *et al.* 2011; Leoni y Martínez 2012). Ahora bien, son escasos los trabajos realizados en América Latina que aluden a otras producciones de la región (Landa 2013), por diferentes motivos. Por una parte, existe un desconocimiento generalizado de las investigaciones que se llevan a cabo en otras latitudes latinoamericanas, especialmente cuando son pretéritas. Además, el antes mencionado imperialismo cultural anglosajón "productor de teoría" que se ha incorporado, muchas veces acríticamente, incide en gran medida en esta problemática. No caben dudas que los medios de comunicación de los "países centrales" inundan los espacios científicos de todas las disciplinas, de los que la arqueología no escapa. Tampoco caben dudas de la importancia de conocer lo que se hace allá, pero también es necesario saber lo que hacemos aquí.

Mucho de lo que se ha escrito en América Latina ha quedado inédito y con suerte fue presentado en algún congreso, jornada o simposio regional, nacional o local, haciendo difícil su consulta. A ello se suma que las síntesis temáticas en su mayoría se producen por las "élites académicas" e imponen un discurso que repetimos sin cuestionar los vacíos bibliográficos. Estas carencias suelen "coincidir" con la producción escrita en cualquier idioma no anglosajón, que evidencia un exiguo interés en los aportes de otras regiones, como es el caso latente de América Latina.

En el caso de Cuba, el panorama investigativo en sitios de conflicto no ha sido considerado como tal, ontológicamente hablando (Hernández de Lara y

Rodríguez Tápanes 2012). No obstante, sí se han realizado disímiles investigaciones en campos de batalla, fosas comunes, campamentos y refugios en cuevas de combatientes de las guerras de independencia decimonónicas, así como en fortines y fortalezas vinculadas a diferentes situaciones de conflicto. Un caso paradigmático en el país son los trabajos arqueológicos impulsados por Enrique Alonso, Ernesto Tabío y José Manuel Guarch, tanto en el occidente como en el oriente de la isla desde la década del sesenta (Tabío Palma 1968; Guarch Delmonte 1972, 1980, 1981, 1986; Alonso Alonso 1983, 2004), donde llevaron a cabo varias intervenciones relacionadas con los sitios de la guerra de independencia, aunque sus resultados sufrieron el mismo destino antes mencionado: quedaron inéditas o tuvieron poca difusión. Sin embargo, una compilación poco conocida de los trabajos realizados en Pinar del Río vio la luz hace diez años (Alonso Alonso 2004)[3].

Recientemente, el arqueólogo estadounidense William Altizer abordó una de las batallas de la Guerra Hispano-Cubana-Americana desarrolladas en Santiago de Cuba: El Caney (Altizer 2008). Si bien su objetivo principal se enfocó hacia la discusión de los abordajes de Bailey (*times perspectivism*) y de Braudel (*annales approach*)[4], una de las principales carencias está relacionada con la omisión de los antecedentes respecto a este tipo de estudios en Cuba —probablemente desconocidos para el autor—, citando, en cambio, las clásicas investigaciones estadounidenses de Little Bighorn y otras de la Guerra Civil estadounidense. Esto va de la mano de una de las problemáticas que suele repetirse con bastante frecuencia en las publicaciones de investigadores anglosajones en América Latina, donde la bibliografía en español es descartada por desconocimiento del idioma o bien por prejuicio de su calidad científica, lo que se manifiesta en este caso al incurrir en errores que ha repetido la historiografía tradicional[5].

---

[3] En la actualidad se llevan a cabo un proyecto arqueológico en la trocha de Júcaro a Morón, en la provincia de Ciego de Ávila, donde se han realizado excavaciones en algunos fortines y otros elementos que conformaron el cinturón defensivo, como lo atestiguan algunas noticias de prensa (Vázquez Muñoz 2013, 2014).

[4] Altizer (2008) hace referencia a la perspectiva del tiempo de Fernand Braudel que entendiera en tres temporalidades, aunque la más conocida y utilizada en arqueología haya sido la larga duración (*longue durée*). Como el propio Braudel mencionara, estas temporalidades hacen referencia a una "distinción, dentro del tiempo de la historia, de un tiempo geográfico, de un tiempo social y de un tiempo individual" (Braudel 1987:18).

[5] No es el objetivo del presente trabajo hacer una revisión crítica del texto de Altizer (2008). No obstante, es importante mencionar que el autor reproduce incongruencias historiográficas, al parecer producto del uso, casi exclusivo, de bibliografía de autores anglosajones, en detrimento de los locales. Uno de los errores se refiere a lo que menciona como una gradual desaparición de la población indígena cubana y el reemplazo por esclavos africanos, basado en la historiografía tradicional. Además, es evidente el desconocimiento bibliográfico relativo a las investigaciones arqueológicas en sitios indígenas de la localidad, ya que plantea como posibilidad la aparición de evidencias en la zona, de donde existen numerosas publicaciones.

El estudio se limitó a una discusión teórica desde una perspectiva del paisaje basado en documentación histórica e imágenes satelitales, donde la ausencia del trabajo de campo laceró los resultados de forma significativa. Precisamente en sus conclusiones, menciona que: "This analysis of the temporal landscape of El Caney must remain tentative, given the difficulties of obtaining access to Cuba for archaeological fieldwork" (Altizer 2008:75). Si bien es cierta esta limitante[6], cuestión que el autor no profundiza y que ha sido tratada en forma conjunta entre arqueólogos cubanos y estadounidenses (Curet *et al.* 2005; Kepecs *et al.* 2010), otros proyectos se vienen realizando desde hace varios años co-organizados entre Cuba y otros países en diferentes áreas de interés (Singleton 2001; Brooke Persons *et al.* 2008), incluidas las investigaciones en bases militares cubanas relacionadas con la denominada Crisis de Octubre o Crisis de los Misiles durante la Guerra Fría entre la Unión Soviética y EUA (Burström *et al.* 2009).

Por lo antes mencionado, consideramos pertinente hablar de una Arqueología del conflicto, entendiéndola no como una sub-disciplina, sino como una definición operativa que delimita una problemática de estudio, en este caso en un contexto histórico determinado (la situación colonial), con una metodología que en ocasiones puede diferir de lo utilizado tradicionalmente en arqueología, tal vez por las características propias de los lugares investigados (dimensiones, procesos de formación, temporalidad).

El sistema defensivo de la bahía de Matanzas

Desde la segunda mitad del siglo XVII, las ideas para la fortificación de la bahía matancera iban tomando un rumbo propicio para su materialización. Es en 1693 que se funda la ciudad de San Carlos y San Severino de Matanzas y junto a ella se bendice la primera piedra del Castillo de San Severino (Figura 2), que se terminaría en la década del cuarenta del siglo XVIII (Hernández Godoy 2006a). El crecimiento de la ciudad, al fondo de la rada, había conllevado a la construcción de otro baluarte defensivo, esta vez en la desembocadura del río San Juan, donde se erigió la batería de San José de La Vigía. Esta se terminó en 1748 y hacia 1858 ya se había demolido (Hernández Godoy 2006b).

---

[6] Uno de los principales obstáculos al intercambio entre investigadores cubanos y estadounidenses es el bloqueo o embargo impuesto unilateralmente por los Estados Unidos de América a Cuba, que perjudica no sólo a los investigadores estadounidenses interesados en llevar a cabo trabajos de investigación en Cuba, sino también a los cubanos que intentan, y en ocasiones logran, participar en congresos o intercambios científicos. Algunos ejemplos pueden consultarse en las dos obras conjuntas publicadas en EUA como resultado de los intercambios realizados, a pesar de todas las dificultades (Curet *et al.* 2005; Kepecs *et al.* 2010). No obstante, en Santiago de Cuba existe al menos desde 2005 un proyecto impulsado por investigadores estadounidenses, financiado por National Geographic, aunque no tenemos conocimiento de su desarrollo y hemos podido acceder a muy pocas publicaciones (Carlson-Drexler *et al.* 2006; Carlson-Drexler 2008).

En la margen oriental de la rada, en la década de 1720 se comenzó la construcción de una torre que, con posterioridad, estaría acompañada de una batería, El Morrillo (Figura 3), terminada hacia la década de 1780 (Blanes Martín 2001). Luego, en 1819, pero a medio camino hacia la ciudad, se construye la batería de Peñas Altas (Blanes Martín 2001), que sería la última fortificación matancera de gran magnitud, que consolidó el sistema defensivo de la urbe en el siglo XIX.

Figura 2. Vista aérea del Castillo de San Severino.
Foto: Julio Larramendi (2009)

Hacia finales de dicha centuria, cuando se lleva a cabo la intervención estadounidense, la bahía de Matanzas contaba con tres fortificaciones bien establecidas, aunque sus años de auge habían pasado. En el caso del castillo de San Severino, el principal baluarte de la ciudad, su función primordial para entonces había cambiado. La influencia de las guerras de independencia y la captura de muchos mambises y otros conspiradores en contra de la corona española habían conllevado a que la fortaleza se convirtiera en prisión (Hernández Godoy 2006a). No obstante, seguía contando con artillería y una dotación de soldados que no sólo se encargaba de los reos, sino también de la vigilia de la urbe.

Por su parte, El Morrillo, que había tenido en origen la función de cuidar la entrada al río Canímar, por ser una de las principales salidas de mercancías de las plantaciones de azúcar y café hacia el puerto, no había tenido siquiera la modernización de su artillería desde la construcción. Si bien un conocido plano de Matanzas indicaba el cruce de fuego entre esta batería, la fortaleza de San Severino y la batería de Peñas Altas, su efectividad era dudosa, aunque su posicionamiento tenía, sin dudas, un lugar privilegiado de dominio.

En cuanto a Peñas Altas, esta constituía una batería de costa semejante a la de El Morrillo, aunque algo más modesta. Con una plataforma semicircular con parapeto corrido para ubicar las piezas de artillería a barbeta (Blanes Martín 2001), hacia mediados del siglo XIX contaba con "...4 cañones de grueso calibre, habiendo tenido hasta 6 en años anteriores, y es susceptible de ampliarse para recibir muchos mas" (de la Pezuela 1866:39). Si bien no se conoce mucho de esta batería (Hernández de Lara 2011), nuevos estudios han aportado información relevante para conocer la historia del inmueble (Hernández de Lara 2013).

Figura 3. Vista aérea de la batería El Morrillo. En primer plano, a la izquierda, se puede observar uno de los puntos construidos durante la Crisis de Octubre (1962). Foto: Julio Larramendi (2009)

Lo cierto es que el sistema defensivo de Matanzas (Hernández Godoy y Rodríguez Tápanes 1999) no había sufrido modificaciones importantes luego de erigirse la batería de Peñas Altas, sobre todo en cuanto a estructura. Esto ha llevado a algunos autores a comentar que "Entre 1820 y 1897, el sistema no experimentó modificación alguna" (Suárez 2008:42). Es así que la intelectual matancera Dolores María de Ximeno y Cruz (1866-1934), conocida como Lola María hace referencia en sus Memorias:

"La plaza de Matanzas —la militar— no podía responder a la menor agresión. Ya dije que España había dormido demasiado sobre sus laureles, y por lo mismo, desprevenida estaba. Su castillo de San Severino, sólo era una venerable reliquia. Sus cañones antiquísimos, algunos tenían de relieve el nombre de Isabel de Farnesio, y por ahí se podía juzgar, dado el vertiginoso adelanto de la moderna artillería —todo allí era vetusto y arqueológico. [...] cuando por algún acontecimiento o a su entrada, hacían el saludo a la plaza barcos extranjeros —que muy pocas veces eran correspondidos, porque ¡cuántas costó la vida al artillero la explosión del cañón, casi siempro [sic] reforzados por tacos de yerba! Esto es rigurosamente histórico." (Ximeno y Cruz 1930:319).

No obstante, sí se habían realizado obras que intentaban actualizar el anticuado armamento con la ubicación de nuevas piezas de artillería que ofrecían mayor cobertura y movilidad. Estas se instalaron en San Severino hacia 1887 en los baluartes de San Antonio (Figura 4) y en la Plataforma de San Juan (Figura 5) (Hernández Godoy 2006a), evidencias de las cuales se localizaron durante los seguimientos de las obras de mantenimiento del inmueble (Hernández de Lara y Rodríguez Tápanes 2010). A esto hay que agregar los planos de la batería de Peñas Altas localizados recientemente que parecen indicar que también se instalaron allí ocho piezas de artillería del sistema Elorza a raíz de un proyecto de expansión que se desarrolló hacia 1886 (Hernández de Lara 2013). Sin embargo, en el momento de la intervención estadounidense, la batería contaba sólo con cuatro viejos cañones de a 24, según la relación del Departamento de Guerra norteamericano (War Department 1898). No tenemos noticias si en El Morrillo se llegó a instalar este tipo de artillería.

La intervención estadounidense se lleva a cabo una década después de instaladas las últimas piezas de artillería en las fortificaciones de Matanzas. Si bien San Severino contaba con una artillería antigua y poseía algunas piezas más modernas, pero no eran suficientes, teniendo en cuenta los avances tecnológicos que se sucedían en la industria armamentista, en la cual Estados Unidos era pionera.

Preparándose para otra guerra: las nuevas baterías

Como se ha planteado antes, el desarrollo de la Guerra de Independencia y las tirantes relaciones entre España y Estados Unidos de América (EE.UU.) habían provocado un estado de alarma en las tropas hispanas establecidas en Cuba. Esta situación y la inminente intervención estadounidense conllevaron a fortificar determinados puntos estratégicos de la Isla, cuidándose de los rumores de posibles desembarcos cerca de La Habana con el objetivo de tomar esa plaza. La fortificación de la capital cubana se había incrementado con la construcción de baterías costeras que reforzaban aún más el cuidado de la ciudad (Ramos Zúñiga 2004). En Matanzas, las obras de defensa se iniciaron el 9 de abril de 1898 (Suárez 2008) como parte de las medidas preventivas.

La prensa nacional y provincial estaba al tanto del más mínimo movimiento, como también lo estaban en España y EE.UU. El diario local *Aurora del Yumurí*, en la edición del martes 12 de abril de 1898, sólo quince días antes del bombardeo, decía: "Tenemos la seguridad de presentar en breves días perfectamente defendido el puerto y Bahía de Matanzas con 9 baterías de artillería mixtas, con 6 cañones cada una, siendo 3 de cañones de tiro rápido y 3 de gran calibre a los puntos que están designado al efecto..." (Suárez 2008:43). Al día siguiente *The New York Times* notificaba sobre las reuniones de la Junta de Defensa del puerto y la ciudad que presidía el gobernador de Matanzas, en la que se encomendaba a las tropas la labor de planificación y ejecución de la defensa, previendo una guerra con los Estados Unidos (NYT 1898, 13 de abril).

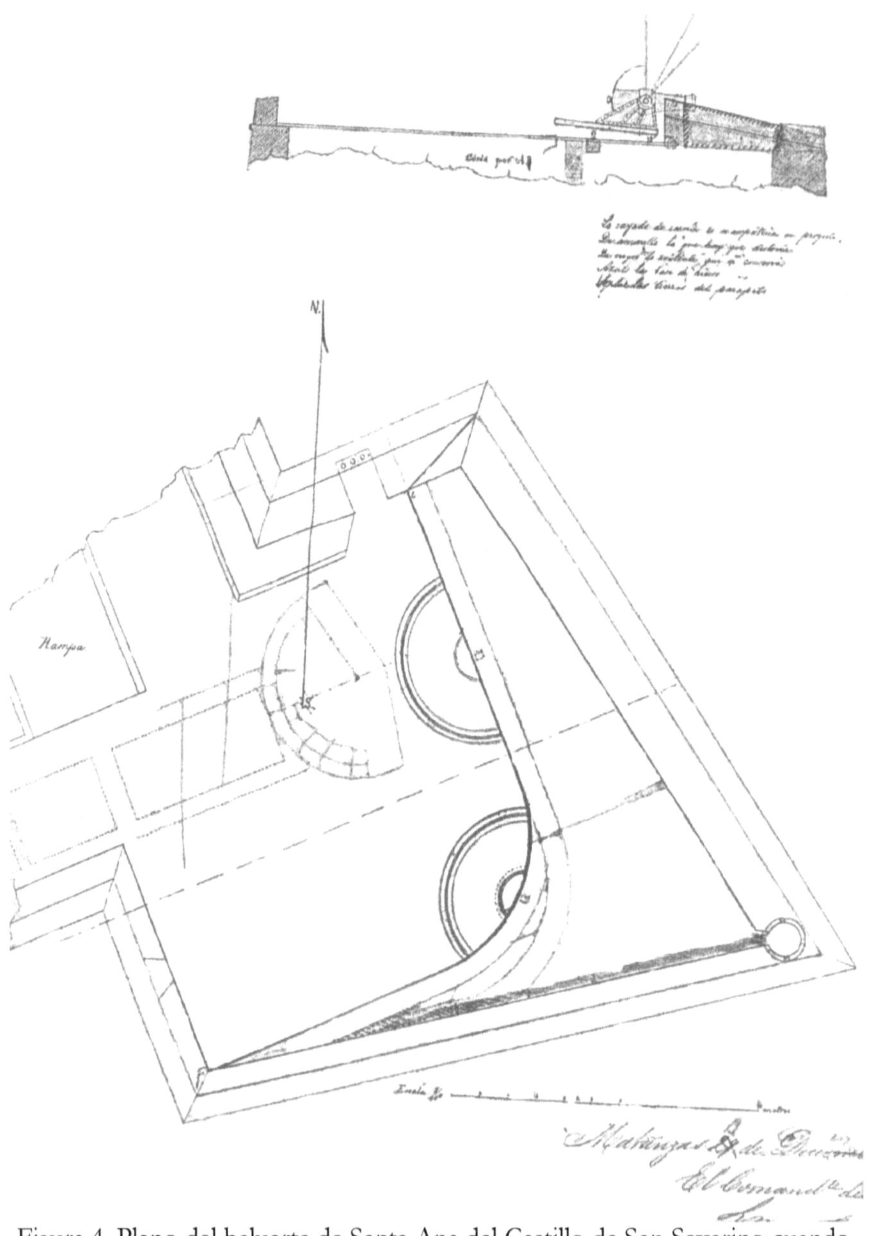

Figura 4. Plano del baluarte de Santa Ana del Castillo de San Severino cuando se instalan las nuevas piezas de artillería del sistema Elorza (1867)

Figura 5. Arriba: foto histórica (1910-1930) de la Plataforma de San Juan donde se observan las cureñas móviles. Fuente: Colección digital de la Universidad de Miami. Abajo: Otra vista de la plataforma y la localización del basamento de las cureñas instaladas (2005-2006). Foto de los autores

Sin embargo, según el historiador militar Jesús Ignacio Suárez (2008), sólo se construyeron cinco de las nueve baterías planificadas: Punta Maya, El Morrillo, Punta Sabanilla, Punta Gorda y Punta Práctico, con un armamento en su mayoría antiguo. El propio autor plantea que en Punta Maya "…estaban emplazados los cañones *Howitzer* de 21 centímetros, con un alcance de cinco mil metros. Disponían como reserva de dos cañones *Hontoria*, fabricados en 1885, de siete centímetros de calibre, montados en cureñas móviles, con alcance de tres mil metros" (Suárez 2008:43-44). Esta información coincide con el informe del agregado militar británico en Cuba en 1898, Mayor G. F. Leverson, que había visitado varias ciudades de la isla y descrito sus defensas.

Según ese informe (Sánchez Mederos 1992), hubo un retraso en la construcción de las nuevas baterías matanceras lo que implicó que no estuvieran listas para el primer bombardeo. No obstante, esto es cuestionable, teniendo en cuenta la participación activa en el enfrentamiento, aunque ello pudo haber sucedido sin que estuvieran culminadas las obras. Sin embargo, Leverson refiere que las baterías fueron comenzadas hacia finales de mayo y completadas dos meses más tarde.

Las baterías se encontraban cerca de la costa y fueron construidas de arena por los mismos artilleros (Figuras 6, 7, 8 y 9). Sus cañones eran casi todos obsoletos, algunos de bronce de 16cm que databan de 1721, rayados hacia 1840. El informe del agregado militar británico sobre las condiciones de salubridad de las baterías es bastante explícito: "En el lado oriental, las posiciones eran muy insalubres cercanas a los pantanos y a la espesura…". "En el lado occidental las posiciones eran más saludables pero expuestas a los insurgentes contra quienes las guarniciones mantenían un constante estado de alerta. Los campamentos estaban bien cuidados y tenían cultivos pero el agua era transportada a la ciudad por mulas o carros de bueyes a los largo de un difícil sendero" (Sánchez Mederos 1992:100-101).

Sobre las obras de defensa, Lola María mencionaba: "Si hubo, a última hora, cuando esta segunda guerra, toda clase de artillería y otros mil adelantos —tarde ya. Cañones por todas partes: en las calles —en los edificios públicos, alineados como los vi en el litoral entre sacos de arena hubieran defendido en un momento dado la entrada del puerto; pero imposible repeler otra clase de agresión de más lejos, porque fuera del alcance de esos tiros se situaron las unidades americanas que todo lo abarcaban." (Ximeno y Cruz 1930:319).

El bombardeo a Matanzas

Matanzas estaba considerada como uno de los principales puertos cubanos y, en conjunto con La Habana, jugaba el papel estratégico y comercial más importante (Gómez Núñez 1899b). Como se comentó antes, la intervención estadounidense en la bahía de Matanzas se llevó a cabo el 27 de abril de

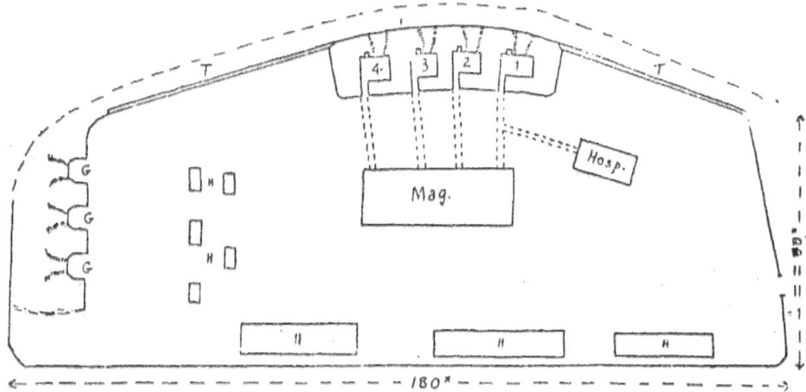

Figura 6. Croquis de la batería construida en Punta Sabanilla, según el informe del agregado militar británico en Cuba, Mayor G. F. Leverson. Leyenda: 1-4: cañones de bronce. G: trinchera de cañones preparada para artillería de montaña. T: trincheras para infantería. Mag: arsenal. Hosp: hospital. H: barracones.
Fuente: Sánchez Mederos (1992)

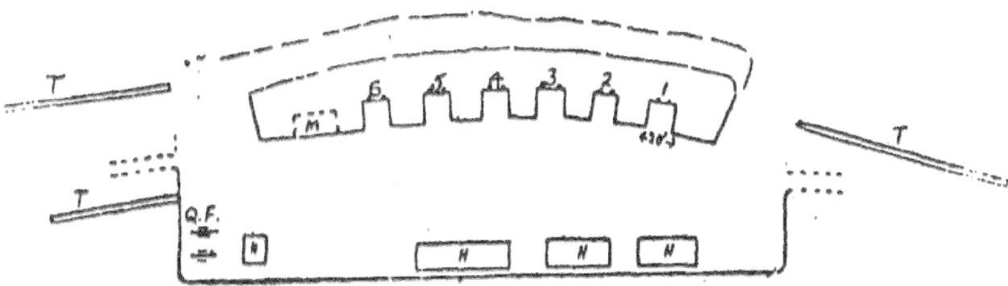

Figura 7. Croquis de la batería construida en Punta Maya, según Leverson. Leyenda: 1-6: Howitzers. QF: cañones en carros para ser situados donde fueran necesarios. T: trincheras para la infantería. M: arsenales. H: barracones.
Fuente: Sánchez Mederos (1992)

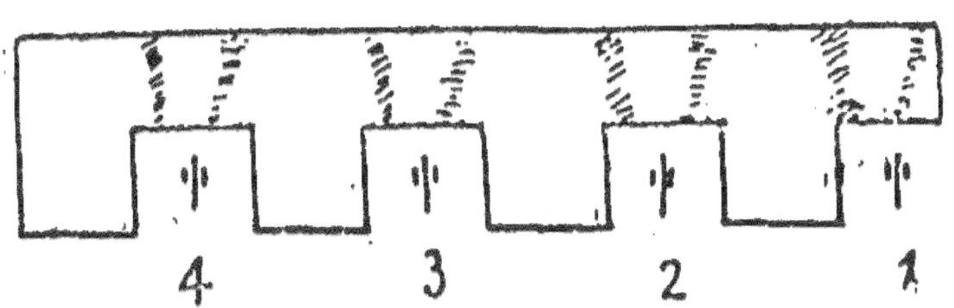

Figura 8. Croquis de la batería construida en Punta Práctico, según Leverson. Leyenda: 1-4: cañones. Fuente: Sánchez Mederos (1992)

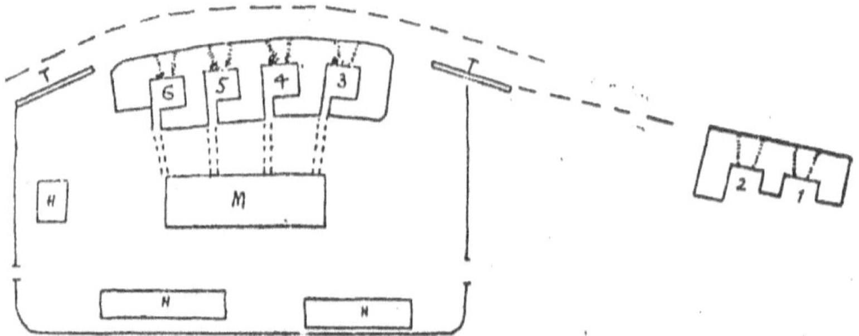

Figura 9. Croquis de la batería construida en Punta Gorda, según Leverson.
Leyenda: 1-6: cañones. M: arsenal. T: trincheras para la infantería. La H no está
referenciada, pero debe corresponder a los barracones.
Fuente: Sánchez Mederos (1992)

1898, pasado el mediodía. La prensa local se hizo eco de los sucesos, así como
en España (Figura 10) y EE.UU. (Figura 11). Pero ya desde antes la tensión
entre las naciones estaba al orden del día. Según el diario español *El Correo Militar*, con fecha del lunes 26 de abril de 1898, el 24 de ese mismo mes había intentado entrar a la bahía un buque yankee, pero el fuerte El Morrillo había disparado tres cañonazos y se alejó sin contestar (ECM 1898, 26 de abril). Luego
seguiría un reconocimiento efectuado el día 25 en la bahía de Cárdenas por el
torpedero *Cushing*, que fue repelido por la cañonera *Ligera* (Gómez Núñez
1899b). Algunos diarios en España recibieron esta noticia como la primera
victoria (EP 1898, 29 de abril), aunque otros se limitaron a narrar el corto enfrentamiento y la rápida retirada del destroyer (ECM 1898, 27 de abril).

La primera referencia encontrada al bombardeo en Matanzas, comienzan a aparecer en la prensa española al siguiente día (28 de abril), pero todavía
sin confirmar. Fue el 29 de abril cuando se disparan los titulares y todos se
hacen eco de los sucesos. El diario *El País* impacta con el titular: "Bombardeo
de Matanzas" (Figura 10), aparentemente guiados por las noticias publicadas en
Londres. *El Correo Militar* es mucho más cauto y en seguida arremete su crítica
contra la prensa española que agranda lo sucedido y trata de minimizarlo a
través de un artículo que titula: *Obuses, bombas y torpederos... periodísticos*, firmado
por Lope Laudi (ECM 1898, 29 de abril). Las obras publicadas luego de la guerra minimizaron el enfrentamiento en Matanzas (Gómez Núñez 1899b),
haciendo mayor hincapié en las batallas que le siguieron, que fueron creciendo
en poder de fuego y en consecuencias. Otros simplemente ni lo mencionaron
(Mendoza y Vizcaino 1902).

El objetivo del bombardeo parece haber sido impedir el emplazamiento
de las nuevas defensas que se construían en la rada, con vistas a reforzar ciertos
puntos estratégicos, ya que las fortalezas permanentes no eran suficientes. En

Figura 10. Tapa del diario español El País del 29 de abril de 1898, donde el bombardeo a Matanzas constituyó el principal titular. Fuente: Hemeroteca digital de la Biblioteca Nacional de España

mayor o menor medida, los diarios coinciden en este punto (EP 1898, 29 de abril; ECM 1898, 29 de abril), así como los historiadores contemporáneos (Gómez Núñez 1899b) y los más recientes (Suárez 2008), aunque algunos de los diarios agregan rumores de un posible desembarco de armas para las tropas insurrectas. También, la prensa manejaba rumores de la ocupación de Matanzas, teniendo en cuenta su posición estratégica, lo que parece haber movido al ejército español a incluir este puerto entre los pocos privilegiados para reforzar las defensas. Un comunicado del Secretario de la Marina de Estados Unidos, John D. Long, con fecha del 21 de abril confirma este supuesto:

"The Navy Department is considering the question of occupying the port of Matanzas by a military force large enough to hold it and to open communications with the insurgents, and this may be done at an early date, even before the main party of the Army is ready to embark. If this operation is decided upon, you are directed to cooperate with the Army and assist with such vessels as are necessary to cover and protect such a movement" (Bureau of Navigation 1898:175).

Las primeras noticias hacen referencia a cinco buques que se hicieron presentes en la bahía matancera, aunque fueron tres los que efectivamente em-

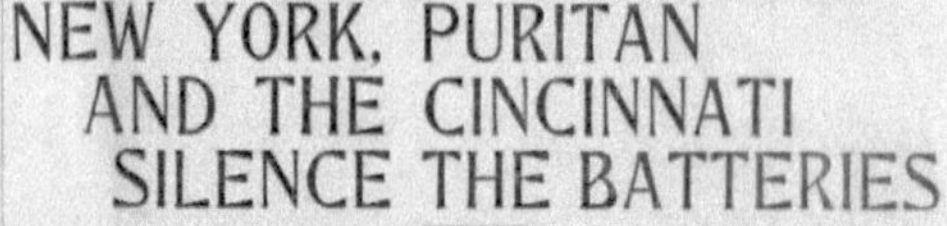

Figura 11. El bombardeo a Matanzas también fue el principal titular en la tapa del diario estadounidense The San Francisco Call en la edición del 28 y del 29 de abril de 1898. Fuente: Historic American Newspapers, Library of Congress

prendieron el bombardeo. La flota dirigida por el Contralmirante[7] William Thomas Sampson (1840-1902), al mando del crucero-armado *New York* (Figura 12), estuvo integrada además por el crucero-protegido *Cincinnati* (Figura 13) y el monitor *Puritan* (Figura 14). La narración del enfrentamiento por la prensa osciló entre ambos extremos, desde causar "...grandes destrozos en los fuertes y derriban extensos trozos de muro" (EP 1898, 29 de abril), hasta comentar "...que no ha sido tal bombardeo, sino un simple reconocimiento ofensivo encaminado á conocer las obras de fortificación que allí hay construidas y su valor defensivo..." y que "...no existen tales muros, sino parapetos constituídos [sic] por verdaderas moles de tierra" (ECM 1898, 29 de abril).

Figura 12. El crucero-acorazado USS New York en 1898.
Fuente: http://www.history.navy.mil/photos/sh-usn/usnsh-n/ca2.htm
Consultado: 02/03/2014

Las consecuencias del enfrentamiento no han sido claras. Algunos historiadores han planteado que el bombardeo no consiguió "...resultado alguno sobre las nuevas baterías del *Morrillo* [sic], Punta Gorda y Punta Sabanilla, todas de arena y a escasa altura sobre el nivel del mar" (Gómez Núñez 1899b:121).

---

[7] Un error muy frecuente en la historiografía hispanohablante ha sido otorgar el grado de Almirante a William T. Sampson, cuando en realidad este corresponde a Contralmirante (Rear Admiral), como él mismo firma toda la correspondencia durante el bombardeo a Matanzas. Sampson, figuraba como Capitán durante la investigación sobre la explosión del Maine que él dirigió y fue ascendido entre el 19 y el 21 de abril de 1898, teniendo en cuenta los telegramas que envió al Navy Department. Fungió como Comandante en Jefe de la Fuerza Naval Estadounidense del Atlántico Norte.

Más recientemente, también se ha expresado que las acciones no consiguieron sus objetivos debido al estado avanzado de la construcción de las obras de defensa y al emplazamiento de la mayoría de las piezas de artillería, lo que posibilitó a las baterías españolas responder con un fuego intenso que habría incidido en la retirada de la flota estadounidense (Suárez 2008). Una referencia en el diario local *Aurora del Yumurí*, con fecha del jueves 28 de abril, reportó que "En la batería de Punta Sabanilla explotaron dos proyectiles hiriendo 2 caballos..." (Suárez 2008), mientras que el diario El País, en España, refería que "Los fuertes que más han sufrido son los de Punta de Maya y Rubalcava" (EP 1898, 29 de abril). Muchos diarios hicieron referencia a que la única pérdida fue una mula. En cambio, una nota en *The New York Times* mencionaba que el bombardeo había cumplido su propósito, haciendo énfasis en la ausencia de pérdidas de vida por la parte estadounidense, agregando que "It is believed the Spaniards must have sustained some loss of life, in addition to having their nearly completed earthworks and fortifications torn up by the explosion of shells" (NYT 1898, 29 de abril).

Figura 13. El crucero-protegido USS Cincinnati, *circa* 1894-1899.
Fuente: http://www.history.navy.mil/photos/sh-usn/usnsh-c/c7.htm
Consultado: 02/03/2014

El telegrama remitido por el Capitán General de la Isla de Cuba Ramón Blanco Erenas al Ministro de Guerra (EL 1898, 30 de abril) español hace referencia a cinco buques, aunque también aclara que fueron tres los que abrieron fuego contra las baterías. Según este, 32 disparos fueron hechos contra la batería El Morrillo, aunque sólo dos cayeron próximos, y en respuesta fueron disparados 14 proyectiles. A esto le siguieron multitud de granadas metralla, pero sin causar daños. Contra la batería en Punta Sabanilla se hicieron más de 40 disparos, donde sólo mataron un mulo. La respuesta la llevó a cabo uno de los cañones con cuatro disparos, ya que el resto de las piezas no alcanzaban la distancia de los buques. En cuanto a la ciudad, menciona que se dispararon varias granadas, algunas de grueso calibre, que cayeron en sus inmediaciones sin causar daño a la población.

Figura 14. Dibujo del monitor Puritan durante su intervención en la bahía de Matanzas el 27 de abril de 1898, publicado en *Our country in war*, de Murat Halstead (1898). Fuente: http://www.navsource.org/archives/01/puritan.htm Consultado: 02/03/2014

Pero más allá de todas las valoraciones sobre el bombardeo, lo cierto es que la prensa a uno y otro lado del Atlántico sustentaba los intereses de ambas naciones. En este sentido, la Editorial del diario español *El Correo Militar* sentenciaba: "Del reconocimiento practicado por la escuadra yanki, habrá sacado su jefe la convicción de que las costas de Cuba están duras de pelar, suponiendo que la operación haya tenido el carácter de reconocimiento, porque si vamos á juzgar por lo dicho en Washington, aquello ha sido un Lepanto ó un Trafalgar" (ECM 1898, 29 de abril).

Una comunicación del Contralmirante Sampson al Secretario de la Marina en Washington indicaba que el bombardeo lo había iniciado a propósito de la información proporcionada por el Capitán Harrington sobre la construcción de una batería en Punta Gorda: "We were fired upon by the new battery and by the old one on the opposite side of the bay, but without effect." (Bureau of Navigation 1898:181). Esta información indica el ataque a la batería El Morrillo, que es la que se encuentra en el lado opuesto a Punta Gorda. Lo interesante de esta nota, además de comunicar que no tuvo efecto, es que se haya dirigido el fuego a la vieja batería, sin dudas de mayor visibilidad que la nueva que se había construido muy cerca de esta.

Sobre el bombardeo, el Capitán del *New York* French Ensor Chadwick (1844-1919) refiere en un parte (Bureau of Navigation 1898:182), con fecha del propio día 27 de abril, que el *New York* abrió fuego a las 12:50pm contra El Morrillo y la batería de Punta Gorda, cayendo algunas bombas en esta última. Ambas baterías respondieron el fuego, aunque sin proporcionar daño alguno. Luego, le se incorporaron el *Cincinnati* y el *Puritan* hasta la 1:19pm en que fuera declarado el cese al fuego. El Lugarteniente W. P. Potter ofrece más detalles, al mencionar que el mayor caudal de fuego fue dirigido a la batería de Punta Gorda y da cuenta del total de municiones utilizadas: 15 de ocho pulgadas, 61 de cuatro pulgadas y 28 de seis libras (Bureau of Navigation 1898:182). Lamentablemente, no hemos podido consultar reportes del *Cincinnati* ni del *Puritan*, lo que implica que los 104 proyectiles corresponden sólo a los disparados por el *New York*. Si bien estos primeros reportes sólo hacen mención al bombardeo a las baterías en sí, omiten que este se extendió a la ciudad y a otros puntos fortificados, cuestión que puede ser abordado desde la perspectiva arqueológica.

Los relatos sobre el enfrentamiento ocuparon también la pluma del novelista y corresponsal de guerra Richard Harding Davis, al que dedicó parte del primer capítulo de su obra *The Cuban and Porto Rican Campaigns*, que denominó: The first bombardment (Davis 1898). Uno de los pocos, si no el único, relatos de los sucesos visto desde la propia ciudad de Matanzas, fue narrado por Lola María[8], quien en sus Memorias comentó:

> "Así fue que el día del célebre bombardeo, aquel bombardeo inexplicable por no estar previsto ni menos ordenado y por lo mismo innecesario en la sana misión que los cruceros de los Estados Unidos desempeñaban en las costas guardar y no dejar pasar barco alguno y por lo tanto matarnos de hambre; supúsose [sic] entonces y no sin razón, sería una experiencia de tiro o de esas bromas o expansiones que impunemente pueden gastar los poderosos."

---

[8] Este relato ha sido citado en extenso por otros investigadores, al tratar sobre la intervención estadounidense en Matanzas (Pérez Orozco *et al.* 2010).

"Era el 23 [sic] de abril de 1898. La emoción fue terrible para los habitantes de Matanzas que, acostumbrados tan sólo a la bendita calma de sus serenos paisajes —en eterna indiferencia nunca temían— y por eso tal vez las azoteas de las casas se llenaron de curiosos para *ver lo que pasaba.*"

"El despertar a la realidad fue horrible. Con la impresión del momento escribí entonces una carta a una prima mía que residía en la Habana —inapreciable ahora su contenido y que debido a la casualidad o por esas circunstancias providenciales que envuelven a los acontecimientos, he podido recuperar para aquí transcribirla. Dice así:"

"Matanzas, mayo 1°. de 1898. —Mi queridísima A…: Acabo de recibir tu carta que contesto acto continuo porque tendrán ustedes curiosidad por saber cómo nos fue en lo ocurrido el otro día. El lento martirio a que nos vemos reducidos, lo agrava más la impresión de estos sustazos. —Imagínate que a la una, estando M. A. y yo en el gabinete arreglando la canastilla del bebé (esto fue el jueves después de almuerzo) oímos como dos truenos lejanos; el día estaba hermosísimo, y no queriendo yo asustarla a ella por su interesante estado, me fui a la sala preocupada por aquel ruido, cuando más muerta que viva oí el mismo *trueno* ya más cerca y así sucesivamente. La alarma fue espantosa, las cornetas llamaban sin parar, las campanas tocaban a arrebato, los cañonazos formidables de las baterías y los de los barcos americanos se unían en un ruido único que no te podré describir. No sabes en esos momentos qué hacer ni cómo huir, porque el peligro te viene de arriba. Las balas de los cañones americanos silvaban [sic] en el aire sobre nuestras cabezas y al describir la onda sonora se oye como el *chui, chui* de una enorme lechuza que pasara sobre el tejado de las casas. Agrega a esto la confusión en las calles, los coches y carretones corriendo, el estruendo de la artillería rodada y de montaña que nos pasa por nuestras ventanas, y el aire especial de esos soldados que van a la muerte riendo y que tienen aun espíritu en esos momentos para mirar a las mujeres y decirles una flor… todo tan nuevo, tan único, tan raro, que no se concibe un desconcierto igual en minutos que tal vez sean para todos supremos. He vivido un siglo en estos días. Nuestra situación es tristísima. El sueldo de mi hermano sigue la suerte del país, fluctuando en que se cobrará o no. hemos comprado por precaución galletas, carbón y laticas de leche aereada [sic] —nada más— y con esto esperamos ese sitio que nos anuncian y que vemos como un fantasma de muerte, porque carecemos en absoluto de todo recurso monetario. Mamá muy impresionada: completamente rendidos estamos todos, y yo… yo fío en Dios, porque sólo El en su infinita misericordia podrá librarme del hambre y del horror de una guerra que tú verás que al estallar será formidable. —Se oirían ese día más de cincuenta cañonazos y algunas granadas al caer en la bahía levantaban un surtidor de agua como el de las ballenas. La población es un campamento, no se ven nada más que soldados; la aduana, el teatro, el palacio, todo está convertido en cuartel: ya te conozco todos los toques de diana, silencio, retreta… y en la orilla del mar están las trincheras. En fin, no olvidaré en mi vida estos días. He adelgazado una arroba. —No les escribí inmediatamente para calmar la ansiedad de ustedes porque no podía. Ya todos tenemos hecho un lío de ropa, cada uno el suyo y además, yo, un paquete con papeles y el retrato de papá por si tenemos que huir. ¡Que nunca suceda! La bala que cayó en Pueblo Nuevo se extrajo y la exiben [sic] en la casa de comercio de Bea; pienso ir a verla. Del bombardeo sólo resultó una mula muerta." (Ximeno y Cruz 1930:319-321).

Es interesante incluso que este primer bombardeo impactó no sólo a la prensa y los intelectuales, sino que llamó la atención de los primeros cineastas que comenzaban a representar los escenarios bélicos. La Guerra Hispano-Cubano-Americana fue el disparador de este tipo de cine que perduraría en el tiempo. En este contexto, el bombardeo a Matanzas constituyó uno de los primeros filmes sobre la guerra realizados por Edward Amet, denominado *Bombardment of Matanzas*. La peculiaridad que presenta esta obra es que no se filmó en el escenario real de los sucesos, sino a partir de un modelo construido en base a la información periodística. Su producción fue poco tiempo después del enfrentamiento y tuvo un amplio impacto en el público estadounidense de la época (Bottomore 2007).

Investigaciones arqueológicas en las fortificaciones matanceras

Las investigaciones arqueológicas en las fortificaciones matanceras se iniciaron en la década de 1970, con los trabajos de rescate realizados por Rodolfo Payarés en la batería El Morrillo como consecuencia de la restauración del inmueble (Payarés 1980), que luego se declararía Monumento Nacional. En esa ocasión Payarés realiza una excavación "…en la parte exterior de la cortina de mar, junto al baluarte…", donde localiza fragmentos de "…cristal, cerámica tosca y porcelana o loza colonial, hasta del siglo XVIII" (Payarés 1980:80). Además, rescató una variada gama de materiales en superficie relacionadas con la vida cotidiana, así como botones, parte de la vaina de una daga o espada y una moneda de 1808, a lo que se suma una pipa y una azuela hallada bajo el piso interior del fuerte.

Lamentablemente, El Morrillo no ha sido objeto de estudio de ningún proyecto de investigación sistemática, sino sólo de exploraciones aisladas y "colectas de superficie" que suelen presentar importantes problemas metodológicos. Además, el lugar está expuesto a las inclemencias climáticas que provocan el lavado del risco por el oleaje marítimo y la consecuente exposición de materiales enterrados.

En el centenario del 98, miembros del grupo espeleológico Manuel Santos Parga realizaron exploraciones subacuáticas en las inmediaciones de la batería El Morrillo con vistas a localizar algunos de los proyectiles disparados por la flota estadounidense. En estos trabajos, no sistemáticos, se "...lograron localizar y rescatar más de una docena de proyectiles cilíndricos de hierro (obus)..." (Álvarez Chávez 1998), que serán tratados más adelante.

Una situación contrastante se ha dado en el Castillo de San Severino. El uso del inmueble como prisión hasta la década del ochenta limitó los estudios arqueológicos. En 1994 (Hernández de Lara y Rodríguez Tápanes 2010; Rodríguez Tápanes *et al.* 2001) se llevó a cabo el primer proyecto de excavación motivado por la restauración que se realizaría a raíz de la elección de la fortaleza como sede cubana del proyecto de la UNESCO La Ruta del Esclavo. Luego se retomarían los trabajos, parcialmente en 1998 y con más sistematicidad en el 2003 (Pérez Orozco *et al.* 2005, 2007). Posteriormente se realizan algunas intervenciones puntuales y el estudio, registro y conservación de materiales provenientes de las excavaciones precedentes (Rodríguez Tápanes y Hernández de Lara 2008; Hernández de Lara y Rodríguez Tápanes 2009, 2010; Hernández Godoy *et al.* 2009).

Las investigaciones arqueológicas han aportado al entendimiento de la historia de las fortificaciones matanceras, aunque los trabajos se han centrado sobre todo en el Castillo de San Severino. El resto de las baterías que protegieron la rada no han recibido la misma atención y esperan por proyectos de investigación que aborden los restos materiales que aún se conservan.

Evidencias materiales del bombardeo a Matanzas

Como se mencionó antes, las primeras evidencias relacionadas con la intervención estadounidense en la bahía de Matanzas fueron rescatadas durante una exploración subacuática. La única noticia sobre los trabajos apareció en una publicación semanal de la ciudad, donde se comenta el contexto histórico de la batalla y se menciona someramente los proyectiles encontrados (Álvarez Chávez 1998). Si bien esa nota habla de más de una docena de proyectiles, en el Museo El Morrillo sólo se ha logrado consultar ocho piezas provenientes de estos trabajos. Es preciso apuntar que en el lugar se detectó otro proyectil que no se pudo rescatar por encontrarse en una depresión que luego fue cubierta por coral. Además, otra pieza semejante fue hallada con anterioridad a esta intervención y en la actualidad se encuentra en el ánima de uno de los cañones de hierro fundido que se localizan en la plataforma de la batería (Figura 15)[9].

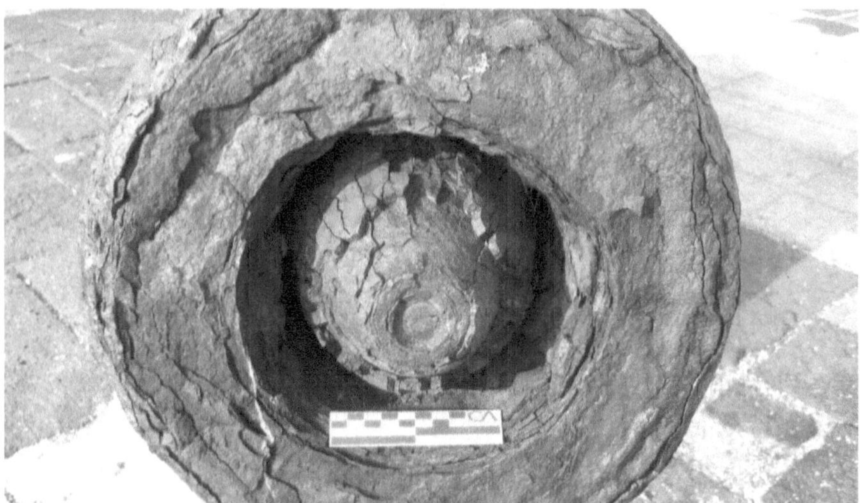

Figura 15. Vista del proyectil que se encuentra en el ánima de una de las piezas de artillería lisa ubicada en la plataforma de la batería El Morrillo.
Foto de los autores

El rescate subacuático fue realizado en el área circundante a la batería El Morrillo (Figura 16), bordeando precisamente la formación geológica en la que se erige la fortificación. Se realizó una inspección visual con el objetivo de reconocer los característicos proyectiles, teniendo en cuenta su obtrusividad, en un ambiente con alta visibilidad. El área explorada respondió a la presencia de artefactos y se limitó especialmente hacia la desembocadura del río, donde las propiedades del ambiente se modifican radicalmente respecto a la visibilidad y la corriente.

Todas las piezas corresponden a proyectiles de hierro fundido de cuerpo cilíndrico, rematado con nariz ojival que le provee un buen rendimiento aerodinámico. La presencia de tetones en el cuerpo caracteriza al menos a siete de los ocho proyectiles, lo que indica el uso de piezas de artillería de ánima

---

[9] Otro proyectil se encuentra registrado en los fondos del Museo Provincial Palacio de Juncos. Aunque no se tiene información de su procedencia, en comunicación personal con Sonia Tabera del Departamento de Inventario de esa institución, parece ser que esta corresponde a un hallazgo casual realizado por el grupo espeleológico Manuel Santos Parga en El Morrillo con anterioridad a la exploración subacuática.

rayada. La restante no se ha podido definir hasta el momento por presentar un faltante en el cuerpo que parece estar relacionado con su explosión. Estas piezas corresponden a calibres de seis pulgadas (Figura 17).

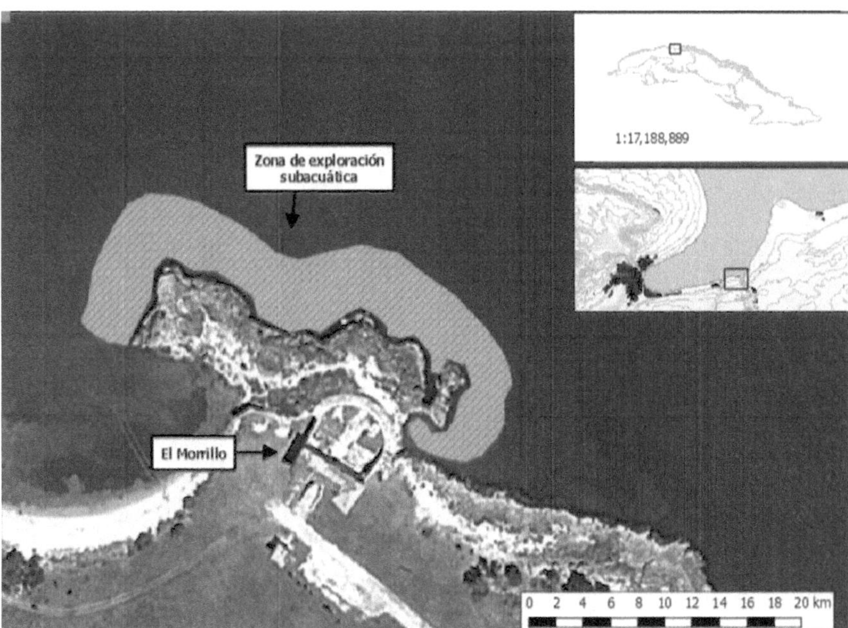

Figura 16. Imagen satelital con la localización de la batería El Morrillo y el área aproximada en la que se realizó la exploración subacuática en 1998

Figura 17. Proyectiles hallados durante los trabajos subacuáticos en 1998. Se puede observar el mal estado de conservación. Foto de los autores

En cuanto al Castillo de San Severino, en sus inmediaciones fueron hallados tres proyectiles con calibre de 5 pulgadas durante las labores de limpieza del foso que parecen corresponder con el armamento de la flota estadounidense (Figura 18). Estas piezas son de forma ojival y presentan tetones a su alrededor dispuestos en dos órdenes, uno cercano a la base y otro hacia el hombro, donde comienza la ojiva. A diferencia de las de El Morrillo, estos han perdido el contenido de pólvora y en un caso parece poseer rosca en la boquilla. Además, en un predio que linda con la fortaleza donde se encuentra la empresa SUMARCO se localizó una ojiva (Figura 19) de un proyectil perforante de 12 pulgadas[10] (Lorenzo Hernández y Hernández Campos 2013).

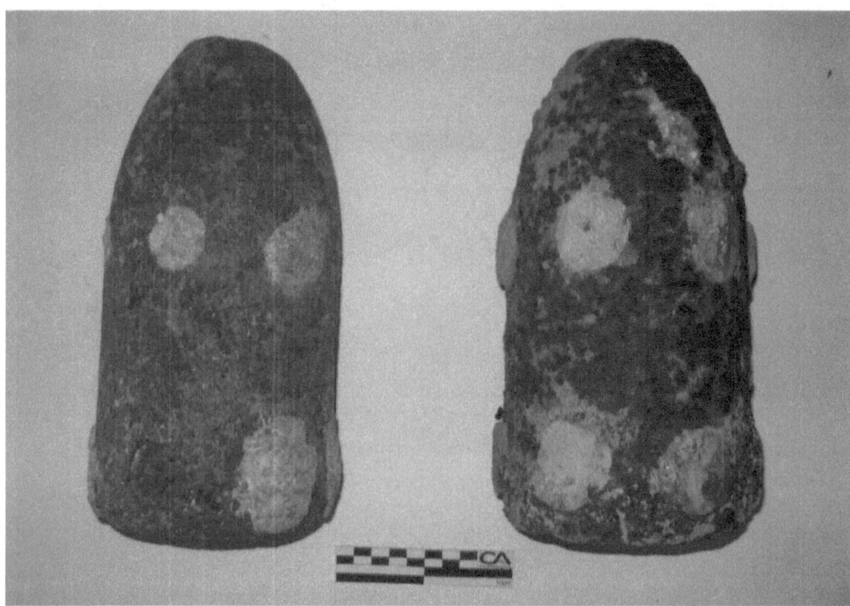

Figura 18. Dos de los proyectiles hallados en las inmediaciones del Castillo de San Severino. Foto de los autores

Este tipo de proyectiles no ha sido reportado con frecuencia en la arqueología cubana, tal vez por la carencia de investigaciones dirigidas a abordar la problemática del conflicto en el contexto de la Guerra Hispano-Cubana-Norteamericana. Sin embargo, un hallazgo casual realizado hace unos años reveló una gran cantidad de proyectiles diversos, entre los que se encontraba uno de tetones (Quevedo Herrero *et al.* 2012). Este hallazgo conllevó a revisar las

---

[10] Esta pieza permaneció por mucho tiempo en la instalación que hoy ocupa la empresa SUMARPO y fue donada por los compañeros de la referida empresa a raíz de su identificación, durante el proceso de investigación.

colecciones del Museo de la Ciudad de La Habana, donde se conservan varias piezas (Figura 20), así como la fototeca de la Oficina del Historiador, que aportó imágenes de numerosos proyectiles hacia mediados del siglo XX (Figura 21).

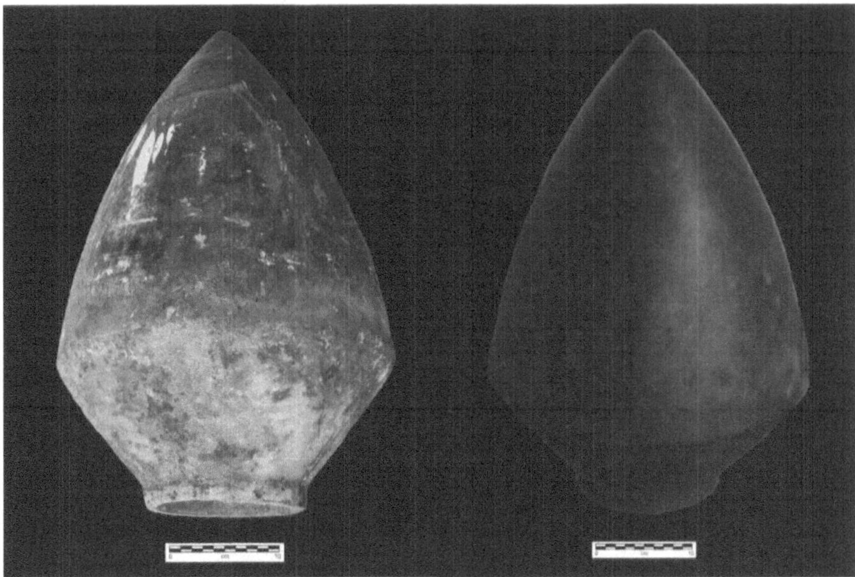

Figura 19. Ojiva de un proyectil de 12 pulgadas localizada en las inmediaciones del Castillo de San Severino, antes y después de su conservación.
Foto de los autores

Un problema que se presenta al analizar estas piezas es que tanto la flota estadounidense como las tropas españolas contaban con proyectiles semejantes, especialmente en este caso de las denominadas granadas de tetones (Figura 22). Según el militar español Severo Gómez Núñez, la armada del norte estaba dotada de tres clases de proyectiles: "perforante de *acero cromado* (sic), granada ordinaria de fundición y granada de metralla Shrapnel" (Gómez Núñez 1899a:44). Estos correspondían a la artillería gruesa "...de acero de retrocarga de gran calibre y de calibres medios, con cierre de tornillo partido sistema Bange, rayas cuneiformes, progresivas y parabólicas", a los que se sumaban "...los antiguos cañones lisos de hierro fundido, y éstos mismos rayados y transformados á retrocarga, con tubo de hierro forjado..." (Gómez Núñez 1899a:44).

Este autor examina varios proyectiles que recupera del bombardeo a Cárdenas[11] del 11 de mayo de 1898 (de 10cm y de 57 y 37mm), así como uno

---

[11] Es interesante retomar una cita de Gómez Núñez, considerándolo como proceso de formación cultural del registro arqueológico que sin dudas condicionará la localización de proyectiles

Figura 20. Algunos proyectiles de las colecciones del Museo de la Ciudad de La Habana. Fuente: Quevedo Herrero *et al.* (2012)

Figura 21. Fotos de mediados del siglo XX de la fototeca de la Oficina del Historiador donde se observan gran cantidad de proyectiles.
Fuente: Quevedo Herrero *et al.* 2012

en Cárdenas: "A raíz del combate de Cárdenas, el 12 de Mayo de 1898, tuvimos ocasión de recorrer los sitios donde cayeron más proyectiles y reunir varios ejemplares de los que disparó el enemigo contra aquella ciudad indefensa, desprovista de baterías de ningún género que pudieran responder á la bárbara agresión" (Gómez Núñez 1899a:106). En Santiago de Cuba se registró además un hecho particular: "…muchas personas desearon conservar una [granada] como curiosidad y como recuerdo de un suceso que no es muy frecuente en la vida. Quién las quería de las de menor, quién de las de mayor calibre, y no faltó quien quiso reunir todas" […] "…dedicáronse muchos á recoger y descargar proyectiles y venderlos…" (Müller y Tejeiro 1898:121).

Figura 22. Pieza de artillería en las defensas de Santiago de Cuba durante 1898.
En el extremo inferior derecho se observan varios proyectiles de tetones.
Fuente: The American Military in Cuba and Mexico Photographs, 1898-1916

rescatado en la ciudad de Matanzas (Figura 23) que se había incrustado en el muro de una vivienda del barrio de Pueblo Nuevo (de 20cm) y otros que habían atacado al trasatlántico *Alfonso XII* (de 15cm). En su opinión:

"Son de acero. Los perforantes llevan la ojiva endurecida, revelando haber sido fundida en matrices metálicas; tienen gran capacidad, y el ánima parece haberse obtenido por embutición. Todos los que hemos descargado, contenían pólvora fina de caza, algo parduzca, apisonada, muy rompedora y viva, y que al arder produce mucha llama. La explosión se efectúa por lo general en tiras longitudinales, escupiendo, casi siempre, el culote completo, cortado á raíz, y quedando suelto como si fuera una gruesa arandela. Se recogieron muchos sin reventar, por defecto de las espoletas."

"El proyectil á que se refiere el dibujo [Figura 23], lleva el culote separado y sujeto á rosca, y en el centro de él va el alojamiento para la espoleta, que también aparece en el plano. Esta es de percusión, muy parecida á la antiguamente reglamentaria en nuestra Artillería, y la abundancia de proyectiles cogidos sin explotar hace su apología. En los de 10 centímetros, no está el culote superpuesto á rosca, sino que más bien se nota en el corte, que ha sido soldado y embutido á presión, después de haber obtenido por embutición el hueco interior del proyectil. Los de 57 y 37 mm. no presentan diferencias esenciales con los nuestros de igual clase. Todos, lo mismo los de grueso calibre que los de pequeño, llevan una sola banda de forzamiento y parecen muy bien construídos [sic]. Principalmente la calidad de fundición y forja y la gama de endurecimiento de las ojivas, que se nota troceándolos, son inmejorables, y dicen muy alto en favor de las fábricas de donde salieron. No así las espoletas, que, según antes indicamos, son toscas y defectuosas" (Gómez Núñez 1899a:109-111).

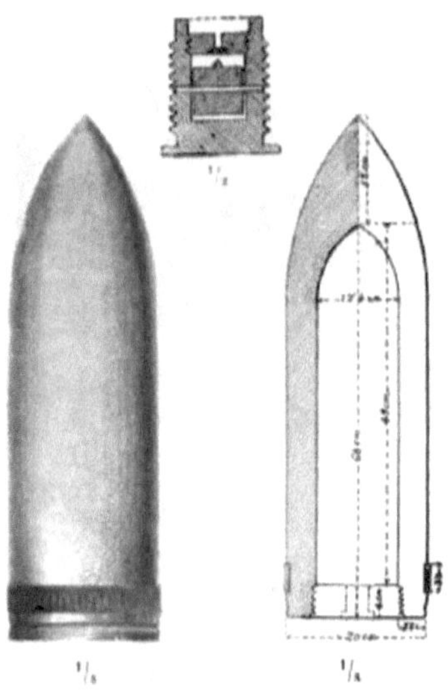

Figura 23. Proyectil de 8 pulgadas y 102 kilogramos rescatado de la pared de una vivienda del barrio de Pueblo Nuevo, en Matanzas que fue expuesto en la casa de comercio de Bea. Fuente: Gómez Núñez (1899a)

Para 1898, los proyectiles de tetones ya eran anticuados, teniendo en cuenta que estaban en uso desde mediados del siglo XIX. Las *Nociones de artillería para el uso de los sargentos y cabos del arma* que escribiera el Coronel del Cuerpo de Artillería Javier de Santiago y Hoppe en 1863 hacen especial énfasis en la artillería rayada (de Santiago y Hoppe 1863), de gran uso entonces. Según este autor, las granadas son de figura cilindro-ojival de hierro colado y se componen de un cilindro hueco, la base, los tetones, la ojiva y su boquilla. "El cilindro con la ogiva [sic] y base es de solo una pieza fundida, y hueco, que constituye la granada con su boquilla de rosca, para colocar la espoleta" [...] "Los tetones son los resaltos que entran en las estrías del ánima de la pieza. Los tetones son de un metal mas [sic] blando que el de las piezas, por lo general de zinc, ó plomo y estaño" [...] "En las granadas *ogivales* [sic] se usa espoleta de tiempo ó de percusión" (de Santiago y Hoppe 1863:50).

La caracterización de las granadas de tetones españolas difiere de las estadounidenses parcialmente en cuanto a los calibres. Los calibres utilizados por las españolas hacia 1863 eran de 7, 8, 12 y 16cm; las tres primeras poseen seis tetones en sus dos órdenes y la última sólo tres (de Santiago y Hoppe 1863). No obstante, algunas referencias del momento del bombardeo mencionan disparos de las baterías hispanas con proyectiles de ocho pulgadas. Según Suárez (2008), en la batería de Punta Maya habían instalado cañones *Howitzer* de 21 centímetros, lo que coincide con lo antes apuntado. Por otra parte, los calibres de la flota atacante se distribuyen de la siguiente manera: *New York*: 4 y 8 pulgadas, así como 1 y 6 libras; *Cincinnati*: 5 y 6 pulgadas y 1 y 6 libras; *Puritan*: 4 y 12 pulgadas, 6 libras y 37mm (Johnston 1898).

Los proyectiles encontrados en las exploraciones subacuáticas en las inmediaciones de El Morrillo se han interpretado como pertenecientes a la flota estadounidense (Álvarez Chávez 1998), lo que parece sostenerse por la ubicación y disposición de los proyectiles. Estos presentan un diámetro de unos 15cm (6 pulgadas), asociándose así a los disparados por el crucero-protegido *Cincinnati*, teniendo en cuenta que este era el único que contaba con ese calibre. En cuanto a los tres proyectiles hallados en el Castillo de San Severino, también se han vinculado con la escuadra atacante (Lorenzo Hernández y Hernández Campos 2013). Los diámetros apuntan a calibres de 5 pulgadas que sólo tenía del *Cincinnati*.

En cuanto a la ojiva mencionada con anterioridad y su correspondencia con los proyectiles perforantes de 12 pulgadas, estaría vinculado con el monitor *Puritan*, que contaba con este tipo de artillería.

Las prospecciones realizadas en algunas de las zonas donde se emplazaron las nuevas baterías lograron localizar posibles estructuras, sobre todo trincheras y algunas huellas socavadas en la roca, que parecen corresponder con las obras de defensa (Pérez Orozco *et al.* 2010). Mientras que en la zona Punta Gorda no pudieron identificar nada, en Punta Sabanilla los investigadores ubicaron, a 30m de la orilla del mar, una trinchera de 1.70m de profundidad con dudosa filiación al momento del conflicto de 1898. Estos trabajos, meritorios en cuanto a su iniciativa, lamentablemente no tuvieron continuidad.

Conservación

En ocasión de la exposición transitoria realizada en el Museo de Castillo de San Severino (Lorenzo Hernández y Hernández Campos 2013), se llevaron a cabo algunos procedimientos de conservación sobre tres piezas seleccionadas para la muestra. Estas corresponden a un proyectil y la ojiva pertenecientes a los fondos de esta institución y otro proyectil procedente del Museo Provincial Palacio de Junco. Los trabajos realizados estuvieron dirigidos a eliminar las capas resultantes de la corrosión a través de la limpieza mecánica, para lo que se utilizaron espátulas y cepillo de alambre eléctrico de cerdas de acero fino. Seguidamente las piezas fueron lavadas con agua corriente para eliminar las sales e iones corrosivos y secadas con alcohol etílico de 90°. Además, se aplicó un convertidor de óxido fosfatado (OXIDENT) y grasa de conservación temporal con base de cera (GRUCOMA)[12].

En general, las piezas halladas en El Morrillo se encontraron en buenas condiciones de conservación. La exposición de las mismas al medio subaéreo

---

[12] Los productos utilizados en la conservación, son de producción nacional y responden a las marcas GRUCOMA y OXIDENT elaborados por el Centro de Estudio de Anticorrosivos y Tensoactivos de la Universidad de Matanzas Camilo Cienfuegos.

implicó reacciones químicas en la ojiva de algunos proyectiles, que parecían haber conservado el contenido explosivo. La imprevisibilidad de un proceso inmediato de conservación puso en riesgo las propias piezas, así como su potencial peligro explosivo. Si bien la nota publicada en ocasión del hallazgo (Álvarez Chávez 1998) mencionaba la realización de un "proceso previo de conservación", antes de su exposición en el museo, ni uno ni otro fueron cumplidos.

En la actualidad el estado de conservación de los ocho proyectiles es crítico ya que pueden palparse los efectos de la corrosión, que han distorsionado y provocado la destrucción parcial o total de las piezas. Hasta el momento las acciones de conservación realizadas se remiten únicamente a la aplicación de un convertidor de óxido, pues se temía pudiesen explotar si se ejercían otras acciones (limpieza mecánica) para desprender los productos de la oxidación. En todos los casos se conserva el cierre de la cámara explosiva.

En cuanto a la pieza registrada en el Museo Provincial Palacio de Junco, presenta un alto grado de deterioro atenuado por el proceso de conservación. La acción corrosiva degradó casi totalmente la parte externa de la pieza, generando una superficie irregular con cráteres, por los muchos nichos de corrosión y propiciando el desprendimiento de los tetones. Se conserva parcialmente el cierre de la cámara explosiva que al parecer está confeccionado en bronce. Su correspondencia con los encontrados en El Morrillo se infiere por la tipología del proyectil, el grado y tipo de afectación observable.

Por otra parte, los tres proyectiles hallados en las inmediaciones del Castillo de San Severino presentan un buen estado de conservación. El hecho de haber permanecido enterradas puede haber incidido en ello, dadas las condiciones del ambiente agresivo que prevalecen en el lugar del hallazgo, por encontrarse dentro de la zona industrial, su cercanía a la zona portuaria y su inmediatez con la costa.

La ojiva del proyectil perforante constituye un cuerpo único de acero endurecido en el que se distingue el acabado a partir del trabajo de maquinado, presentando una pequeña deformación en el área de la punta, posiblemente asociado al impacto sufrido. Su estado de conservación es muy bueno, lo cual puede estar determinado por las características del metal, a partir del tratamiento a que fue sometido para cumplir con las exigencias de su diseño como proyectil perforante y el hecho de encontrarse semiexpuesto, lo que afectó levemente la parte posterior a causa de la humedad, generando procesos corrosivos ligeros.

Perspectiva arqueológica de la batalla

Hasta el momento de la investigación, el registro arqueológico de la batalla es escaso, lo que impide realizar una interpretación exhaustiva, especialmente porque se han abordado sólo dos de los sitios implicados. No obstante, las evidencias nos permiten abordar algunas temáticas que quedaron opacadas en las crónicas del bombardeo a Matanzas, lo que provee nueva información para entender la primera batalla de la Guerra Hispano-Cubano-Norteamericana.

Los partes oficiales de la armada estadounidense (Bureau of Navigation 1898) comentados con anterioridad sólo hacen referencia a las baterías de Punta Gorda y El Morrillo. No obstante, la prensa profundizó y especuló acerca de la historia que se difundió. Las ediciones españolas y estadounidenses hicieron referencia a las baterías de Punta Maya, Punta Gorda, Punta Rubalcava y Punta Sabanilla. En EE.UU. fue semejante, aunque en ambos casos, varía según el diario. Una publicación que compila las batallas navales del siglo XIX incluye la de Matanzas y comenta que el único medio de información que estuvo presente en el lugar fue *The New York Herald* (Atteridge 1901:110-113), que tenía su propia embarcación acompañando a la flota (NYH 1898, 29 de abril). Pero incluso la historia de este diario sólo menciona las baterías de Punta Maya y Punta Rubalcava[13]. No tenemos referencia de que se hubiera construido batería alguna en este último punto, aunque varios diarios estadounidenses y españoles la mencionan. Una posibilidad es que haya alguna confusión con Punta Gorda, pues el reporte de Sampson hace énfasis en esta batería, que tenían en la mira para detener las obras de defensa (Figura 24).

Aparentemente, el fuego estuvo concentrado en las baterías de Punta Maya y de Punta Gorda, aunque *The New York Herald* menciona a Punta Rubalcava. El crucero-acorazado *New York* se habría enfocado en este último enclave defensivo, mientras el monitor *Puritan* bombardeaba Punta de Maya. Sobre esta batería comentan: "The Maya battery was the more formidable, and the fire from it was more frequent, but the shells fell short" (NYH 1898, 29 de abril). Según este diario, el *New York* hizo mucho daño en el lado oeste y el *Puritan* en el lado este de la bahía. Los reportes de Sampson y otros oficiales de su tripulación mencionan que se bombardearon la nueva batería en Punta Gorda y la vieja en el otro lado de la rada (Bureau of Navigation 1898), que antes referimos correspondiente a El Morrillo. Esta posible confusión queda a la espera de trabajos arqueológicos en la localidad conocida como Punta Rubalcava para tratar de definir la existencia o no de un punto defensivo (Figura 25).

Por otra parte, todas las fuentes hacen una referencia mínima al *Cincinnati*, sin precisar su área de acción. Precisamente, los proyectiles encontrados en El Morrillo y en San Severino se han asociado a las piezas de artillería de 5 y 6 pulgadas que sólo se registran en ese crucero-protegido. Estas dan cuenta del bom-

---

[13] El Correo Militar del viernes 29 de abril de 1898 repite una historia muy semejante a la que narra The New York Herald, lo que hace pensar en una misma fuente de información. También refiere a las baterías de Punta Maya y Punta Rubalcava.

bardeo realizado hacia las viejas fortificaciones matanceras que no fueron mencionados por la prensa estadounidense ni española, mientras el *New York* atacaba Punta Gorda —y posiblemente también Punta Sabanilla y Punta Rubalcava— y el *Puritan* hacía lo mismo en Punta Maya. También fue minimizado el ataque a la propia ciudad, donde algunas notas de prensa comentan la caída de proyectiles, al punto de haberse expuesto en el local de la casa de comercio de Bea, como bien menciona Lola María en sus Memorias. El proyectil expuesto, de ocho pulgadas, corresponde al crucero-armado *New York*, ya que este buque era el único de la escuadra que contaba con dicho calibre.

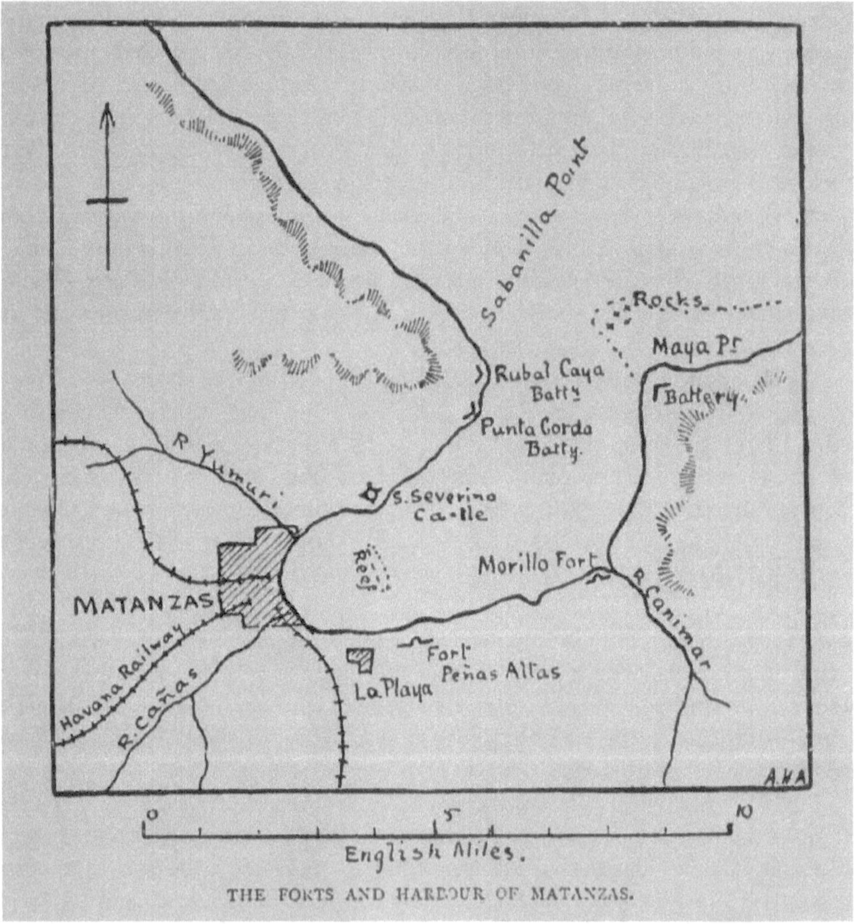

Figura 24. Plano de la bahía de Matanzas con la ubicación de las defensas, publicado en el libro *Battles of the Ninetheen Century*. Fuente: Atteridge (1901)

Figura 25. Dibujo de Rufus F. Zogbaum donde se ilustra la flota estadounidense durante el bombardeo a Matanzas. Fuente: *Harper's Weekly*. Vol. XLII. No. 2160. 14 de mayo de 1898

Un aspecto a mencionar es la presencia de la ojiva del proyectil perforante en las inmediaciones del Castillo de San Severino. Esto indicaría que el monitor *Puritan* habría disparado también sobre esta fortificación, aunque las crónicas tampoco lo refieren. No obstante, es preciso llevar a cabo prospecciones exhaustivas en el área para poder definir el universo de artefactos presentes para entonces poder realizar una interpretación más acabada.

Es interesante comentar lo que parece haber sido una confusión reiterada: el reporte de Sampson es el primero que habla del bombardeo en la vieja batería del este de la rada, que hemos identificado como El Morrillo. Esto ha llevado a algunos autores a suponer su participación activa en la defensa del puerto (Pérez Orozco *et al.* 2010). No obstante, es preciso retomar lo mencionado con anterioridad respecto a las nuevas baterías construidas para esta ocasión, que incluyó una precisamente en El Morrillo. La existencia de la antigua batería del siglo XVIII parece ser el origen de esta confusión. Lo cierto es que una nueva fue la que habría defendido esta parte de la bahía, si bien no se descarta que la vieja haya jugado algún papel defensivo. Sobre esta nueva construcción, el historiador militar Jesús Ignacio Suárez comenta que su estructura era igual a la de Punta Maya y la ubica sobre la margen occidental del río Canímar (Suárez 2008). Hasta el momento, no se ha llevado a cabo el reconocimiento de esta área, que ha sido muy afectada por los procesos constructivos a principios de la década de 1960, durante la erección de nuevas defensas durante la Crisis de Octubre (Figura 3).

Es preciso definir entonces lo que se ha denominado en origen como el "Bombardeo a Matanzas" (Figura 26) y se ha repetido por la historiografía, como la primera batalla de la Guerra Hispano-Cubano-Norteamericana, entendiéndola como una serie de combates entablados entre los diferentes buques que conformaron la escuadra naval estadounidense y las baterías costeras establecidas para defender la bahía de Matanzas. Cada uno de estos combates tuvo sus particularidades, donde entraron en juego las propiedades del ambiente donde se instalaron las baterías, las estrategias de la armada yankee, el armamento disponible para la defensa y la experiencia de los ejércitos intervinientes.

Figura 26. Dibujo de Walter Russell de la flota estadounidense en Matanzas, durante el bombardeo del 27 de abril de 1898. Fuente: *The Century* (1898)

Si se tiene en cuenta que dentro de los principales elementos que considera el ejército estadounidense para un combate exitoso están la maniobra y la potencia de fuego, podemos decir entonces que estos constituyeron principios que orientaron las acciones. La potencia de fuego fue uno de los factores más comentados por la prensa en EUA, haciendo énfasis en los mayores calibres utilizados por sus buques, respecto a los que poseían las defensas hispanas en la isla. En cuanto a la maniobra, que entienden como el movimiento de fuerzas de combate para obtener una ventaja posicional y lograr la sorpresa, el shock psicológico y el dominio moral (Scott 2009:310), la operación fue decisiva, pues se efectivizó uno de los principios sagrados de la guerra: la sorpresa. El ataque pretendió obstaculizar la construcción de las nuevas baterías españolas y, aunque el bombardeo era esperado, se suponía que fuera en La Habana, lo que había implicado el movimiento de tropas y armamentos para defender la capital, aunque Matanzas también se había asegurado. La sorpresa puede cambiar decisivamente el equilibrio del poder de combate (Scott 2009), pero en Matanzas ya las obras estaban lo suficientemente adelantadas y preparadas para enfrentar un posible ataque (Suárez 2008).

Comentarios finales

La arqueología del conflicto en Cuba tiene un amplio campo de acción que no ha sido abordado con la sistematicidad necesaria para lograr resultados que le impriman a esta perspectiva un papel protagónico en las investigaciones arqueológicas locales. Si bien las fortificaciones cubanas han constituido uno de los temas más trabajados en arqueología histórica, se ha dedicado muy poco espacio a los conflictos bélicos. Como se mencionó antes, los trabajos pioneros se llevaron a cabo durante la década del ochenta en los campos de batalla de las guerras de independencia decimonónicas, pero en su mayoría fueron puntuales y con poca difusión.

Las investigaciones llevadas a cabo en los últimos años ya están dando resultados alentadores y la sistematicidad con que se están llevando a cabo promete un desarrollo plausible de enriquecer la perspectiva arqueológica del conflicto. Otras iniciativas han quedado en propuestas teóricas que no tienen correlato en el terreno, lo que implica abordajes a distancia con un sesgo empírico importante.

Desde nuestra perspectiva, la variabilidad en cuanto a la configuración de los campos de batalla conlleva a un acercamiento arqueológico desde diversas posturas teóricas. En nuestro caso, la perspectiva del conflicto ofrece un marco conceptual que comprende no sólo las batallas en sí mismas, sino también el contexto histórico-político que conllevó a los enfrentamientos bélicos, con las consecuencias que de ellos se desprenden para las poblaciones locales. Los paisajes bélicos no sólo son plausibles de estudiar desde la perspectiva arqueológica para dar cuenta de los sucesos no contados, que suelen tener especial relevancia en la vida militar, sino también como medio para una comprensión actual de la guerra a partir de la patrimonialización de los espacios otrora protagonistas.

El denominado bombardeo a Matanzas constituyó la primera batalla de la Guerra Hispano-Cubana-Norteamericana. Su papel en la guerra fue minimizado a propósito de la trascendencia de los sucesos posteriores en la definición del conflicto en Santiago de Cuba. Su resignificación se hace impostergable, no sólo como un bombardeo más, sino como la primera batalla que estuvo formada por combates concretos entre los buques estadounidenses y los diversos puntos fortificaciones en la bahía matancera. Desde la perspectiva arqueológica comienza a interpretarse la batalla a partir de las evidencias materiales, teniendo en cuenta además la documentación histórica dispersa que ha sido abordada efímeramente.

Agradecimientos

Nuestro agradecimiento a Gustavo Placer Cervera, por su ayuda bibliográfica. A Gisela Pérez, directora del Museo Memorial El Morrillo y a Sonia Tabera, del Departamento de Inventario del Museo Provincial Palacio de Junco, por su colaboración con las piezas de ambas instituciones. A Marcelo Vitores, por su enseñanza sobre los Sistemas de Información Geográfica.

Bibliografía

Abreu Cardet, J. (2013). *Historia de Cuba*. Santo Domingo: Archivo General de la Nación.

Alonso Alonso, E. (1983). Rescate de los restos de los mambises caídos en el combate de La Palma. En *Jornada Nacional de Arqueología*.

Alonso Alonso, E., ed. (2004). *Pinar del Río 1896. Arqueología de la Guerra*. Multimedia. Pinar del Río: Centro de Investigaciones y Servicios Ambientales, ECOVIDA, CITMA.

Altizer, W. E. (2008). Time Perspectivism, Temporal Dynamics, and Battlefield Archaeology: A Case Study from the Santiago Campaign of 1898. *Nebraska Anthropologist, 36*, 62–79.

Álvarez Chávez, A. (1998). Descubrimientos arqueológicos subacuáticos en El Morrillo. *Cartelera. Periódico Del Centro de Promoción Y Publicidad Cultural En Matanzas, Cuba, 3*(19).

Atteridge, A. H. (1901). *Battles of the Nineteenth Century*. Vol. V. London and New York: Cassell and Company.

Blanes Martín, T. (2001). *Fortificaciones del Caribe*. La Habana: Editorial Letras Cubanas.

Bleed, P., y Scott, D. D. (2011). Contexts for Conflict: Conceptual Tools for Interpreting Archaeological Reflections of Warfare. *Journal of Conflict Archaeology, 6*(1), 42–64.

Bottomore, S. (2007). Filming, faking and propaganda: The origins of the war film, 1897-1902. Utrecht: Tesis de Doctorado inédita. Universidad de Utrecht.

Braudel, F. (1987). *El Mediterráneo y el mundo mediterráneo en la época de Felipe II.* Tomo I. México: Fondo de Cultura Económica.

Brooke Persons, A., Valcárcel Rojas, R., Knight Jr., V. J., Pérez Iglesias, L. y Worth, J. E. (2008). *Archaeological Investigations at El Chorro de Maíta Holguín Province, Cuba 2007 Season.* Tuscaloosa.

Bureau of Navigation. (1898). *Annual Report of the Navy Department for the wear 1898.* Washington, D.C.: Government Printing Office.

Burström, M., Diez Acosta, T., González Noriega, E., Gustafsson, A., Hernández, I., Karlsson, H., Pajón, J. M., Robaina Jaramillo, J. R. y Westergaard, B. (2009). Memories of a world crisis: The archaeology of a former Soviet nuclear missile site in Cuba. *Journal of Social Archaeology, 9*(3), 295–318.

Carlson-Drexler, C. G. (2008). Monuments and Memory at San Juan Hill. Archaeology of the Spanish-Cuban-American War. *The SAA Archaeological Record,* (January), 26–28.

Carlson-Drexler, C. G., Bleed, P., y Scott, D. D. (2006). Contested Terrain, Congested Landscape: Memorialization of San Juan Hill. En *71st Annual Conference of the Society for American Archaeology* (p. 93). San Juan: Society for American Archaeology.

Curet, L. A., Dawdy, S. L., y La Rosa Corzo, G. (2005). *Dialogues in Cuban Archaeology.* Tuscaloosa: The University of Alabama Press.

Davis, R. H. (1898). *The Cuban and Porto Rican Campaigns.* New York: Charles Scribner's Sons.

De la Pezuela, J. (1866). *Diccionario geográfico, estadístico, histórico de la isla de Cuba.* Tomo IV. Madrid: Imprenta del Banco Industrial y Mercantil.

De Santiago y Hoppe, J. (1863). *Nociones de artillería para el uso de los sargentos y cabos del arma.* Madrid: Imprenta de J. A. García.

Foner, P. S. (1978). *La guerra hispano-cubano-norteamericana y el surgimiento del imperialismo yanqui.* Vol. 1. La Habana: Editorial de Ciencias Sociales.

Fox, R. A. (1993). *Archaeology, History, and Custer's Last Battle: The Little Big Horn Reexamined.* Norman: University of Oklahoma Press.

Fox, R. A. y Scott, D. D. (1991). War Battlefield The Post-Civil Custer Battlefield Pattern: An Example from the Custer Battlefield. *Historical Archaeology, 25*(2), 92–103.

Gómez Núñez, S. (1899a). *La Guerra Hispano-Americana. Barcos, cañones y fusiles.* Madrid: Imprenta del Cuerpo de Artillería.

Gómez Núñez, S. (1899b). *La Guerra Hispano-Americana. El bloqueo y la defensa de las costas.* Madrid: Imprenta del Cuerpo de Artillería.

Gómez Núñez, S. (1900). *La Guerra Hispano-Americana. La Habana. Influencia de las plazas de guerra.* Madrid: Imprenta del Cuerpo de Artillería.

Gómez Núñez, S. (1901). *La Guerra Hispano-Americana. Santiago de Cuba.* Madrid: Imprenta del Cuerpo de Artillería.

Guarch Delmonte, J. M. (1972). 75 años después del combate. *Revolución Y Cultura*, *3*, 37–43.

Guarch Delmonte, J. M. (1980, 11 de diciembre). El combate de Loma de Hierro. *Ahora*: 4–5. Holguín.

Guarch Delmonte, J. M. (1981, 9 de enero). El Combate de Melones. *Ahora*: 4–5. Holguín.

Guarch Delmonte, J. M. (1986). El Combate del Camino de San Ulpiano. *Revista de Historia de Holguín*, *1*(1), 1–9.

Hernández de Lara, O. (2011). Batería de Peñas Altas: proyecto histórico-arqueológico para el rescate y puesta en valor de un monumento español en la ciudad de Matanzas, Cuba. *MatanzasCuba.org*. Matanzas: http://matanzascuba.org/arqueo/bateriapenas.html Consultado: 15 de enero de 2011.

Hernández de Lara, O. (2013). Batería de Peñas Altas: una fortaleza matancera que quedó en el olvido. Sobre el hallazgo de nuevos planos históricos. Matanzas: En preparación.

Hernández de Lara, O. y Rodríguez Tápanes, B. E. (2009). Anotaciones acerca de la presencia de mayólicas en el Castillo de San Severino (Matanzas, Cuba). *Cuba Arqueológica. Revista Digital de Arqueología de Cuba Y El Caribe*, *II*(2), 65–77.

Hernández de Lara, O. y Rodríguez Tápanes, B. E. (2010). La arqueología histórica en el Castillo de San Severino, Matanzas, Cuba. Resultados de investigación y cronología. *Cuadernos de Antropología*, *6*, 133–150.

Hernández de Lara, O. y Rodríguez Tápanes, B. E. (2012). Arqueología del conflicto en Cuba: pasado, presente y perspectivas futuras en Arqueología histórica. *V Congreso Nacional de Arqueología Histórica Argentina*. Buenos Aires: Centro de Arqueología Urbana.

Hernández Godoy, S. (2006a). *El castillo de San Severino: insomne caballero del puerto de Matanzas (1680-1898)*. Matanzas: Ediciones Matanzas.

Hernández Godoy, S. (2006b). San José de La Vigía: historia de una fortaleza. *1861. Revista de Espeleología y Arqueología*, *7*(1), 30–36.

Hernández Godoy, S. y Rodríguez Tápanes, B. E. (1999). El sistema defensivo de San Carlos y San Severino de Matanzas: una historia por descubrir. *Revista Del Vigía*, *9*(18 y 19), 101–108.

Hernández Godoy, S., Roura Álvarez, L., Labrada Milán, A. y Arrazcaeta Delgado, R. (2009). La excavación arqueológica y la conservación patrimonial en el Castillo de San Severino de Matanzas. *Cuba Arqueológica. Revista Digital de Arqueología de Cuba y El Caribe*, *II*(1), 39–46.

Johnston, E. (1898). *The great American-Spanish War scenes*. Chicago: W. B. Conkey, company.

Kepecs, S., Curet, L. A. y La Rosa Corzo, G. (2010). *Beyond the blockade. New currents in Cuban archaeology. Ethnohistory.* Tuscaloosa: The University of Alabama Press.

Krotz, E. (1987). Utopía, asombro, alteridad: consideraciones metateóricas acerca de la investigación antropológica. *Estudios Sociológicos, V*(14), 283–301.

Landa, C. (2013). Arqueología de campos de batalla en Latinoamérica: apenas un comienzo. *Arqueología, 19*(2), 265–286.

Landa, C., Montanari, E. y Gómez Romero, F. (2011). "El fuego fue certero y bien dirigido (...)" Inicio de las investigaciones arqueológicas en el sitio campo de batalla de "La Verde" (Partido de 25 de Mayo, provincia de Buenos Aires). En M. Ramos y O. Hernández de Lara (Eds.), *Arqueología histórica en América Latina. Perspectivas desde Argentina y Cuba*:47–56. Buenos Aires: Universidad Nacional de Luján.

Leoni, J. B. y Martínez, L. H. (2012). Un abordaje arqueológico de la batalla de Cepeda, 1859. *Teoría Y Práctica de La Arqueología Histórica Latinoamericana, I*(I), 139–150.

Lorenzo Hernández, L. y Hernández Campos, I. (2013). Vestigios de una agresión. Muestra del mes. Matanzas: Castillo de San Severino. Museo de la Ruta del Esclavo.

Mendoza y Vizcaino, E. (1902). *Historia de la Guerra Hispano-Americana.* México: A. Barral y Compañía, editores.

Müller y Tejeiro, J. (1898). *Combates y capitulación de Santiago de Cuba.* Madrid: Imprenta de Felipe Marqués.

Payarés, R. (1980). Informe de los trabajos de salvataje en El Morrillo. In M. Rivero de la Calle (Ed.), *Cuba Arqueológica II* (pp. 77–90). Santiago de Cuba: Editorial Oriente.

Pérez Orozco, L., Santana Barani, C. y Viera Muñoz, R. (2005). Arqueología colonial en el Castillo de San Severino. *1861. Revista de Espeleología y Arqueología, 6*(2), 16–21.

Pérez Orozco, L., Santana Barani, C. y Viera Muñoz, R. (2010). Evolución histórico arqueológica del cinturón defensivo de la ciudad de Matanzas de 1693 a 1898. *Castillos de España, 160,* 65–79.

Pérez Orozco, L., Viera Muñoz, R. y Santana Barani, C. (2007). Arqueología histórica en el Castillo de San Severino. *1861. Revista de Espeleología y Arqueología, Edición Es,* 6–58.

Placer Cervera, G. (1993). Acciones navales en el litoral norte de Matanzas durante la Guerra Hispano-Cubano-Norteamericana de 1898. *Boletín Historia Militar, 3,* 31–47.

Placer Cervera, G. (1997). *Guerra hispano-cubano norteamericana: operaciones navales.* La Habana: Editorial Ciencias Sociales.

Pollard, T. y Banks, I. (2008). *Scorched Earth. Studies in the Archaeology of Conflict. Journal of Conflict Archaeology*. Leiden: Brill.

Quesada Sanz, F. (2008). La "Arqueología de los campos de batalla". Notas para un estado de la cuestión y una guía de investigación. *SALDVIE, 8*, 21–35.

Quevedo Herrero, A., Rodríguez Gil, I., Suárez, J. I. y Echeverría, J. E. (2012). Descubrimiento arqueológico en la Loma de Soto. *Gabinete de Arqueología*, *9*(9), 234–241.

Ramos, M., Bognanni, F., Lanza, M., Helfer, V., González Toralbo, C., Senesi, R., Hernández de Lara, O., Pinochet, H. y Clavijo, J. (2011). Arqueología histórica de la batalla de Vuelta de Obligado, provincia de Buenos Aires, Argentina. En M. Ramos & O. Hernández de Lara (Eds.), *Arqueología historica en América Latina. Perspectivas desde Argentina y Cuba*:13–32. Buenos Aires: Universidad Nacional de Luján.

Ramos Zuñiga, A. (2004). *La Ciudad de los Castillos. Fortificaciones y arte defensivo en La Habana de los siglos XVI al XIX*. Victoria: Editorial Trafford.

Rodríguez Tápanes, B. E. y Hernández de Lara, O. (2008). Pasatiempos en la vida militar. Juegos y juguetes en el Castillo de San Severino, Matanzas, Cuba. *Cuba Arqueológica. Revista Digital de Arqueología de Cuba y El Caribe*, *I*(1), 18–22.

Rodríguez Tápanes, B. E., Menéndez, G. y Medina Ríos, L. (2001). Castillo de San Severino. Arqueohistoria de una fortaleza. *1861. Revista de Espeleología y Arqueología*, *4*(1), 19–27.

Sánchez Mederos, J. A. (1992). Informe del agregado militar británico en Cuba, 1898. *Tebeto: Anuario Del Archivo Histórico Insular de Fuerteventura*, *5*(2), 53–130.

Scott, D. D. (2009). Studying the Archaeology of War: A Model Based on the Investigation of Frontier Military Sites in the American Trans-Mississippi West. In T. Majewski & D. Gaimster (Eds.), *International Handbook of Historical Archaeology*:299–317. New York: Springer.

Sevilla Soler, R. (1996). *La guerra de cuba y la memoria colectiva. La crísis del 98 en la prensa sevillana*. Sevilla: Escuela de Estudios Hispanoamericanos.

Singleton, T. (2001). Slavery and spatial dialectics on Cuban coffee plantations. *World Archaeology*, *33*(1), 98–114.

Suárez, J. I. (2008). Defensa de costas de una hermosa bahía. *Verde Olivo, 1*, 40–44.

Tabío Palma, E. E. (1968). Estudios histórico arqueológicos de los combates librados por el General Antonio Maceo en Tumbas de Estorino y La Manaja, área de Mantua, Pinar del Río. Informe inédito. Archivo del Instituto Cubano de Antropología, La Habana.

Vázquez Muñoz, L. R. (2013, 29 de marzo). Descubren obras ingenieras de la Trocha Militar de Júcaro a Morón. *Juventud Rebelde*. La Habana.

Vázquez Muñoz, L. R. (2014, 16 de febrero). Arqueólogos develan foso negro de fortín español. *Juventud Rebelde*, p. 2. La Habana.

War Department. (1898). *Military Notes on Cuba*. Washington, D.C.: Government Printing Office.

Ximeno y Cruz, D. M. (1930). *Aquellos tiempos... Memorias de Lola María*. Tomo 2. (F. Ortiz, Ed.). La Habana: Imprenta y Papelería El Universo.

Fuentes periodísticas

The New York Times (NYT). Consultado en: http://www.nytimes.com/content/help/search/archives/archives.html

April 13, 1898. The defenses of Matanzas.
April 26, 1898. The Declaration of War.
April 29, 1898. The Matanzas Bombardment.

El Correo Militar (ECM). Consultado en: http://hemerotecadigital.bne.es/resu lts.vm?q=parent:0003028438&lang=es
Lunes 26 de abril de 1898. Año XXX. Núm. 6742. Cuba. La escuadra yankee en la Habana.
Miércoles 27 de abril de 1898. Año XXX. Núm. 6743. Primeros cañonazos.
Viernes 29 de abril de 1898. Año XXX. Núm. 6745. Obuses, bombas y torpederos... periodísticos.
Viernes 29 de abril de 1898. Año XXX. Núm. 6745. La batalla de Sampson.

El País (EP). Consultado en: http://hemerotecadigital.bne.es/results.vm?a=16 48645&t=%2Bcreation&l=600&l=700&s=0&lang=es

Viernes 29 de abril de 1898. Año XII. Núm. 8950. El "Ligera" y el "Cushing". La primera victoria.
Viernes 29 de abril de 1898. Año XII. Núm. 8950. Bombardeo de Matanzas.

El Liberal (EL). Consultado en: http://hemerotecadigital.bne.es/results.vm?a= 1066755&t=%2Bcreation&l=600&l=700&s=0&lang=es
Sábado 30 de abril de 1898. Año XX. Núm. 6784. El bombardeo de Matanzas (telegrama oficial).

The New York Herald (NYH). Consultado en: http://fultonhistory.com/my%20 photo%20albums/All%20Newspapers/New%20York%20NY%20Herald/in dex.html

April 29, 1898. Matanzas batteries bombarded and silenced by American ships.

CAPÍTULO 7

CONSIDERACIONES SOBRE LA CONSERVACIÓN DE ARTEFACTOS DE CAMPO DE BATALLA

Jaime Mujica Sallés y Lúcio Menezes Ferreira

Introducción

La permanencia en el sitio de vestigios oriundos de los combates ocurridos en la región cisplatina desde el siglo XVII depende de una serie de agentes naturales y antrópicos. Dentro de los factores naturales más comúnmente referidos se encuentran: el tipo de relieve, las características edáficas, el clima local y la cobertura vegetal; y como factores dependientes de la acción humana, se encuentran los usos diversos del suelo y el acceso a los sitios de batalla. Por otro lado, la preservación de estos materiales arqueológicos a posteriori de su extracción durante las campañas arqueológicas va a estar fuertemente determinada por los métodos de excavación, por los procedimientos de conservación y por su acondicionamiento y transporte hasta la institución de salvaguardia. Son de suma importancia, también, las medidas de conservación tomadas en los laboratorios y, por su vez, la adecuación de la reserva técnica institucional.

En este capítulo nos remitiremos a las etapas de planeamiento del relevamiento y del trabajo de campo realizando una serie de consideraciones desde el punto de vista de la conservación arqueológica. Nuestro objetivo fundamental es discutir las condiciones ambientales específicas que pueden interferir en las condiciones de preservación de los artefactos provenientes de campos de batalla. Al final presentaremos una secuencia de actividades para los trabajos de arqueología de campo de batalla, con el fin de la preservación de sus conjuntos artefactuales.

Las condiciones de preservación arqueológica en los campos de batalla

Determinados artefactos arqueológicos pueden permanecer durante largos períodos de enterramiento en un cierto equilibrio con el ambiente circundante (Plenderleith 1957). En la literatura especializada es común utilizar el término de "condición de equilibrio" para el estado que alcanzan una pequeña fracción de los objetos enterrados con el sistema del suelo. Este concepto de equilibrio puede ser mejor aplicado a ambientes de enterramiento donde los factores edáficos son relativamente estables a lo largo del tiempo, como puede ser un ambiente de desierto o una región polar. Sin embargo, lo más frecuente es encontrar ambientes de enterramiento donde los agentes geomorfológicos, climáticos, biológicos y antrópicos son altamente dinámicos, modificando significativamente las características edáficas a corto, medio y largo plazo. Los suelos son considerados sistemas abiertos que raramente o nunca llegan a alcanzar un estado de equilibrio con el ambiente (Johnson *et al.* 1990).

Un paisaje está sujeto a una serie de procesos geomorfológicos, que actúan de forma dinámica y de intensidad variable, frecuentemente alternantes, que pueden llegar a producir transformaciones drásticas en la topografía y edafología del local (Ruiz y Burillo 1988). Por consiguiente, tendríamos que referirnos a una rara situación de equilibrio dinámico entre ciertos materiales arqueológicos enterrados, con los distintos componentes abióticos y bióticos del ambiente circundante. Algunos de estos componentes edáficos, como la granulometría, la estructura del sedimento, la espesura de los horizontes, etc., pueden sufrir cambios muy graduales a lo largo del tiempo. Sin embargo, existe toda otra serie de elementos, que integran el sistema suelo, los cuales pueden estar sufriendo variaciones relativamente bruscas a lo largo de las estaciones o de los años. En esta categoría podríamos incluir: el cultivo de la tierra, que puede implicar la introducción de productos químicos naturales o artificiales (pesticidas, fertilizantes) con eventual modificación de sus propiedades químicas; alteraciones de los horizontes superficiales por efecto del arado, pudiendo provocar cambios en la oxigenación de los niveles inferiores y de la infiltración del agua, así como el desplazamiento horizontal y vertical del sedimento y de los objetos arqueológicos de mayor tamaño (Díez 2010); finalmente, la modificación de la cobertura vegetal, determinando mayores variaciones de la temperatura del suelo y procesos erosivos, entre otros.

Los materiales arqueológicos, al estar en contacto directo con substancias complejas oriundas de la agricultura, pueden sufrir graves deterioros y llevar a una degradación equivalente a la sufrida por los mismos durante los cientos de años que permanecieron enterrados en el sitio. En este sentido, buscando la preservación de campos de batalla, lo más prudente sería, por ejemplo, demarcar las áreas de mayor concentración de artefactos arqueológicos y proponer a los propietarios del local el empleo de técnicas alternativas de cultivo o la utilización de estas áreas para otras actividades que no impliquen revolver la tierra, la aplicación de insumos químicos y/o la compactación por efecto de una alta carga de ganado.

Los implementos agrícolas no solamente son responsables de los referidos desplazamientos verticales y horizontales, mas también de fracturas y marcas en los artefactos. En varias campañas de relevamiento en Uruguay y Brasil, organizadas por los investigadores Diego M. Lascano y Marcelo Díaz Buschiatto[1], especializados en historia militar de campos de batalla, se han encontrado, por ejemplo, proyectiles de plomo con cortes superficiales recientes recurrentes de la acción del arado. Estas marcas y cortes en el material, además de comprometer la integridad física de los artefactos, pueden potencializar nuevos procesos de corrosión, al retirar parte de la patina de corrosión estable (como en objetos de cobre, bronce y plomo, por ejemplo), permitiendo el pasaje de vapor de agua y de oxígeno, provocando reacciones químicas perjudiciales. Ya en artefactos ferrosos, la fractura de parte de las capas superficiales concrecionadas de óxidos y sedimentos que, en cierta forma, funcionan como un estuche protector, va a favorecer la oxidación de áreas más internas.

Otros componentes del sistema del suelo que pueden sufrir una variación acentuada, es la altura de la napa de agua de acuerdo con la época del año; la acción de vertebrados e invertebrados en lo que se refiere a la recirculación de sedimentos; ventilación y drenaje de los horizontes superficiales (bioturbación); la influencia de las raíces de la vegetación, modificando la composición química del área próxima a la rizosfera, entre otros. Los agentes de deterioro de objetos arqueológicos, en condiciones terrestres, más mencionados en la literatura especializada comprenden: la temperatura y sus variaciones bruscas; la humedad relativa y sus variaciones; el pH; el potencial de oxidación y la biota edáfica. La temperatura es por lo general más baja y más uniforme cuanto mayor la distancia a la superficie. En el caso de vestigios de campos de batalla, la gran mayoría se encuentra o en la superficie o a pocos centímetros de profundidad.

De esta forma, podemos considerar que ellos van a sufrir los efectos de temperaturas con valores próximos a los encontrados en la superficie del terreno y las consecuencias de las variaciones de la misma. Cuanto mayor sea la temperatura ambiente mayor serán las velocidades de las reacciones químicas y bioquímicas, aumentando la intensidad de los procesos de corrosión de los restos metálicos y los efectos del metabolismo microbiano sobre los materiales orgánicos e inorgánicos. La temperatura modifica también el tamaño de los objetos, los cuales se dilatan y contraen conforme fluctúa la misma, pudiendo ocasionar la fragmentación y el quiebre de objetos y el desprendimiento de partes en artefactos mixtos. La humedad relativa juega un papel muy importante en el estado de conservación de los vestigios, provocando variaciones dimensionales en objetos higroscópicos; activando reacciones químicas, como las

---

[1] Mayores informaciones pueden ser consultadas en el sitio web del Proyecto denominado Campos de Honor, disponible en: www.camposdehonor.blogspot.com

de oxidación de metales y las de hidrólisis de materiales orgánicos; y estimulando la degradación biológica. Siendo así, la existencia de una cobertura vegetal posibilita una mayor conservación de los vestigios al minimizar los efectos de la temperatura, regular las variaciones de humedad de la superficie del suelo y de las capas superiores y dificultar la incidencia de la radiación ultravioleta sobre los mismos. El pH del medio es, frecuentemente, determinante del tiempo de sobrevida de los restos arqueológicos. Para cada tipología existen intervalos de pH en los cuales las probabilidades de conservación son mayores o menores. Un suelo con pH ácido (menor de 7), por ejemplo, es referido como un ambiente propicio para la desintegración de artefactos de madera, huesos, cuero, tejidos naturales, etc.[2]

Por otra parte, la acción de la fauna edáfica sobre artefactos de naturaleza orgánica o inorgánica está dada básicamente por efecto del metabolismo microbiano y la acción de organismos de la pedofauna. Anderson (1988) divide los invertebrados del suelo en tres categorías, basadas principalmente en el tamaño. La microfauna (menores que 100η) incluye nemátodos, protozoarios y rotíferos, que habitan en la película de agua entre las partículas del suelo y el agua libre de los poros; son consumidores secundarios, alimentándose básicamente de hongos y bacterias, acelerando la renovación de la biomasa microbiana. La mesofauna, en la referida clasificación, corresponde a invertebrados $(100 - 200\eta)$, como los colémbolos, arácnidos y centenas de especies de insectos. Muchos son omnívoros, alimentándose de la microflora y microfauna, otras especies de la mesofauna y de restos vegetales. Este grupo acelera el reciclaje de la materia orgánica directamente o indirectamente, aumentando la superficie, por medio de la fragmentación de los residuos. La macrofauna (organismos mayores de 200η) incluye termitas, hormigas y lombrices principalmente. Las lombrices son uno de los organismos más estudiados en el suelo y de gran influencia en la estructura del mismo. Como ejemplo pueden citarse los canales que forman, que pueden llegar a ocupar hasta 1% do volumen del suelo (Kretzchmar 1982), influyendo en la penetración del agua y en la circulación de los gases. La macrofauna homogeneíza las camadas del suelo, e incorpora grandes cantidades de materia orgánica en profundidad. Estos agentes biológicos ejercen un papel importante en regiones de alta temperatura y humedad relativa, pudiendo desintegrar, en espacios relativamente cortos, los vestigios orgánicos (por ejemplo el componente de madera de la empuñadura de armas cortas y largas y de los carruajes, tejidos de los uniformes, etc.) y comprometer determinados artefactos inorgánicos.

El sitio del campo de batalla conjuga una serie de factores que deben ser llevados en consideración también a la hora de estimar el potencial estado

---

[2] Informaciones importantes sobre este tema pueden ser encontradas en Sease (1994: 1-2).

de conservación de los vestigios arqueológicos. Como referido anteriormente, el relieve y el clima del sitio, el tipo de suelo y las características de la vegetación, sumado al uso histórico del suelo y las facilidades de acceso, van a influir de gran forma en la preservación de estos bienes patrimoniales.

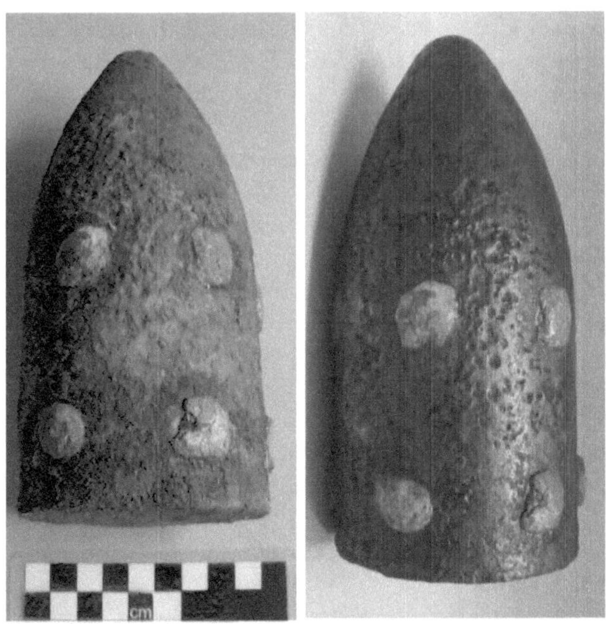

Figura 1. Proyectil cónico sistema Lahitte, de la década de 1890, desenterrado en el año 2013 en la base de la Fortaleza del Cerro de Montevideo. Este artefacto mixto, combinación de un cuerpo macizo de hierro y proyecciones semiesféricas de plomo, demandó la aplicación de distintas técnicas de limpieza mecánica y química de las incrustaciones y productos de corrosión, de estabilización de la oxidación y de impermeabilización
(Pieza n° *LAHITT 2511* - Museo de la Fortaleza del Cerro)

El relieve puede influir en la insolación diferenciada del sitio y en las condiciones naturales de erosión y drenaje. Una mayor insolación puede, por ejemplo, provocar un aumento de la temperatura ambiente y de las capas superficiales del terreno provocando daños diversos. Mayor insolación implica, también, una mayor exposición de los artefactos en superficie a la acción de la radiación ultravioleta, la cual puede ocasionar una serie de efectos nocivos, como: aumento de la fragilidad de objetos orgánicos; descoloración de artefactos coloridos; activación de reacciones químicas perjudiciales, como la corrosión y de hidrólisis. Por otra parte, la posición en el relieve que ocupan los vestigios determina la intensidad de los procesos erosivos y la velocidad de drenaje vertical de las aguas superficiales.

Los valores absolutos y las variaciones diarias y mensuales de la temperatura y de la humedad relativa conforman componentes esenciales del clima local. Como el agua y la temperatura son los grandes determinantes de la existencia y de la intensidad de las reacciones química y bioquímicas (como ya referido anteriormente), la caracterización del clima ya aporta una idea bastante precisa de la magnitud de los procesos de degradación a los cuales los vestigios arqueológicos pueden estar sometidos.

La accesibilidad de los campos de batalla es otro aspecto importante en lo que se refiere a la cantidad y estado de conservación de los vestigios y de los contextos ambientales. En la interpretación del registro arqueológico se debe tener en cuenta los distintos agentes y procesos postdeposicionales que desde la finalización de la batalla actúan modificando la integridad del sitio y la distribución espacial de los vestigios (Ramos *et al.* 2012). Sitios de combate localizados en áreas públicas sin un control por parte de las autoridades competentes, o ubicados en locales privados de fácil acceso, pueden presentar una serie de características comunes en lo que se refiere a la preservación patrimonial: elevado número de artefactos retirados por parte de turistas y coleccionistas; el deterioro de materiales arqueológicos de gran porte o el abandono de vestigios desenterrados, considerados "sin valor"; y una alta descaracterización del ambiente (corte de vegetación, locales excavados, grafitis en estructuras, residuos domésticos, etc.) (Frédéric 1980). Estas modificaciones del entorno de un escenario bélico complican de grado sumo lo que Roy *et al* (2012) consideran como uno de los contextos arqueológicos más complejos. De esta forma, conocer el grado de accesibilidad a un determinado campo de batalla ya nos permite tener una idea del estado de preservación del mismo y del grado de dificultad a la hora de estudiar e interpretar los hallazgos.

Categorías artefactuales de los campos de batalla

La diversidad de objetos que se puede esperar que aparezca en las prospecciones de campos de batalla va a depender, además del intervalo temporal, de las características de los enfrentamientos (tiempo de permanencia) y de las características ambientales (como ya se ha referido anteriormente). En los locales donde los ejércitos adversarios confluyen y se enfrentan, o sea, sin la permanencia de los mismos en el local fuera del momento del combate, es de esperar una baja probabilidad de encontrar vestigios materiales vinculados con la vida cotidiana de las tropas. Ya en los locales donde hubo campamentos de campaña, además de los elementos típicos fruto del combate, es factible la existencia de restos de variadas tipologías, como: material vítreo (recipientes de bebidas, medicamentos, entre otros utensilios), cerámicas, gres y lozas (utensilios de cocina, recipientes, pipas, piezas de juego), elementos de metal, como restos de ollas de hierro, elementos de vajilla (de níquel, cobre, bronce, peltre y latón), instrumentos musicales (armónicas), adornos personales (crucifijos, cadenas, pendientes, etc.), monedas, herramientas, clavos, etc. Por otra parte, los elementos típicos de campo de batalla que se pueden rescatar (íntegros o fragmentados) en el local de enfrentamiento propiamente dicho —lo que lo que Ramos *et al.* (2011) denominan de "núcleos de la batalla"— se pueden agrupar en las siguientes categorías:

1. Elementos de guerra: armas de fuego, accesorios y proyectiles: armas cortas y armas largas (proyectiles de armas de avancarga, vainas de cartuchos metálicos de armas de retrocarga, etc.); piezas de artillería y proyectiles (balas, granadas, metralla); armas blancas (puntas de lanza, cuchillos, bayonetas, sables, moharras, vainas, etc.).
2. Elementos de caballería y de animales de carga: frenos, estribos, espuelas, herraduras, argollas, hebillas de correajes, etc.
3. Componentes de la vestimenta militar: insignias, distinciones, botones, hebillas, presillas, etc.
4. Artes de trinchera: se trata de toda una serie de artefactos confeccionados con materiales bélicos por las tropas durante las largas esperas en las trincheras.

Cabe comentar que no necesariamente es en el local principal del combate donde se espera encontrar la mayor cantidad de restos significativos, ya que esas áreas eran donde los vencedores recogían los elementos de mayor valor, al tiempo que retiraban los cadáveres. Ya en regiones periféricas o abruptas, donde los heridos se refugiaban y muchos morían, puede darse mayor probabilidad de encontrar vestigios del armamento y de los uniformes (Quesada 2008). Lo precedente coincide con algunas de nuestras prospecciones de campos de batalla, donde la falta de elementos de mayor tamaño o valor, en determinados locales, contrasta con la alta densidad de proyectiles, lo que podría estar evidenciando núcleos de las batallas.

Muchos de los suelos de la región de la Cuenca del Plata son de carácter ácido (pH menor que 7), con lo cual la probabilidad de encontrar elementos de naturaleza orgánica es extremadamente limitada, ya que ambientes así favorecen la deterioración de estos vestigios y también de otros elementos inorgánicos. En algunas prospecciones han sido encontrados vestigios óseos humanos en estado muy frágil; sin embargo, elementos ligno-celulósicos (piezas de madera, documentos en papel, etc.), así como cuero y textiles (vestimentas, mantas, etc.), se preservan por períodos muy cortos. Siendo así, una de las herramientas utilizadas para encontrar tales artefactos es la prospección con detectores de metales, pues permite localizar la gran mayoría de los vestigios remanecientes de los combates históricos.

A continuación comentaremos una serie de etapas que deberían, a nuestro entender, ser contempladas en los trabajos de arqueología de campo de batalla, con la finalidad de garantizar la preservación de los vestigios materiales y de las informaciones asociadas.

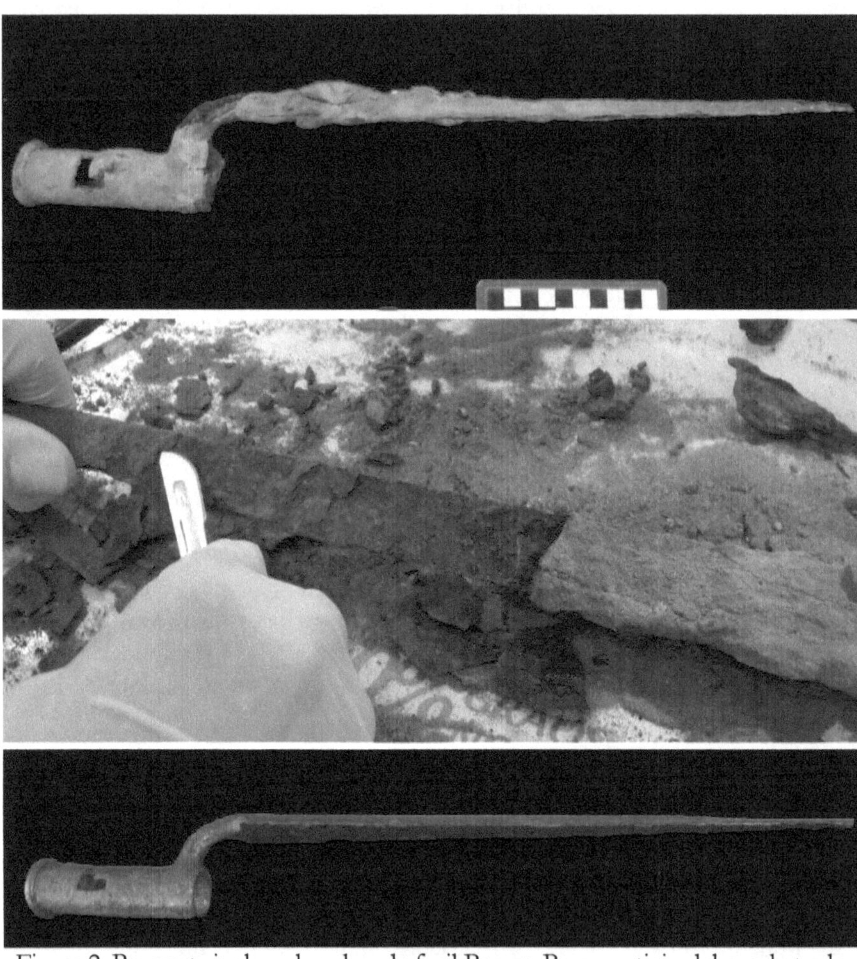

Figura 2: Bayoneta inglesa de cubo, de fusil Brown Bess, vestigio del combate de 1840 durante la Guerra de los Farrapos en São José do Norte (RS, Brasil). Este artefacto desenterrado en 2012, pasó por una serie de tratamientos en el LÁMINA (limpieza mecánica con bisturí y micro-rectifica, limpieza galvánica, electrólisis, inhibición de corrosión con ácido Tánico e impermeabilización con Paraloid B72) objetivando la conservación del mismo, su estudio y posterior externalización

Secuencia de las actividades para la preservación de la cultura material de los campos de batalla

1. Prospección previa del local

Es a partir de esta prospección inicial, que se podrá realizar una estimativa de las cantidades, tipologías y estado de conservación de los vestigios arqueológicos. Durante este relevamiento es que se evaluará una serie de características ambientales que permitirán realizar las referidas estimativas. Serán tomadas muestras de suelo, con la finalidad de caracterizar el sistema edáfico en lo que se refiere a sus propiedades de permeabilidad y valores de pH, principalmente. Se tendrán en consideración las formas del relieve, la cobertura vegetal, la profundidad de la napa freática; la accesibilidad al local, los usos actuales del terreno y las características climáticas locales (insolación, viento, humedad relativa). También se relevará la existencia de la infraestructura necesaria para utilizar como laboratorio de campo, caso los trabajos arqueológicos demanden un periodo de varios días y que el sitio se encuentre a una distancia considerable de los laboratorios de la institución responsable por los trabajos.

2. Elaboración de Protocolos de Trabajo

Los protocolos de trabajo objetivan garantizar la preservación de los vestigios excavados, a la vez de permitir agilizar el andamiento de las investigaciones. Estos documentos comprenden los procedimientos de extracción, pre-tratamiento, acondicionamiento, transporte y documentación de los distintos elementos retirados del campo de batalla. Para cada tipología (material vítreo, cerámico, óseo, metálico) y dependiendo del estado de deterioro del objeto y del tipo de sedimento, son establecidos determinados protocolos de trabajo. Posteriormente en el laboratorio, los objetos arqueológicos son gestionados según otros protocolos específicos, que incluyen los distintos tratamientos de conservación curativa para cada tipo de artefacto, las medidas de conservación preventiva, el acondicionamiento posterior, la documentación y las estrategias de musealización.

3. Presupuesto correspondiente a la conservación preventiva[3] y curativa[4]

A partir de las estimativas previas (punto 1) en lo que se refiere a los volúmenes de materiales a ser extraídos, del potencial estado de degradación de

---

[3] "Conservación preventiva: todas aquellas medidas y acciones que tengan como objetivo evitar o minimizar futuros deterioros o pérdidas. Se realizan sobre el contexto o el área circundante al bien, o más frecuentemente un grupo de bienes..." (ICOM-CC 2008).

[4] "Conservación curativa: todas aquellas acciones aplicadas de manera directa sobre un bien o un grupo de bienes culturales que tengan como objetivo detener los procesos dañinos presentes o reforzar su estructura" (ICOM-CC 2008).

los mismos y de las características ambientales del local, es elaborada una lista de los materiales, equipos y recursos humanos necesarios para garantizar la conservación de los vestigios arqueológicos, tanto *in situ* como en el laboratorio y en la reserva técnica (Mujica y Ribeiro 2011). Esta lista abarca un extenso número de recursos, que van desde productos químicos (solventes, consolidantes, desecadores, etc.), herramientas diversas (espátulas, instrumental de dentista, pinceles, cepillos, estecas de madera, etc.), embalajes (bolsas de polietileno y de papel neutro, recipientes de polipropileno), material de acondicionamiento, agua destilada, etc. Deberán constar en esta lista, también, los elementos necesarios para garantizar un ambiente apropiado (caso no se consiga una infraestructura adecuada en el local) para la realización de los distintos procedimientos, como: cubierta protectora contra las inclemencias del tiempo, mesa de trabajo, sillas, entre otros. A partir de este conjunto de insumos es calculado el presupuesto correspondiente a la componente de la conservación del proyecto. Una vez garantizada la adquisición de estos materiales y la participación de, por lo menos, un conservador arqueológico en todas las etapas del proyecto, ya es posible dar carta blanca a los trabajos de campo.

4. Intervenciones de conservación preventiva y curativa a campo

Para el campo son llevados los insumos necesarios para realizar los distintos procedimientos de conservación, que incluyen diversos tipos de pinceles, cepillos de cerdas medias, palitos de bambú, estecas de madera, bisturí, pinzas, bolsas de polietileno con cierre de seguridad, marcadores indelebles, Paraloid-B72[5], Primal AC33[6], emulsión de PVA[7], agua destilada, acetona, alcohol etílico, carbonato de sodio, vendas de algodón, papel de aluminio, papel poliéster, cajas de polipropileno o polietileno, espuma de polietileno, filme plástico, etc. Para la extracción de cada tipo de objeto, como ya referido, es empleado un protocolo específico. Ejemplificando, para la extracción de determinados artefactos, se puede hacer la retirada sin una técnica específica (objeto consistente y en buen estado); se puede extraer el mismo junto con los sedimentos adyacentes – "extracción en bloque" (objeto fragilizado o firmemente adherido al substrato); pre-consolidado con Paraloid B72 (objeto muy frágil) en un sedimento seco o con Primal AC33 (sedimento muy húmedo); envuelto en vendas de

---

[5] Resina acrílica, utilizada como consolidante (o impermeabilizante), de gran estabilidad, buena reversibilidad, resistente a la degradación microbiológica (Calvo 1997).
[6] Polímero acrílico, en emulsión de baja viscosidad, empleado como consolidante (Ferrer 2007).
[7] Adhesivo consolidante con base en acetato de polivinilo (Burgi *et. al.* 1990), empleado también como capa de protección.

algodón "engasado" (secas o impregnadas de un consolidante) para objetos frágiles de tamaño considerable; entre otros[8].

Algunos artefactos metálicos de reducidas dimensiones pueden ser sometidos a un tratamiento galvánico a campo. Este procedimiento, de gran simplicidad y bajo costo, ha mostrado resultados positivos con relación a la limpieza del material y a la estabilización de la corrosión, permitiendo, también, acondicionar los objetos durante largos períodos hasta su procesamiento posterior (Mujica *et al.* 2012).

Con relación a las medidas de conservación preventiva a campo, se debe providenciar un local con sombra y bien ventilado, con una superficie plana para la aplicación de los tratamientos. Los materiales ya extraídos deben ser acondicionados en bolsas de polietileno con cierre de seguridad y dispuestos en recipientes de polietileno o polipropileno. Caso sea necesario, se empleará material de amortiguación para evitar daños durante el transporte y el acondicionamiento temporario, como espuma de polietileno, filtro de poliéster, polietileno de burbujas, u otro material químicamente inerte. Las bolsas deben presentar pequeños orificios para evitar la condensación de agua en su interior, lo que puede perjudicar los objetos secos y también para favorecer el secado gradual de los objetos colectados húmedos. Los objetos son fotografiados *in situ* al igual que su contexto de enterramiento.

Finalmente, los trabajos de conservación preventiva a campo deberán usar una ficha técnica de conteniendo una serie de campos pertinentes al objeto, su contexto, estado de deterioro, patologías, procedimientos de conservación curativa e informaciones sobre las medidas de conservación preventiva específicas que deberán ser seguidas (Dode *et al.* 2014). Esta ficha facilitará tratamientos posteriores, la interpretación contextual y los procesos de comunicación.

5. *Conservación preventiva en el laboratorio*

Una vez en el laboratorio institucional, los objetos arqueológicos deben pasar por una serie de tratamientos de conservación (caso sea necesario) para asegurar su estabilidad y permitir la interpretación y estudio arqueológico. La conservación a medio y largo plazo debe ser garantizada por medio de una reserva técnica arqueológica. El material estará, por lo tanto, disponible para su estudio y musealización, cerrando el círculo: *extracción, conservación, documentación, interpretación, depósito y externalización,* componentes imprescindibles para garantizar la Preservación del Patrimonio Arqueológico. Siendo así, corroboramos que:

---

[8] Para mayores detalles sobre métodos de extracción de materiales arqueológicos consultar: Ibañez (1990), Sease (1994), Loredo (1994).

"...o conservador-restaurador vem desempenhando um papel de extrema importância, com uma atuação que inicia nos procedimentos de intervenção *in situ*, caracterizados pelo conjunto de medidas de conservação tomadas no momento da escavação, e termina dentro das reservas técnicas dos laboratórios e museus, em um trabalho de conservação preventiva, curativa e de restauração" (Vasconcelos 2011).

Conclusión

La aplicación de esta secuencia de actividades podrá garantizar la conservación de la cultura material vinculada a un campo de batalla, el cual puede resultar en una alta variabilidad en el estado de preservación de los vestigios encontrados. Es en este sentido que cada objeto va a demandar determinados procedimientos de extracción, de acondicionamiento y de conservación curativa a campo y en laboratorio; así como parámetros específicos de acondicionamiento a medio y largo plazo. De esta forma, la experiencia del conservador arqueológico que participa de las campañas, se conforma como una pieza clave para asegurar el trayecto del objeto arqueológico desde su extracción hasta su musealización.

El objeto arqueológico debe recorrer un largo camino hasta su extroversión, con una gradual pérdida de información. En este sentido, Sullivan (1978) reconoce determinados "niveles de información", que van desde la utilización del artefacto, hasta su análisis y publicación, pasando por los niveles correspondientes al material depositado en el registro sedimentar, al material preservado en el registro arqueológico y al material rescatado, descripto y registrado. Conscientes de que toda excavación implica destruir parte del sitio arqueológico, se hace necesario emplear protocolos de trabajo referentes a los procedimientos de conservación *in situ* y a los registros, ya que serán los instrumentos que van a garantizar la preservación de los vestigios y de las informaciones asociadas.

Bibliografía

Anderson, J. M. (1988). The role of soil fauna in agricultural systems. En: Wilson, R. (Ed.) "*Advances in nitrogen cycling in agricultural systems*" pp. 59-112. CAB Inter., Wallingford, Oxon, UK.

Burgi, S.; Mendes, M.; Baptista, A. C. N. (1990). *Materiais empregados em conservação-restauração de bens culturais*. Rio de Janeiro: ABRACOR.

Calvo, A. (1997). *Conservación y restauración: materiales, técnicas y procedimientos: de la A a la Z*. Barcelona: Serbal.

Consejo Internacional de Museos -ICOM-CC. (2008). *Terminología para definir la conservación del patrimonio cultural tangible*. Disponible en: http://www.icom-cc.org/54/document/icom-cc-resolucion-terminologia-espanol/?id=748# .U1Vk5PldVgg

Díez, F. M. (2010). El arado y los yacimientos paleolíticos. Una década de investigación sobre el efecto del laboreo en los páramos del Duero. *Complutum, Norteamérica, 21,* jul.

Dode, S. dos S.; Pereira, D. V.; Mujica-Sallés, J.; Souza, T. S. (2014). *Proposta de conservação dos artefatos metálicos arqueológicos da batalha de Passo do Rosário (Rosário do Sul, RS), Brasil.* Segundo Congreso Internacional de Arqueología de la Cuenca del Plata. San José de Mayo, Uruguay. 7 al 11 de abril de 2014. Libro de resúmenes, p. 21, Montevideo: UMTEC, Facultad de Humanidades y Ciencias de la Educación, Universidad de la República.

Ferrer, A. M. (2007). *Cerámica Arquitectónica: su conservación y restauración.* Serie Arte, Vol. 14. España: Universidad de Sevilla, Secretariado de Publicaciones.

Frédéric, L. (1980). *Manual Práctico de Arqueología.* Coimbra: Almedina.

Ibañez, C. F. (1990). *Recuperación y conservación del material arqueológico "in situ": guía de campo.* Asociación Profesional de Arqueólogos de Galicia. Tórculo.

Johnson, D. L.; Keller, E. A. y Rockwell, T. K. (1990). Dynamic pedogenesis: new views on same key soil concepts, and a model for interpreting quaternary soils. *Quaternary Research, (33):* 3, 306-319.

Kretzchmar, A. (1982). Description des galaries des vers de terre et variation saisonniere des reseaux. *Rev. Ecol. Biol. Sol. 19,* 579-591.

Lorêdo, W. M. (1994). *Manual de conservação em arqueologia de campo.* Rio de Janeiro: Instituto Brasileiro do Patrimônio Cultural, Departamento de Proteção.

Mujica, J. S. y Ribeiro, D. L. (2011). *Consideraciones sobre el papel del Conservador en las excavaciones arqueológicas.* Resúmenes del 1º Congreso Internacional de Arqueolo-gía de la Cuenca del Plata. Buenos Aires: Secretaría de Cultura, pp. 235-236.

Mujica, J. S.; Farías G. M. E.; Castiglionni, M.; Prieto, A.; Vasconcelos, M. L. C de; Leal, A. P. da R.; Santos, V. C. B. (2012). *El tratamiento galvánico a campo: una estrategia de conservación para materiales arqueológicos ferrosos provenientes de contexto terrestre.* Resúmenes del Segundo Encuentro Regional sobre el Patrimonio Cultural Marítimo y Costero. Argentina, Rosario: CESA/Timbó, pp. 9-10.

Plenderleith, H. J. (1957). *The conservation of antiquities and works of art: treatment, repair and restoration.* London: Oxford University Press.

Quesada, F. S. (2008). La "Arqueología de los campos de batalla". Notas para un estado de la cuestión y una guía de investigación. *SALDVIE. Estudios de Prehistoria y Arqueología n.º 8,* pp. 21-35.

Ramos, M.; Bognanni, F.; Lanza, L.; Helfer, V.; González T. C.; Senesi, R.; Hernández de L. O.; Pinochet, H.; Clavijo, J. (2011). Arqueología histórica de la batalla de Vuelta de Obligado, Provincia de Buenos Aires, Argentina. En: Ramos, M. y O. Hernández de L., (Eds.). *Arqueología Histórica en América Latina. Perspectivas desde Argentina y Cuba.* Buenos Aires: Programa de Arqueología Histórica y Estudios Pluridisciplinarios, UNLu, pp. 13-32.

Ramos, M.; Helfer, V.; Stangalino, G.; Katabian, S. (2012). Expectativas en el análisis espacial de un sitio histórico. Instrumentos de detección aplicados en Arqueología: electromagnetómetro y detectores de metales. En: Tapia, A. H.; Ramos, M.; Baldassarre, C. (Eds.). *Estudios de arqueología histórica: investigaciones argentinas pluridisciplinarias.* Buenos Aires: Caracol, pp. 264-274.

Roy, B.; Sacchi, M.; Zapata, F. (2012). Vuelta de Obligado: conformación y uso del espacio de un escenario bélico. En: Tapia, A. H.; Ramos, M.; Baldassarre, C. *Estudios de Arqueología Histórica: investigaciones argentinas pluridisciplinarias.* Buenos Aires: Caracol, pp. 303-313.

Ruiz, G. Z. y Burillo, F. M. (1988). Metodología para la investigación en arqueología territorial. *Munibe (Antropología y Arqueología) (6)* 45-64.

Sease, C. (1994). *A conservation manual for the field archaeology.* Archaeology Research Tools 4. Los Angeles: Institute of Archaeology, University of California. Disponible en: http://www.ioa.ucla.edu/publications/pdfs/Con servation%20Manual.pdf

Sullivan, A. P. (1978). Inference and evidence in archaeology. *Advances in Archaeological Method and Theory, (1)*: 183-222.

Vasconcelos, M. L. C. (2011). *O conservador na gestão de acervos arqueológicos: um estudo de caso do sítio Guarani PS-03 Totó (RS-Brasil).* Trabajo de Conclusión del Curso de Conservação e Restauro de Bens Culturais Móveis da Universidade Federal de Pelotas, 2011. Disponible em: http://conservacaoe restauro.files.wordpress.com /2013/05/tcc-mara.pdf